Karl Kälin/Peter Müri

Führen mit Kopf und Herz

Good leadership consists
of doing less and being more.

The Tao of Leadership
Lao Tzu's *Tao Te Ching*
Adapted for a New Age

John Heider

Karl Kälin / Peter Müri (Hrsg.)

Führen mit Kopf und Herz

Psychologie für Führungskräfte und Mitarbeiter

Schweizerische Arbeitsgruppe für Organisationsentwicklung (SAO)

Mit Beiträgen von Kathrin Aemisegger, Karl Blöchliger, Klaus Geisshüsler, Karl Kälin, Willi Leber und Peter Müri

Mit einem Vorwort von Antoine Gubser, IBM Schweiz

Illustrationen: Bruno Peyer

OTT VERLAG THUN

CIP-Kurztitelaufnahme der Deutschen Bibliothek

Führen mit Kopf und Herz / Schweizer. Arbeitsgruppe für Organisationsentwicklung. Karl Kälin; Peter Müri (Hrsg.). Mit Beitr. von Kathrin Aemisegger ... Mit e. Vorw. von Antoine Gubser. - Thun: Ott, 1988
(Psychologie für Führungskräfte und Mitarbeiter; Bd. 2)
ISBN 3-7225-6643-6
NE: Kälin, Karl [Hrsg.]; Aemisegger, Kathrin [Mitverf.]; Schweizerische Arbeitsgruppe für Organisationsentwicklung

Bd. 2. Führen mit Kopf und Herz. - 1988

Psychologie für Führungskräfte und Mitarbeiter / Karl Kälin; Peter Müri (Hrsg.). - Thun: Ott.
Literaturangaben
NE: Kälin, Karl [Hrsg.]

ISBN 3-7225-6643-6

Printed in Switzerland

Gesamtherstellung: Ott Verlag + Druck AG Thun

Inhaltsverzeichnis

Vorwort

Dr. Antoine Gubser, Director Personal, IBM Schweiz

Nach den tiefgreifenden Umwälzungen des Mittelalters, der reichen Fülle von Renaissance und Humanismus, den zerreissenden Auseinandersetzungen mit Reformation und Gegenreformation brachte das 18. Jahrhundert ein neues Selbstverständnis des europäischen Menschen: Im Namen der Vernunft, der Rationalität. Die Bezeichnungen für jene Zeit, wie «Aufklärung», «siècle des lumières», zeugen vom Mass erlebter Selbsteinschätzung. Trotz der intensiven Gegenschwingung der nachfolgenden Romantik untermauerten Rationalität und logisch-analytisches Denken im 19. und 20. Jahrhundert eine unglaubliche technische und ökonomische Entwicklung, die uns Gewaltiges gebracht hat. Technologische Spitzenleistungen, Wohlstand, soziale Umwälzungen, Demokratisierung, ungeahnte Leistungen in Produktion, Kommunikation, Transportmöglichkeiten, aber auch Kriege von nie dagewesenem Ausmass, enorme Aufrüstung, blindes Konsumverhalten, gähnende Oberflächlichkeit angesichts einer erdrückenden Fülle von Informationen und ein oft kaum mehr bewältigtes Ausmass an Komplexität.

Führung und Organisation der Unternehmen und Staaten, welche diese eindrücklichen Leistungen ebenso wie ihre Begleiterscheinungen und Konsequenzen hervorbrachten, waren bis in die Mitte unseres Jahrhunderts geprägt von strikten Strukturen, oft verbunden mit militärischer Starrheit und autoritärer Arroganz. Kommandieren, kontrollieren, korrigieren, verbunden mit hochgradiger Arbeitsteilung, waren dominierend.

Die Führungs- und Organisationsmodelle der letzten 30 bis 40 Jahre brachten gewiss einige Auflockerung, im Sinne eines vermehrten Eingehens auf die Bedürfnisse des arbeitenden Menschen. Das Augenmerk wurde vermehrt auf zwischenmenschliche Beziehungen gerichtet. Ein situativ-kooperatives Führungsverständnis entwickelte sich. Zahlreiche Führungsmethoden waren aber nach wie vor stark geprägt von linearem Denken, formalen Strukturüberlegungen und einer mechanistischen Betrachtung der Unternehmung. Gewiss haben auch diese Methoden einiges gebracht. Die Fragen aber, welche sich die Autoren dieses Buches stellen, lauten: Genügt das? Sind wir nicht an die Grenzen einer allzu einseitigen Betonung des rein Rationalen gelangt? Haben unsere Hilfsmittel uns in die Hand genommen, anstatt wir sie?

Sie stellen dieser Einseitigkeit andere Dimensionen gegenüber, ganzheitliches, vernetztes Denken, Organisationsprozesse statt nur Strukturen, Bedeutung von Gefühl und Intuition und die Frage nach Sinn und Werten in unserem emsigen Tun. Sie sind der Überzeugung, dass ohne diese Dimensionen die Komplexität und das Tempo der Veränderungen, mit denen wir leben, nicht zu bewältigen sind. Es geht ihnen nicht darum, die Logik über den Haufen zu werfen, analytische Methoden wegzulegen. Es geht den Autoren um Ausgleich, Erweiterung, um neue Horizonte.

Das Buch hilft, Führung neu, in grösseren Zusammenhängen, ganzheitlich zu verstehen. Die verschiedenartigen und vielseitigen Beiträge vermitteln Aufbruchstimmung. Man riecht Neuland. Vieles ist ansatzweise. Das Ganze höchst anregend.

Die Autoren sind nicht der Theorie verpflichtet, sondern der Praxis. Sie vermitteln ein reiches Mass an Denkansätzen, regen an zu Selbstbesinnung, legen immer wieder praktische Übungen ein, die dem Leser helfen, sich selbst, sein Tun, seine Einstellung und seine Wertvorstellungen besser zu verstehen.

Angesichts der verwirrenden Vielfalt neuer Strömungen, die sich mit Führung befassen, ist dieses Buch eine wertvolle Orientierungshilfe. Der Spreu ist vom Weizen getrennt.

Schliesslich sind auch die satirischen Karikaturen zu erwähnen, welche Ulk und Spass einflechten. Sie bezeugen, dass die Autoren ihre Anliegen nicht mit tierischem Ernst, sondern mit wohltuender Distanz und Offenheit vertreten.

Zürich, im März 1988

Einleitung

Seit einigen Jahren wird immer deutlicher, dass die systematisch-lineare Betrachtungsweise der Unternehmens- und Mitarbeiterführung nicht mehr ausreicht, die Breite der gegenwärtigen Veränderungen und auch das Tempo des momentanen Wandels in den Griff zu bekommen. Immer öfter sehen sich Führungskräfte mit Problemen und Situationen konfrontiert, die sich dem rationalen, logischen Denken entziehen.

Jahrhunderte lang hat die westliche Welt das rationale, analytische Bewusstsein entwickelt. Trotz phantastischer Erfolge hat dieses Denken jetzt die Grenzen seiner Entwicklung sichtbar gemacht. Wir beginnen zu erahnen, dass wir neben der rationalen Form des Bewusstseins auch die andere Form, das intuitive Bewusstsein, (wieder) entwickeln müssen. Das intuitive Bewusstsein hat seinerseits eine Jahrtausende alte Tradition sowohl in westlichen wie auch in östlichen philosophischen Systemen. Unter dem Vorherrschen der Technik und der Naturwissenschaften ist diese Tradition bei uns in den Hintergrund gedrängt worden. Langsam sind wir dabei, diese Dimensionen wieder zu entdecken, die uns heute für ein ganzheitliches und umfassendes Weltverständnis fehlen. Auch in der Unternehmensführung findet langsam ein Wandel vom harten Systemdenken zum weichen Systemdenken statt. Checkland (1987) gibt dafür ein Beispiel, indem er das weiche Systemdenken der 90er Jahre wie folgt definiert:

hartes Systemdenken	*weiches Systemdenken*
auf Zielorientierung	auf Lernen ausgerichtet
nimmt an, die Wirklichkeit bestehe aus gestaltbaren Systemen	nimmt an, dass die Wirklichkeit problematisch ist und mit Hilfe von Modellen erforscht werden kann

nimmt an, Systemmodelle seien Wirklichkeit	nimmt an, Systemmodelle seien intellektuelle Konstrukte
spricht von Problemen und Lösungen	spricht von Fragen und Annäherungen
lässt den Gebrauch von Techniken zu	bleibt in Fühlung mit humanen Dimensionen
braucht den professionellen Anwender	gibt keine endgültigen Fachantworten
verliert die Fühlung mit Aspekten jenseits der Logik	akzeptiert das Erforschen als endlosen Prozess

Von dieser Wende wird in diesem Buch die Rede sein und von der Suche nach den goldenen Mittelwegen. Gegenwärtig fehlen uns noch die einschlägigen Erfahrungen mit dieser neuzeitlichen Führungsauffassung. Dennoch sind überall deutliche Signale sichtbar, die darauf hinweisen, dass das neue Führungsverständnis in den nächsten Jahren auf breiter Front den Durchbruch finden wird (Gerken, 1986). Der Grund liegt in der starken Anpassungsnotwendigkeit der Unternehmen und im beschleunigten Wandel sowie aus dem Zwang, die Unternehmen stärker aus dem Umweltzusammenhang heraus zu steuern.

Unser Buch stellt Annäherungsversuche an diese neue Sichtweise dar. Es macht die Grenzen der traditionellen Führung sichtbar, zeichnet neue Perspektiven auf und bahnt schliesslich einige Wege in diesem Neuland.

März 1988 Die Autoren

I. In der Sackgasse

1

Führungstechniken brauchen und wegwerfen

Peter Müri

1.1

Führungssysteme im Wechsel des Zeitalters

Das wichtigste Instrument des gegenwärtigen, etwa vierhundert Jahre dauernden Zeitalters – und das nicht nur im Führungsbereich, sondern überhaupt in Schule, Politik und Wirtschaft – ist zweifelsohne der Intellekt (res cogitans nach Descartes). Ihm verdanken wir eine unüberschaubare Zahl von Modellen, Theorien, Systemen, mit denen heute Menschen und Vorgänge in Griff genommen, kontrollierbar und steuerbar gemacht werden können.

Auch im Unternehmen hat uns die zunehmende Systematisierung – nicht zuletzt unterstützt durch den Computer – eine Transparenz und Kontrollierbarkeit von Management-Tätigkeiten gebracht, die wir früher nie für möglich gehalten hätten. Die gedankliche Durchdringung und Vereinfachung der an sich komplexen Management-Vorgänge bietet gewaltige Vorteile. Mit dem reichen Management-Instrumentarium wird der jungen Führungskraft geholfen, sich rasch einzuarbeiten und über Systeme und Instrumente wirksam zu werden, ohne die Reife der Persönlichkeit in die

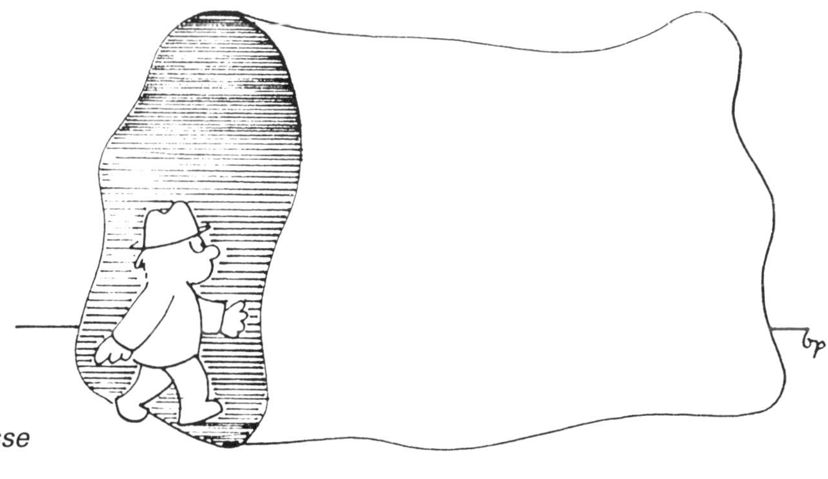

In der Sackgasse

Waagschale werfen zu müssen. In dieser Chance liegt aber auch die entscheidende Gefahr. Mit Führungssystemen kann man die Führung zwar versachlichen, aber auch entmenschlichen.

Diese Fehlentwicklung hat unübersehbar eingesetzt. Sie lässt sich an der seltsamen Mutlosigkeit weiter Führungskreise beobachten, in personellen Schwierigkeiten - wer hat die nicht? - direkt einzugreifen oder anzugreifen, ohne unfair zu werden. Sie bestätigt sich in der Tendenz, sich lieber hinter Reglementen und Statistiken zu verschanzen, als mit unmittelbarer Führung von Mensch zu Mensch zu wirken.

Die Fehlentwicklung ist registriert worden. Angesichts des wachsenden Managements by Paper werden zunehmend Zweifel am Sinn und Zweck der Führungs-Systeme angemeldet: Ist Gleichbehandlung und Objektivierung überhaupt erwünscht? Ist Einheitlichkeit und Zwang durch Systeme angemessen? Wird die vom reinen Verstand geleitete Systematisierung wirklich der Sache gerecht? Sind die Instrumentarien und Hilfsmittel ad absurdum entwickelt worden?

Solche und ähnliche Fragen rütteln an den normativen Grundfesten unserer Führungsrealität und weisen damit auf einen sich anbahnenden Wandel hin. Wenn Grundwerte in Frage gestellt werden, steht ein Umbruch bevor.

Offensichtlich bleibt auch die Führung vom längst prophezeiten Wertewandel der Gesellschaft nicht verschont. Die Frage ist, wie tief der Wandel greift. Handelt es sich bloss um einen modischen Wechsel des Führungsetiketts oder kündigt sich nach der autoritären und kooperativen Phase ein drittes Führungszeitalter an (siehe II./3.)?

Die Geschichte lehrt uns, dass die weltanschauliche Substanz angetastet wird, wenn Systeme und Instrumente, Methoden und Techniken ihren Sinn grundlegend ändern. Jede historische Wendezeit kennt die Erneuerung ihrer Erkenntnis-Werkzeuge: Zu Beginn der Neuzeit ersetzte die rationale Erkenntnis die religiöse. Heute stehen wir am Übergang vom rationalen zum nicht-rationalen (arationalen) Erkennen.

Das Ver-rücken von Erkenntnisordnungen dürfte ein typisches Merkmal von Übergangszeiten sein. Umberto Eco (1982) stellt die Voraussetzungen und Folgen des Wandels von Denkhilfen und Denkordnungen meisterhaft in seinem Roman «Der Name der Rose» dar. Die Schilderung ist so anschaulich, dass sie als Erklärung für die gegenwärtige Ohnmacht hinsichtlich Führungssystemen herangezogen werden soll.

1.2

Das Gleichnis der Leiter aus «Der Name der Rose»

Am Schluss seines Kriminalromans lässt Umberto Eco seine Hauptfigur Baskerville an seinem wichtigsten Instrument, dem klugen Kopf, zweifeln. Obwohl er beispielhaft strategisch vorgegangen ist und durch saubere Ursachenforschung die verborgene Geheimschrift gefunden hat, d. h. mit rationaler Systematik gearbeitet hat, ist das Ergebnis fraglich. Baskerville ärgert sich über das blinde Vertrauen in die Unfehlbarkeit seines Systems: «Ich bin zu Jorge (Hüter der Geheimschrift) gelangt, indem ich dem Plan eines perversen, wahnhaften, aber methodisch denkenden Hirns nachging ... Ich bin wie ein Besessener hinter einem Anschein von Ordnung hergelaufen, während ich doch hätte wissen müssen, dass es in der Welt keine Ordnung gibt.» Diese Aussage beweist, dass Baskerville einer ist, der Systeme hinterfragt, ohne sie grundsätzlich in Frage zu stellen.

Sein Novize Adson gibt ihm weise zur Antwort: «Aber indem Ihr Euch eine falsche Ordnung vorgestellt habt, habt Ihr schliesslich etwas gefunden ...» Damit reift in Baskerville eine Einsicht, die für die heutige Einstellung zu Führungssystemen typisch sein dürfte: «Da hast Du etwas sehr Schönes gesagt, Adson, ich danke Dir. *Die Ordnung, die unser Geist sich vorstellt, ist wie ein Netz oder eine Leiter, die er sich zusammenbastelt, um irgendwo hinaufzugelangen.»*

Und Baskerville fügt als entscheidende Aussage bei: «Aber wenn er dann hinaufgelangt ist, muss er (die Ordnung, das System) wegwerfen, denn es zeigt sich, dass sie zwar nützlich, aber unsinnig war. *Er muoz gelîchesame die Leiter abewerfen, sô er an ir ufgestigen.»*

Baskerville benützt ein Zitat aus dem Minnegesang und will damit darlegen, wie sehr die «Leiter» (d. h. das System) für das Erreichen des Zieles notwendig ist, aber das angestrebte Ziel nicht garantiert, vielmehr das Sinnerfüllende erst eintreten kann, wenn die Leiter gebraucht und weggeworfen ist.

Die Analogie zum Führungsgeschäft liegt auf der Hand. Viele Manager glauben, dass mit der Beschaffung und dem Anlegen von Leitern (sprich Systemen, Strukturen, Regeln usw.) das Ziel erreicht wird. Sie sind höchst erstaunt, wenn, oben auf der Leiter angelangt, nicht alles von selbst abläuft, sondern die Arbeit erst beginnt.

Diese Erkenntnis hat sich heute noch zu wenig durchgesetzt, obwohl wir im letzten Jahrzehnt unheilvoll erfahren haben, dass sich Führungsordnungen zu einem selbständigen, teuren und überholten Apparat entwickeln, der wie ein Bleifuss das Unternehmen belasten kann (Overhead). Wie sagt doch Baskerville: «Ich bin zu Jorge gelangt, indem ich dem Plan eines perversen, wahnhaften aber methodisch denkenden Hirns nachging, und dabei gab es gar keinen Plan, beziehungsweise Jorges ursprünglicher Plan hatte sich *selbständig gemacht* und eine Verkettung von Ursachen eingeleitet, die sich auf eigene Rechnung weiterentwickelten, indem sie Wechselbeziehungen eingingen, denen *keinerlei Plan* unterlag. Wo ist da meine ganze Klugheit?»

Die Antwort heisst: Es braucht Ordnungen, aber sie sollten nicht mehr als Hilfsmittel sein. Und sie können beim gegenwärtigen Entwicklungstempo rasch veralten und dürfen deshalb nicht fix und fest etabliert werden. Man muss bereit sein, sie abzuwerfen und das Risiko des nachfolgenden Chaos einzugehen, wenn man innovationsbereit bleiben und sich nicht festfahren will.

1.3

Die «Leiter» abwerfen – aber wie?

Es beginnt bereits bei der Konstruktion der Leiter. Wer im voraus weiss, dass ein Führungssystem die eigentliche Führungsarbeit nicht abnimmt und wegen der rasch wechselnden Anforderung ein kurzes Dasein haben wird, geht anders an die Entwicklungsarbeit heran. Er wird – um im Bild der Minnesang-Parabel zu bleiben – im voraus dafür sorgen, dass er offene Türen und Arme vorfindet, wenn

«Er muoz gelîchesame die Leiter abewerfen, sô er an ir ufgestigen»

er oben auf der Leiter steht und Einlass in das Gemach der Geliebten sucht.

Führungstechniken und Führungssysteme sollten heute nicht mehr im wissenschaftlichen Labor entwickelt und mit Gebrauchsanweisung gekauft und nach Vorschrift eingeführt werden. *Sie müssten im Biotop wachsen, wo sie nachher leben.*

Die Behandlung und Pflege von Führungssystemen sollten auf fünf neuen Einsichten basieren:

1. Führungssysteme sind Organe in einem Organismus. Sie funktionieren nicht rational wie eine Maschine, selbst wenn sie rein intellektuell konstruiert sind. Die Tatsache,

dass sie erst in der menschlichen Anwendung zur Wirkung kommen, macht sie zu einem Teil des sozialen Systems. Deshalb müssen Techniken und Systeme bewusst *a-rational (nicht nur mit Verstand) entwickelt* und benützt werden, das heisst nicht in logischer Konsequenz, sondern unter Berücksichtigung von Gefühl, Intuition und Wertordnungen im Umfeld.

2. Ob Führungssysteme zum Erfolg führen, hängt davon ab, wie stark sie dem Benützer einverleibt sind und für ihn Sinn machen. Sinn ergibt sich nicht von selbst, sondern muss gefunden werden. Dazu muss man mit dem Instrument experimentieren und auch Fehler zulassen können, bis das Werkzeug in der «Hand sitzt». Erst wenn *zwischen dem Instrument und dem Benützer eine persönliche Beziehung besteht,* gewinnt der Benützer die Fähigkeit, aus dem Instrument das Beste herauszuholen. Die Einstellung zum Instrument entscheidet.

3. Jedes Instrument entwickelt im Gebrauch und im Verbund mit anderen Systemen eine Eigendynamik. Diese muss nicht unbedingt zur Systemerstarrung oder zum Systemtod führen. Zum Beispiel kann der jedem System innewohnende Expansionsdrang für die Fortentwicklung positiv nutzbar gemacht werden, wenn die *Dynamik auf ihre Qualität abgehört und auf die Umwelt abgestimmt wird.* Dazu ist ein feines Ohr für unterschwellige Prozesse erforderlich, eine Tugend, die ein Strukturdenker und Führungssystematiker nicht besitzt.

4. In der Tradition des Apparatedenkens behandeln Führungskräfte ihr Instrumentarium wie eine Anzahl loser Werkzeuge im Koffer. Sie vergessen, dass diese Werkzeuge beim Gebrauch aufeinander wirken und dass das Ergebnis davon abhängt, was im Umfeld passiert. Ein Führungsinstrument ist als *Teil in einem Ganzen* (und das Ganze ist mehr und anders als die Summe der Teile!) zu verstehen, nicht im Sinne eines Rädchens im Uhrwerk, sondern im Sinne eines Hirnteils im Gehirn. Wir wissen, dass das Gehirn zum Beispiel Funktionen auswechseln und ersetzen kann.

5. Führungssysteme sind Sicherheitsnetze. Oft schützen sie vor unangenehmen Entscheidungen und vor frustrieren-

den Massnahmen. Der *Missbrauch von Führungssystemen als Schutzmauer* ist zu entlarven, ebenso die Verwendung von Systemen für den innerbetrieblichen Machtkampf. Regeln und Schemata sind keine taktischen Waffen, obwohl sie sich ausgezeichnet dafür eignen, Interessenkämpfe auszutragen. Der Krieg um Führungsordnungen in Unternehmen ist oft die Fortsetzung eines versteckten Konfliktes mit falschen Mitteln.

Aus diesen fünf Einsichten folgen fünf Konsequenzen. Wer sie beachtet, hilft vermeiden, dass Führungssysteme «l'art pour l'art» werden und erstarren:

- Arationale Behandlung (nicht nur Kopfarbeit)
- Befreiung von vermeintlichen konzeptionellen Entwicklungs-Sachzwängen
- Orientierung am Entwicklungsgeschehen
- Vernetzte Betrachtungsweise
- Aufdecken sinnloser Sicherheitsfunktionen

Die Anwendung dieser nicht leicht verständlichen Regeln soll an einem Beispiel veranschaulicht werden, das in das klassische Repertoire der Führungsysteme und techniken gehört: die Organisationsstruktur.

1.4

Organigramme brauchen und relativieren

Unabdingliche Aufgabe der Unternehmensführung ist die Teilung und Zuweisung der Aufgaben in vertikaler und horizontaler Ordnung. Das System nennt sich Organigramm, Organisationsstruktur, Organisationsplan usw. Es bildet in Kästchen die Gliederung des Unternehmens ab und soll organisationslogisch aufgebaut sein. Das unangefochtene Rezept der Experten heisst: zuerst Organisation ad rem (Sachorientierung), erst dann ad personam (Personenorientierung). Nach Ablauf- und Zielkriterien werden im Sinne eines absolut sachlichen Vorgehens die Aufgaben gebündelt und zu Stellen formiert. Später wird der geeignete Stelleninhaber dazu gesucht.

Das Resultat ist bekannt. Organigramme bilden Wunschvorstellungen der Leitenden oder Experten ab. Die Stelleninhaber identifizieren sich nicht oder nur teilweise mit den zugewiesenen Pflichten und nehmen andere Aufgaben und Kompetenzen wahr. In der Folge entsteht neben der formellen eine informelle Organisation, die manchmal erstaunlich gut funktionieren kann, aber ebenso häufig infolge der Doppelbödigkeit unheilvoll Verwirrung stiftet. Vorgesetzte und Mitarbeiter wissen beide nun nicht mehr, ob sie sich an die formelle oder an die informelle Organisationsstruktur halten sollen. Die Diskrepanz zwischen formeller und informeller Organisation stachelt zudem die Revierkämpfe an und wird zum Austrag persönlicher Macht-Interessen benutzt. So oder so lähmt die Doppelorganisation die Motivation und verschleisst sinnlos wertvolle Energie.

Wird die Organisationsstruktur jedoch als «Leiter» verstanden, frühzeitig relativiert und dadurch flexibel gehalten, kann vermieden werden, dass die Organisation anders gelebt wird, als sie auf dem Papier steht. Dazu müssen die oben genannten fünf Einsichten in die Praxis umgesetzt werden.

1.4.1

Strukturen arational entwickeln (Grundsatz der Arationalität)

Die Expertenregeln zur Organisation von Unternehmungen sind Produkte reiner Rationalität. Die Organisationslogik ist mit einer Gegenaktion in eine andere Richtung zu erweitern: Setzen Sie sich mit den Direkt-Verantwortlichen (nicht nur mit Experten) zusammen und diskutieren sie, wohin das Unternehmen sich entwickeln soll und was es dazu braucht, bevor sie logische Organisationsstrukturen entwerfen! (Müri, 1980)

Auf diese Weise erheben Sie zuerst die realen Wertvorstellungen der Betroffenen. Gehen Sie noch einen Schritt weiter und lassen Sie die Betroffenen ihre Wunschbilder und Aufstiegserwartungen hinsichtlich der eigenen Positionierung formulieren! So werden die persönlichen Ambitionen unmittelbar offen gelegt.

Erst wenn die Auslegeordnung der subjektiven Anliegen, bezogen auf die eigene Person, auf die zu erwartende Funktion und Gruppe und bezogen auf die Ziele des Ge-

Organigramme brauchen und relativieren

samtunternehmens vollständig ist, kann eine Idealstruktur entwickelt werden.

Besteht ein Konsens über die Idealstruktur, wird mit der Ist-Analyse und dem Entwurf der Soll-Bilder in gleicher Weise verfahren. Die nicht-rationalen Aspekte stehen dabei im Vordergrund (nachdem die rationalen bereits vorher erhoben worden sind). Dazu gehört, die Hauptproblematik der Zukunft zu ermessen, Möglichkeiten des Wachstums und Abbaus zu erahnen, Einflussnahme und Steuerung zu erfühlen. Die subjektiven Daten sind so zu verdichten, dass sie weniger die Logik, als vielmehr den «Riecher» befriedigen.

Schliesslich ist die Brücke zwischen Ideal- und Ist-Situation so zu schlagen, dass Soll-Alternativen entwickelt werden, die das Unternehmen nicht überfordern, gleichzeitig aber die strategisch wichtigen Elemente der Idealorganisation enthalten. Auch dieser Vorgang ist kein rein verstandesmässiger, sondern getragen vom Gefühl des Zumutbaren und Zuträglichen sowie von der Kraft der Visionen.

1.4.2

Nicht nur sachlich vorgehen, Personen von Anfang an einbeziehen (Grundsatz der Sachzwangbefreiung)

Wer die subjektiven Anliegen der Betroffenen einbezieht, bewegt sich bereits jenseits der Sachzwänge. Jetzt muss noch die ad-personam-Betrachtungsweise gleichzeitig mit der ad-rem-Konstruktion verkoppelt werden. Denn es hilft nichts, Personen bei der Konstruktion einer Organisation auszuklammern. Sie spuken während der Sachargumentation dauernd in den Köpfen und begründen die vermeintlichen Sachzwänge, die keine sind, sondern persönlichen Motiven entspringen. Deshalb ist das saubere Trennen von Stelle und Stelleninhaber eine Abstraktion, die jeden überfordert, wenn er selbst mit vom Spiel ist. Nur wenn die Personen beim Namen genannt werden, kommt die wahre Einstellung zur neuen Struktur ans Licht.

Personen gemeinsam plazieren setzt voraus, dass auch eine gemeinsame Meinung über die Fach- und Führungskompetenz der Personen gebildet wird, die in der Organisationsstruktur eingesetzt werden. Deshalb sind die Grenzen und Möglichkeiten der Stelleninhaber offen, das heisst im Kreise der Beteiligten und Betroffenen, zu diskutieren und einem gemeinsamen (und nicht objektiven) Urteil zuzuführen. Eine Urteilsabstimmung über Anwesende ist natürlich ausserordentlich anspruchsvoll, fördert aber nachweislich die Persönlichkeitsentwicklung der Beurteilten und die Kommunikation in der Zusammenarbeit. Die Führungskraft lernt sich selber im Bild der Umwelt näher kennen. Sie wird trainiert, eigene Forderungen zugunsten anderer zurückzustecken und Erwartungen anderer ohne unnötige Gewissensbisse unerfüllt zu lassen (Müri, 1986).

1.4.3

Struktur erneuern ist ein Entwicklungsprozess (Grundsatz der Entwicklungsorientierung)

Jede Organisationsstruktur hat ihre Geschichte und ihre Lebensweise (heute oft Unternehmenskultur genannt). Ein solche gewachsene innere Ordnung kann nicht einfach mit einer radikalen Erneuerung des äusserlichen Kleides verändert werden, sonst wirkt das neue Kleid als Korsett und wird gesprengt.

Führungsstrukturen erneuern muss organisch geschehen. Dazu ist die Reorganisation aus den Händen der Experten oder einiger weniger Topmanager zu nehmen und einmal mehr in die Verantwortung der Beteiligten zu stellen und - was ausserordentlich wichtig ist - dafür genügend Zeit zu lassen. Oft erstreckt sich nämlich der not-

Unternehmens-kultur

wendige Gärungsprozess über Monate, ja sogar Jahre hin. Er soll auch Zeit finden, möglichst weit nach unten zu dringen, um auch an der Basis Verständnis auszulösen.

Die Gefahr, dass abwegige und einseitige Alternativen eingebracht werden und dann wieder mühsam korrigiert werden müssen, ist als Preis für die Identifikation mit der neuen Struktur hinzunehmen, ebenso der erhöhte Zeit- und Energieaufwand. Beides macht sich bezahlt, da mit der Lösung von Struktur- und Personalfragen viele positive Neben- und Folgeeffekte entstehen und viele andere Probleme mitgelöst werden.

1.4.4

Struktur ist das Skelett des Unternehmens und bestimmt die Führungskultur (Grundsatz der Vernetzung)

Die meisten unternehmerischen Probleme schlagen sich in der Organisations- und Personalordnung nieder. Insofern ist die Arbeitsteilung ein Schlüssel für das Verstehen eines Unternehmens. Andererseits bildet sich im Organigramm die Kultur eines Unternehmens ab. Wer die Kultur eines Unternehmens kennen lernen will, muss nur Fragen zur informellen Organisationsstruktur stellen.

Wenn das Organigramm für das Leben einer Organisation einen derartig wichtigen Knotenpunkt bildet, darf eine Strukturbereinigung nicht nur aus organisatorischer Perspektive vorgenommen werden, sondern hat sich auch an den anderen Unternehmensbelangen zu orientieren wie an den Fragen der Produkt-Markt-Gestaltung, an der Unternehmensentwicklung, Personalplanung, Finanzplanung, Technologieplanung usw. *Ganzheitlich* oder global Planen heisst fragen, was das Unternehmen als Ganzes will, welche Funktionen im ganzen Priorität geniessen und wo mehr Energien im ganzen eingesetzt werden sollen und darnach die Organisation aufzubauen.

Die globale ist ausserdem durch die vernetzende Betrachtungsweise zu ergänzen. Diese wird vor allem dann unumgänglich, wenn sich – wie so oft – die Strukturdiskussionen an bestimmten Sach- und Personenfragen festbeissen, hinter denen sich regelmässig ungelöste kritische Personal-Positionen verstecken. Die Hintergründigkeit belegt

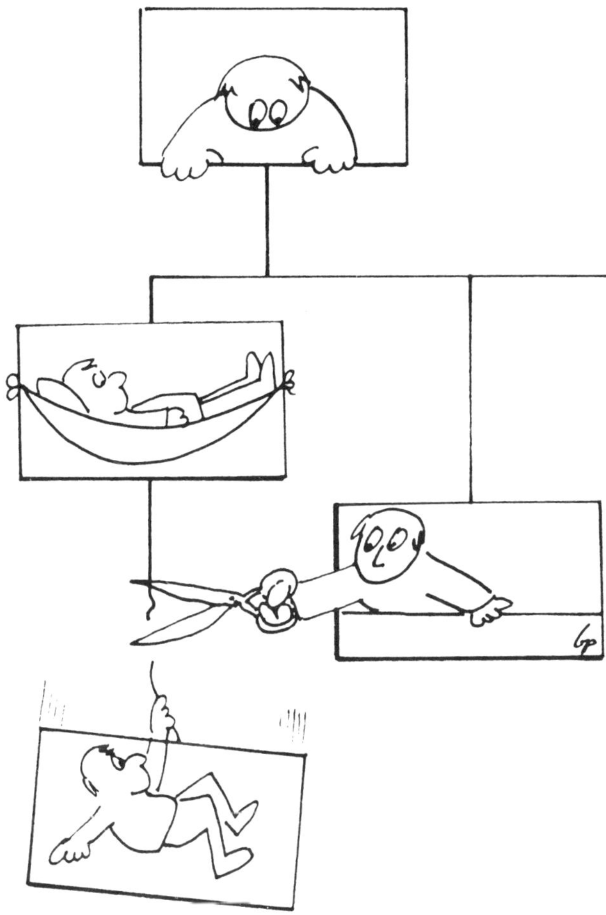

Kritischc Position im Organigramm

sich durch den Hitzegrad der aufgebrachten Gemüter, durch die postulierten Entweder-Oder-Lösungen oder gar durch versteckte Erspressungsversuche.

Hier führt nur die *systemische* Behandlung (nicht systematische, sondern para-systematische, siehe Gerken, 1986) weiter. Sie prüft durch Einbezug des Personen- und Sachkontextes, ob die kritische Person nicht etwas austragen muss, was ihr gar nicht angelastet werden kann (Müri, 1985). Da sie ein schwache Stelle im Organismus ist (z. B. Störanfälligkeit, Stresslabilität, Überlastung), kommt bei ihr etwas zum Ausbruch, was seinen Ursprung aber ganz anderswo in der Organisation hat. Die kritische Personal-Position büsst jedoch in der Funktion des Sündenbocks für die anderweitigen Unstimmigkeiten. Der Vernetzungsgrundsatz verlangt, dass jede *Schwachstelle* vorerst *als Symptomträger und nicht als Verursacher* behandelt wird.

1.4.5

Euphorie und Widerstände bei Reorganisationen hinterfragen (Grundsatz der Beseitigung sinnloser Sicherheiten)

Strukturen sind wie Versicherungen. Wer sie hat, fühlt sich geschützt. Und wer einmal eine Versicherung abgeschlossen hat, behält sie fürs Leben. Diese Wertvorstellungen über Organisationsstrukturen veranlassen viele Vorgesetzte, Organigrammen und Stellenbeschreibungen ein Gewicht einzuräumen, die sie nicht verdienen. Kein Wunder, wenn Strukturen als das kapitale Führungsmittel hochfrisiert und in Stein gemeisselt werden und sich damit einem natürlichen Wachstum entziehen.

Der Pfleger der Organisationsstruktur, mithin jeder Vorgesetzte, tut gut daran, seine Struktur auf Veränderungsanzeichen abzuhören und sich weder vom Geschrei der Strukturfreunde und -feinde leiten, noch durch die schlagkräftigen Argumente der Bremser beirren zu lassen, die immer wissen, warum «etwas» funktioniert, beziehungsweise warum «es» nicht funktioniert, weil «*es*» nicht funktionieren darf.

Im Klartext: Das ist gelöst

Die Hinterfragung des «Es» kann hier weiterhelfen. Hinter dem «Es» versteckt sich nämlich ein Widerstand, der in der Person zu suchen ist, die das «Es» ausspricht. Die rebellierende Person kann aber ihre Einwände nicht tiefer begründen, sondern versteckt sich hinter dogmatischen Erklärungen, die penetrant wiederholt werden und die Neuerung pauschal verurteilen. Es sind immer die gleichen stereotypen Wendungen:

- das geht nie
  im Klartext: es darf nicht gehen
  (Verunmöglichung, Utopiesyndrom)
- das ist keine Sache
  im Klartext: das gibt es nicht
  (Verniedlichung, Simplifikation)
- das gibt es nicht
  im Klartext: das darf es nicht geben
  (Verleugnung, Negation)
- das ist, weil . . .
  im Klartext: das ist gelöst
  (Weg-Erklärung, Intellektualisierung)

Sammeln Sie Verlautbarungen, wenn eine Neuerung angekündigt wird! Sie werden eine reiche Liste von weiteren Erklärungen gewinnen, die dazu dienen, das Neue zum vorneherein als Übel abzulehnen. Hinterfragen Sie mit unerbitterlicher Konsequenz die klugen «Ausreden» (siehe I./2.)!

1.4.6

Der Gewinn einer organischen Entwicklung

Organisationsstrukturen braucht es. Wenn Sie im beschriebenen Sinne entwickelt werden und auf dem Papier stehen, darf das Papier getrost in den Schubladen verschwinden. Im übertragenen Sinne: die Leiter kann abgeworfen werden. Es beginnt das Organisations-«Leben», oder in der Sprache des Minnesänger-Gleichnisses: es beginnt der Einstieg durch das Fenster.

Andere Gesetze als diejenigen der Schreibtisch-Konstruktion von Strukturen beherrschen nun die Szene. Es spielt das tägliche Geben und Nehmen im Tun und im

Lassen, das keiner laufenden Kontrolle bedarf. Denn die sorgfältige Erarbeitung durch Abstimmung der persönlichen Ziele und Werte lässt die Struktur so in Fleisch und Blut übergehen, dass automatisch auch gelebt wird, was auf dem Papier steht. Der «Leiterabwurf» macht von selbst die Toleranz frei, die es braucht, damit sich eine Struktur natürlich einspielt und auch natürlich weiterentwickelt.

1.5

Führungsinstrumente als Ersatz für persönliches Führen

Führungsinstrumente sind Hilfsmittel. Wenn eine Führungskraft mehr daraus macht, kompensiert sie Schwäche und Abstinenz der Menschenführung. Anstelle der direkten Führung von Mensch zu Mensch tritt die Technik. Sie soll die Schwierigkeiten beheben, die sich aus der Face-to-Face-Führung ergeben. Sie soll die Lücke füllen, die entsteht, wenn die Führungskraft nicht zu urteilen, nicht zu entscheiden und nicht zu handeln wagt.

Es lassen sich zwei Kriterien in der gegenwärtigen Führungsszene ausmachen, welche typische Indizien für Struktur-, Rezept- und Technologie-Gläubigkeit sind:

- Führen mit Papier (die meisten Führungstechniken und -systeme sind papiergebunden)
- Vorsicht und Zurückhaltung in der Führung von Mensch zu Mensch (mit Führungsabstinenz versucht man die Verunsicherung zu bewältigen)

Der folgende Fragebogen prüft, wie Sie mit Führungstechnologie umgehen und inwieweit Sie sich bereits auf dem Weg zu einem sozio-technischen Führungsverständnis befinden.

1.5.1

Fragebogen:
«Persönliche Führungsstrategie»

Sie haben für jede Führungsaufgabe vier Einfluss-Strategien zur Verfügung und können 10 Punkte verteilen. Setzen Sie die höchste Punktzahl bei derjenigen Strategie ein, die Ihrem persönlichen Führungsverhalten am ehesten entspricht (Sie können auch alle 10 Punkte einer Strategie zuweisen). Geben Sie am wenigsten Punkte oder gar keine Punkte derjenigen Strategie, die Ihnen nicht entspricht. In jedem Viererblock muss das Total 10 Punkte ausmachen.

		1	2	3	4
a) Aufgaben zuweisen und abgrenzen	Die Zuständigkeit mit einem groben Raster regeln, der besprochen wird				○
	Eine präzise Stellenbeschreibung aufsetzen, die aber einfach gehalten ist		○		
	Aufgabenabgrenzungen situativ besprechen, wenn es sich als nötig erweist			○	
	Schnittstellenprobleme mit schriftlichen Funktionsdiagrammen vermeiden	○			
b) Ziele vorgeben	Den Dauerauftrag gründlich instruieren und sagen, worauf es ankommt	○			
	Regelmässig (z. B. wöchentlich) konkrete Massnahmen (Ziele) vereinbaren				○
	Täglich im Gespräch bleiben über das, was man erreichen will			○	
	Mit hohen und messbaren Zielen (schriftlich) herausfordern		○		

c) instruieren	An Ort und Stelle den Mitarbeiter systematisch trainieren
	Von Fall zu Fall und vor allem spielerisch anregend instruieren
	Vollständige Instruktionsbücher und Reglemente schaffen
	Regelmässige Fachschulung im Hause mit sauberen Unterlagen organisieren
d) kontrollieren	Konstruktiv und wohlwollend im Vorbeigehen überwachen
	Automatisch funktionierendes Kontrollsystem einrichten
	Mit Stichproben überraschen und nach Checkliste prüfen
	Resultate regelmässig und gründlich besprechen
e) Vorbild sein	Fachkompetenz beweisen und eine Nasenlänge voraus sein
	In erster Linie als Persönlichkeit vorangehen
	Die Vorbildwirkung nicht überschätzen und sich korrekt verhalten
	Über die persönliche Beziehung überzeugend wirken

f) anerkennen	Täglich und unmittelbar nach guter Leistung loben ○
	Gezielt, das heisst bei Erreichen guter Zahlen anerkennen ○
	Häufig und spontan, aber auch regelmässig begründet anerkennen ○
	Am Schluss einer Beobachtungsperiode loben und danken ○
g) kritisieren	Abweichungen vom Soll konsequent und mit Nachdruck kommentieren ○
	Budgetabweichungen eingehend analysieren und Ursache ermitteln ○
	Bei Mängeln sofort konstruktiv und wohlwollend mit Mitarbeiter reden ○
	Wichtige Abweichungen analysieren und gemeinsam Verbesserungen planen ○
h) Kontakt halten	Laufend im Kontakt stehen und dadurch herausfordern ○
	Freundlichkeit und Wohlwollen im Alltag deutlich signalisieren ○
	Regelmässige Gespräche über den Erfolg oder Misserfolg führen ○
	Kontakt nicht übertreiben, damit eine gesunde Distanz gewahrt bleibt ○

i) Ideen aufgreifen	Ideen verfolgen, die Substanz haben und sich begründen lassen		○		
	Alle Geistesblitze entgegennehmen, auch unrealistische und komische			○	
	Intuitiv erspüren, was in einer Idee drin ist, und darüber diskutieren				○
	Schriftliche Anträge verlangen, damit die Idee durchdacht und klar wird	○			
k) Klima pflegen	Für gute Stimmung sorgen mit Aufmunterung und Humor			○	
	Für sichtbaren Erfolg sorgen, der von selbst Stimmung schafft	○			
	Beziehung zu Mitarbeiter bewusst pflegen und «nähren»				○
	Feste feiern, wie sie fallen, und gemeinsame Anlässe einrichten		○		

1.5.2

Auswertung des Fragebogens

	○	○	○	○
Bilden Sie die Totale jeder Kolonne: (Quersumme ergibt 100)	1	2	3	4

Die vier Werte sind gleichzeitig %-Werte Ihres Strategie-Musters. Sie können daraus ablesen, welche Führungsrolle Sie bevorzugen, bzw. welche Strategie (schwache oder starke Führung einerseits, Führung über Papier oder Mensch andererseits) Sie hoch bewerten.

Prüfen Sie, ob Ihr Führungstyp aus Ihrer Sicht für Sie zutrifft! Würde die Umwelt Sie auch diesem Typ zuordnen?

1 = Bürokrat
(Führungsausmass gering, Führung über Papier)
2 = Experte
(Führungsausmass gross, Führung über Papier)
3 = lieber Onkel
(Führungsausmass gering, Führung über Mensch)
4 = mitarbeiterorientierter Macher
(Führungsausmass gross, Führung über Mensch)

Dosieren des Führungsausmasses!
Formen der «Über»- und «Unter»-Führung:

	zu wenig Führung	zu viel Führung
Führung über Papier	der vorsichtige Bürokrat	der eifrige Experten- und Zahlengläubige
	(Soll = kein Extrem, sondern Mitte)	
Führung über Mensch	der liebe Onkel	der mitarbeiter-orientierte Macher

Der mitarbeiterorientierte Macher dürfte die Führungspersönlickeit des neuen Zeitalters sein. Natürlich versteckt sich auch hier wieder ein Dogma, das sofort relativiert werden muss. Denn der Idealzustand bewegt sich in der Mitte und richtet sich nach den persönlichen und situativen Möglichkeiten und den Anforderungen des Umfeldes und muss dem entsprechen, was das Unternehmen im Moment benötigt. Dennoch ist darauf zu achten, dass sich die Führungskraft unserer Zeit nicht in die Rolle des lieben Onkels oder des zahlengläubigen Experten flüchtet, um der menschlichen Herausforderung der Führung auszuweichen.

2

Peter Müri

Unlösbare Konflikte

2.1

Sachkonflikt und sozialer Konflikt

Interessengegensätze zu behandeln, ist das tägliche Brot des Managers. Wenn Vermittlungsbemühungen keinen Erfolg haben und der Konflikt weiter mottet, so nährt sich der Gegensatz daraus, dass zwei Menschen mit zwei grundsätzlich verschiedenen (Welt-)Anschauungen verbissen um ihr «Recht» kämpfen. Erfahrungsgemäss appelliert dann der Konfliktlöser an die Sachlichkeit der Partner. Sie sollen sich von ihren privaten und subjektiven Interessen lösen und sich am gemeinsamen, übergeordneten Ziel orientieren. Bleibt dieser gutgemeinte Appell ohne Wirkung und entfacht sich bei nächster Gelegenheit die uferlose Auseinandersetzung erneut, liegt kein Sachkonflikt, sondern *ein sozialer Konflikt* vor. Er ist daran erkennbar, dass sich die Parteien als unbelehrbar und lernunfähig erweisen, unverständlich und schwer einfühlbar argumentieren und im Verhältnis zur Bedeutung der Sache sich unverhältnismässig emotional engagieren und überreagieren.

Soziale Konflikte haben ihre Wurzeln im Gefühlsleben. Was in sozialen Konflikten als Sachurteil ausgegeben wird, ist in Wirklichkeit eine gefühlsmässige Wertsetzung, das heisst eine Vorstellung, die mit einem persönlichen Gefühl «besetzt» ist. Das Gefühl stammt nicht aus einer augenblicklichen Laune, sondern hat eine längere Geschichte. Es hat sich im Laufe der Jahre durch Erfahrung meistens erhärtet und erträgt deshalb wenig Veränderung. Zudem hat es im Wertgebäude der Person die Funktion eines Bausteines übernommen, der oft wie ein Schlussstein im Torbogen das Ganze zusammenhält.

In sozialen Konflikten stehen sich festgefügte Wertkomplexe gegenüber, die als Ganzes verteidigt werden müssen. Soziale Konflikte sind deshalb Wertkriege und neigen wie jede politische Auseinandersetzung zur Eskalation und zur Bildung verhärteter Fronten. Einmal eskaliert, lassen sich Wert-Konflikte nicht durch Vermittlung oder Ausgleich lösen. Demnach müssen soziale Konflikte frühzeitig erkannt und behandelt werden.

Nur jene Methoden werden zum Erfolg führen, welche die Gefühlshaftigkeit der sozialen Konflikte berücksichtigen. Damit scheiden zum vornherein die klassischen Methoden der Verhandlungstechnik (Fisher, 1984) aus. Ebenso erfolglos sind die Versuche, mit Systematisierung des Vorgehens Sachlichkeit zu erzwingen. Mit rationalen Steuerungsprinzipien lässt sich ein sozialer Konflikt nicht in den Griff nehmen. Man muss ihm mit psychologischen Methoden zu Leibe rücken.

2.2

Der persönliche Konflikt hinter dem sozialen Konflikt

In jedem sozialen Konflikt steckt ein persönlicher Konflikt. Die Gegensätzlichkeit zweier Meinungen entsteht nicht nur dadurch, dass die Ziele zweier Parteien unterschiedlich sind, sondern dass jede Seite sich ihrer Sache nicht ganz sicher ist. Würden beide restlos überzeugt ihren Weg suchen, wären sie in der Lage, durch sachliche Absprache eine Übereinstimmung zu finden oder sich schlimmstenfalls ohne schlechte Gefühle zu trennen und einen eigenen Weg zu gehen. Die innere Unsicherheit zeugt davon, dass die Uneinigkeit der Partner durch eine entsprechende Uneinigkeit in sich selbst geschürt wird. Allerdings sind sich die Konfliktpartner über ihr eigenes inneres Schwanken nicht immer im klaren, denn der innere Konflikt kann ins Unbewusste verdrängt sein.

Nehmen wir an, zwei Mitarbeiter streiten sich über den Grad der Genauigkeit bei der Erfüllung einer Aufgabe. Der eine tendiert zur Pedanterie, der andere zur Oberflächlichkeit. Sie streiten sich engagiert und ehrlich über die Prioritäten in der Abwicklung. Gelangen sie zu keinem Ergebnis und setzen sie ihren Streit unter grossem Ärger fort, kann angenommen werden, dass ein sozialer Konflikt im Gange ist. Beide sind sich ihrer Strategie nicht absolut sicher. Dafür spricht auch, dass jeder seine Version viel zu absolut und viel zu pointiert gegen den anderen verteidigen muss. Irgendwo zutiefst in ihrer Seele spüren sie, dass der

Anstatt dass beide ihre Innenkonflikte lösen, tragen sie sie nach aussen

andere auch recht hat, aber sie lassen diese Stimme nicht zu. Die Lebenserfahrung hat sie gelehrt, der inneren schwachen Gegenstimme keinen Raum zu geben.

Der innere persönliche Konflikt wird demgemäss nicht ausgetragen, sondern eine der beiden sich streitenden Stimmen wird zum Schweigen gebracht. Um so heftiger wird die verstummte innere Stimme in der Person des anderen bekämpft. Der andere verficht just das mit aller Schärfe, was die leise innere Stimme fordert. Wenn der andere nun in seiner Vorgehensweise angegriffen wird, richtet sich im Grunde der Angriff gegen den Angreifer selbst, das heisst, gegen dessen in den Hintergrund gerückten anderen Seelen-Teil («Zwei Seelen wohnen, ach, in meiner Brust»). Der innere Feind wird also nach aussen auf die andere Person verlagert und dort viel leichter abgewehrt als im eigenen Hause.

Der Pedant trägt in sich den Konflikt zwischen Genauigkeit und Tempo wie der Oberflächliche. Beide wollen eine Seite nicht wahrhaben und begegnen dieser ins Dunkle gestellten Seite in der Person des anderen und müssen Sie da natürlich genau so ablehnen wie an sich selbst. Würden Sie die verdeckte Seite in sich bewusst machen und anerkennen, könnten sie auch viel leichter diese Seite an der anderen Person akzeptieren. Daraus ist schlüssig zu folgern, dass nur die Lösung des persönlichen Konfliktes die Voraussetzung schafft, den sozialen Konflikt zu beheben.

2.3

Der Konflikt ist in unserer Kultur tabu

Konfliktfähigkeit (nicht zu verwechseln mit Kampftüchtigkeit und Verhandlungsgeschick) gehört nicht zur heutigen Gesellschaftsnorm. Unser Leben ist primär auf Konfliktvermeidung angelegt. Schon in der Kinderstube lernen wir, dass Streiten unanständig ist. Denn, so sagte man uns, aus Streit entsteht Kampf, Aggression, Krieg und Vernichtung. Also sorgt für den Weltfrieden, wer Konflikte vermeidet. So wenig wir in der Konfliktlösung nach aussen trainiert sind, so hilflos benehmen wir uns in der Lösung persönlicher Konflikte.

Mit dem Konflikttabu wird jedoch eine urmenschliche Eigenschaft verleugnet: Die Tatsache, dass Gleichgewicht, Einigkeit, Konvergenz die Ausnahme und Gegensätzlichkeit, Divergenz, Ungleichgewicht im Leben die Regel ist. Denn der Mensch ist dank seiner Willensfreiheit auf Widersprüchlichkeit angelegt.

Zum Beispiel: Was als Antrieb Erfüllung fordert, kann durch das Wollen diszipliniert werden. Trieb und Wille geraten damit in Widerstreit. Auch das Wollen ist oft in sich gespalten. «Zwei Seelen» kämpfen in der Brust. Der eine Teil der Person will dieses, der andere jenes. Der Mensch ist also primär ein Konfliktwesen, voller divergierender Antriebe und Strebungen.

Da diese Gegensätze nicht immer zum Bewusstsein gelangen, sondern – wie wir festgestellt haben – nach aussen gewendet und im sozialen Umfeld ausgetragen werden, sind Spannungen zwischen den Menschen ebenso eine Normalerscheinung wie der persönliche Innenkonflikt. Wer behauptet, er habe keine sozialen Konflikte, erkennt sie nicht oder lügt.

Konflikte, die nicht wahrgenommen werden, existieren im Untergrund als latente Konfliktherde. Sie können unvermittelt bei oft unverständlichen Anlässen ausbrechen und unverhältnismässige Auswirkungen haben. Deshalb sind latente Konflikte gefährlicher als offene, wenn auch offene mehr Angst machen. Die beste Konfliktprophylaxe besteht in der laufenden Aufarbeitung aller kleinen Konflikte, um die grossen, die durch Stauung und Explosion entstehen und zur Aufschaukelung neigen, zu vermeiden.

Die wirksamste «Friedensarbeit» oder Konfliktprophylaxe fängt bei sich selbst an. Es müsste zur Lebensaufgabe jedes Menschen gehören, seine eigenen inneren Gegensätze frühzeitig wahrzunehmen, zuzulassen und zu versuchen, sie aus eigener Kraft zu überbrücken. Spätestens bei wachsender Eskalation in der Auseinandersetzung mit anderen, müsste jeder anhalten und bei sich selbst schauen, welche eigene innere Spannung er im Moment nach aussen auslebt.

Führungskräfte, die dank ihrer Delegationskompetenz leichte Möglichkeit haben, eigene Konflikte von sich fernzuhalten und an die unterstellten Mitarbeiter zu delegieren, sind in dieser Hinsicht besonders gefährdet. Je näher ein Manager der Spitze seines Unternehmens steht, desto konfliktfähiger müsste er sein. Leider sieht die Wirklichkeit anders aus (Vilar, 1987; Noll, 1987).

2.4 Konfliktsignale frühzeitig beachten!

Wie erwähnt begegnet uns der persönliche Konflikt meist erst in der Auseinandersetzung mit der Umwelt, weil er dahin unbemerkt verlagert wird. Er kann deshalb im Aussenleben besser erkannt werden als im Innenleben. Vor allem die offene Kommunikation im freien Gespräch ist ein geeignetes Beobachtungsfeld.

Man kann die Wahrnehmung von Konfliktsignalen leicht trainieren, indem man als Unbeteiligter einem Gespräch zuhört, das dem Austausch und der Bereinigung gegensätzlicher Meinungen dient (in jeder Sitzung praktisch möglich). Man achte besonders auf sogenannte «Festgelegtheiten» (Müri, 1984), das heisst auf das Wiederholen und Beharren auf bestimmten Meinungen, Haltungen, Einstellungen. Wenn sie unbeeinflussbar durch Sachargumente werden, ja wenn Argumente sogar verdreht werden und wenn man sich taktischer Kunstgriffe bedient, um seine Meinung gegen besseres Wissen aufrecht erhalten zu können und dabei natürlich das eigentliche Ziel der Auseinandersetzung aus den Augen verliert, lohnt es sich, dieser Spur zu folgen und zu prüfen, ob aus innerem Zwang etwas erhalten und verteidigt werden muss, über das sich der Betroffene selbst nicht ganz im klaren ist.

Persönliche Konflikte, die im sozialen Umfeld ausgetragen werden, kündigen sich an durch folgende Erscheinungen:

- Unbelehrbarkeit
  (bis zum Abbruch der Kommunikation)
- Wiederholung
  (oft zwangshafte Behauptung)
- Defensive
  (uneinsichtig bei Gegenargumenten)
- Realitätsverzerrung oder -trübung
  (Fakten werden nicht mehr anerkannt)
- Ambivalenz im Reden und Verhalten
  (man will etwas, verhält sich aber gegenteilig)
- geistige und emotionale Absenz
  (es ist, wie wenn einer nicht ganz «da» wäre)
- musterartiges Verhalten
  (es wirkt wie abgespielt als Marotte, Allüre oder Tick)

Der Konfliktträger wirkt in seiner Festgelegtheit unfreiwillig unfrei als Marionette einer ihn beherrschenden Macht. Es muss ihn keine Böswilligkeit und keine bewusste Taktik zu dieser Einseitigkeit treiben. Er wirkt als Opfer einer «inneren Stimme, die ihm sagt, welcher sein nächster Schachzug sei». Dieser Vergleich mit dem Schachspiel veranlasste Berne (1975) von «Spielen der Erwachsenen» zu reden.

In der Tat muten die Konfliktträger wie Komödianten an, die ihre Rolle so gut gelernt haben, dass sie gar nicht mehr wissen, dass sie Schauspieler sind. Sie spielen ihr (Lebens-)«Theater», allerdings ein Theater, das meist nicht der Erheiterung der anderen dient, da es den Arbeitsfortschritt hemmt und in seiner penetranten Wiederholung als «Affentheater» der Umwelt lästig fällt.

2.5

Das Konflikt-«Theater»

Im Management finden sich einige typische Komödien (Müri, 1985), die aus der Problematik der Führungsverantwortung und -kompetenz wachsen, ähnlich aussehen, etwa gleich ablaufen und als Ursache einen historischen Hintergrund haben, den man zwar ableiten kann, der aber im Einzelfall individuell erforscht werden muss.

Typische Manager-«Theater»
oder «Spiele der Erwachsenen» von Vorgesetzten

Erscheinungsweise:	Erklärung:
a) gestörte Handlungs- und Entscheidungsfähigkeit (gestörte Führungs-Kompetenz)	
1. «Ich sage Euch ...»	reden statt handeln
2. «Die Wissenschaft sagt ...»	Rezepte statt Autonomie
3. «Friede, Freude, Eierkuchen ...»	harmonisieren, statt konfrontieren
4. «Nicht ernst gemeint!»	probieren statt realisieren
b) gestörtes Verantwortungsbewusstsein	
5. «Beweist, was Ihr könnt!»	delegieren statt sich interessieren
6. «Ich wasche meine Hände in Unschuld»	Verantwortung abschieben statt tragen
7. «An mir kommt keiner vorbei ...»	andere erniedrigen, um sich zu erhöhen
8. «Ich fliege voraus ...» (Superman)	alles an sich ziehen, statt partizipieren lassen

2.5.1

Zum Beispiel: «Ich sage Euch ...»

Ein Vorgesetzter, der laufend predigt und verspricht, aber nicht in die Tat umsetzt, hält nicht aus Klugheit zurück, wie er vielleicht selber glaubt, sondern weil er innerlich gebremst wird. Das Risiko des Handelns und damit des falschen Handelns muss sich in seinem Leben schon früh nicht ausbezahlt haben. Umgekehrt brachte ihm offenbar Anerkennung und Erfolg, wenn er mit grossen Worten verantwortungsvolles Tun vermied.

Möglicherweise war er schon früh in seinem aktiven Tun zurückgebunden worden, weil es als überstürzt von der Umwelt getadelt oder weil es zu gehäuften Fehltritten führte. So hat er gelernt, sich durch die Zustimmung der Umwelt abzusichern, bevor er etwas in Tat umsetzt.

2.5.2

Zum Beispiel: «Die Wissenschaft sagt ...»

Hier wird der Konflikt zwischen Tun und Lassen durch Berufung auf Autoritätsinstanzen gelöst. Bevor nicht eine Meinung «ex cathedra» vorliegt, wird nicht entschieden. Sagt aber eine Fachautorität ein gewichtiges Wort, wird es ebenso ungeprüft übernommen und als Rezept verschrieben. Vorgesetzte, die mehr auf Berater als auf Mitarbeiter hören oder die sich ihre Fachkompetenz aus Rezeptbüchern holen, gehören in diese Gruppe.

Dieses Spiel setzt voraus, dass die Autoritätsgläubigkeit schon früh eingeübt wurde. Wahrscheinlich wurde die persönliche Urteilsbildung durch einen dominanten Vater (oder Mutter) eingeschränkt und wenig trainiert. Nun entsteht immer ein Konflikt, wenn eine eigenständige Meinung, unabhängig von Vorbildern und Normen, gefordert ist.

2.5.3

Zum Beispiel: «Friede, Freude, Eierkuchen...»

Konflikte lösen bedeutet, sich zu konfrontieren, den Partner herauszufordern und sich in Gegensatz zu stellen. Konfrontation bedeutet für diesen Manager Provokation. Provozieren fällt auf einen zurück, muss dieser Manager gelernt haben. Deshalb werden Konflikte umgangen, indem sofort ein Ausgleich angestrebt, Harmonie hergestellt und durch Sympathiebezeugungen die Offenheit unterdrückt wird. Mit Zweck-Optimismus wird jede Gegensätzlichkeit als Missverständnis oder als vorübergehender Fehltritt weggewischt.

Die Hintergründe zu einer solchen Beschönigungstendenz sind im Konflikttabu des Elternhauses zu suchen. Konflikte sind als gefährlich und unfein unterdrückt oder herabgespielt worden. Es gab zuhause keine eigentlichen Konflikte und Probleme, sondern höchstens Missverständnisse. Das Vorbild der «glücklichen Familie» wird auf alle sozialen Bezugsgruppen übertragen, ebenso auf das Unternehmen. Unter der Regie des Konfliktvermeiders entsteht ein pseudoharmonisches Klima.

2.5.4

Zum Beispiel: «Das war nicht ernst gemeint...»

Hier besteht das Spiel im Rückzug, sobald sich Gegensätzlichkeit anbahnt. Vertritt einer deutlich einen anderen Standpunkt oder entwickeln sich die Dinge divergenter, als man erwartet hat, wird das eigene Ziel relativiert. Auf diese Weise gewinnt jedes Handeln Experimentiercharakter und verliert an Verbindlichkeit. Die Umwelt muss damit rechnen, dass sich plötzlich zum Versuchsballon wandelt, was als ernsthafte Neuerung angepriesen wurde.

Wer sich verbindlich äussert, riskiert früher oder später Konflikte, indem er sich in Gegensatz zu anderen stellt. Es braucht innere Stärke, um an einem Ziel festzuhalten. Diese Kraft kann fehlen. Oder wiederum können schlechte frühe Erfahrungen vorliegen, wenn eigene Ziele erfolglos wider die anderen durchgestanden wurden. Ausserdem muss die Rückzugstechnik Anerkennung gefunden haben, d. h. folgenlos geblieben sein, so dass deren wiederholte Anwendung zur Routine wurde.

2.5.5

Zum Beispiel: «Beweist, was Ihr könnt!»

Chefs, die ihrer Sache nicht sicher sind, neigen zur übertriebenen Delegation von Aufgaben und schieben damit auch die Verantwortung ab. Die Formel dazu lautet trügerisch positiv: «Seid kreativ! Bringt fertige Anträge und nicht Ideen! Lösungen sind gefragt, nicht Probleme!» Schuldig werden ist offenbar für den Superdelegierer heikel, er vermeidet Situationen, wo er als Verursacher behaftet werden kann.

Der Betroffene durfte früher keine Fehler machen oder ist zu intensiv mit Liebesentzug für fehlerhaftes Verhalten bestraft worden. Er hat nicht gelernt, Schuld zu übernehmen und zu tragen. Die Angst vor der Bestrafung lässt ihn unverhältnismässig reagieren, wenn er auf Fehler Antwort gebcn muss (vcr-antwort-en).

2.5.6

Zum Beispiel: «Ich wasche meine Hände in ...»

In diesem Spiel wird die Verantwortung erst nachträglich abgelehnt, wenn das Malheur bereits eingetroffen ist oder unabwendbar vor der Tür steht. Mit der Erklärung der Unzuständigkeit setzt sich dieser Chef über seine Verantwortung leichterdings hinweg und versteckt sich hinter einem vermeintlichen Sachzwang.

Sich schadlos halten in kritischen Situationen, wird ebenfalls in frühen Jahren gelernt. Meist ist damit die Unfähigkeit verbunden, Selbstentwertung durch Schuldbelastung zu ertragen. Mit der Selbstreinigung wird das gefährdete Selbstwertgefühl wieder gesichert und der Schuldige erniedrigt.

2.5.7

Zum Beispiel: «An mir kommt keiner vorbei!»

Berne (1967) nennt dieses – auf Manageretagen häufig zu beobachtende – Theater: «Jetzt hab ich dich endlich, Schweinehund», oder abgekürzt: JEHIDES. Es ist die Reaktion des Chefs, der die Fehlerverantwortung gezielt den Mitarbeitern anlasten will, indem er irgend eine Abweichung zu einem Kapitalfehler aufbauscht, wenn er den Mitarbeiter dabei erwischt hat. Dadurch, dass er dem Mitarbei-

ter Schwächen nachweist, stärkt der Vorgesetzte sein schwaches Selbstwertgefühl.

Hinter diesem Spiel steckt ein tiefes Gefühl der Untauglichkeit, das auf Kosten des Mitarbeiters kompensiert wird. Offensichtlich haben Zurücksetzungen und Frustrationen in der Kindheit dafür gesorgt, dass die damit verbundenen Verletzungen nicht ertragen werden können. Möglichen Abwertungen durch die Umwelt wird entgangen, indem Schwächen der anderen so aufgewertet werden, dass die eigenen dahinter verschwinden.

2.5.8

Zum Beispiel: «Ich fliege voraus...»

Das Superman-Syndrom ist das Gegenteil der Verantwortungsabschiebung: Der Verantwortungshunger. Man findet ihn häufig bei erfolgreichen Managern. Sie fühlen sich in übersetzter Art moralisch für alle Ergebnisse verantwortlich und sparen nicht mit Eingriffen und Korrekturen, wenn von ihrer Vorgabe abgewichen wird. Sie delegieren somit mehr die Aufgabe und die Kompetenz als die Verantwortung. Vorbildlich gehen sie in allem voraus und er-

warten, dass alle in ihrem Sinn und Geist mitziehen. Dabei überfordern sie sich gerne, überziehen und überschiessen die Ziele und können nicht die Zügel freigeben.

Die Geschichte des Verantwortungshungrigen zeigt meistens eine Notwendigkeit, schon in frühen Jahren unverhältnismässig viel Verantwortung übernehmen zu müssen und dadurch «Liebe zu gewinnen» (früher Tod des Vaters, Versorgung der Familie usw.). Sich vor die Schwachen zu stellen (alle anderen sind schwächer) und sie zu schützen, hat sich zu einem festen Automatismus ausgebildet.

2.6

Behandlung von eigenen «Spielen»

Die beschriebenen «Komödien» sind konflikthaft, weil sie stereotyp gespielt werden und eine fruchtbare Kommunikation erschweren. Ausserdem sind sie dem Rollenträger kaum einsichtig, weil sie zu seiner persönlichen Eigenart (Charakter von «charassein», einritzen) gehören und zu einem Stück von ihm selbst geworden sind. Wiederholungszwang und mangelndes Bewusstsein machen sie deshalb zu einem fast unlösbaren Konfliktstoff.

Jedenfalls nützen in diesen Fällen Methoden der Zielklärung, des Aushandelns, des Verstehens und Eingehens nur bedingt. Spiele sind nicht mit Kommunikationsverbesserungen zu beheben. Hier helfen nur Methoden der Selbstheilung. Der «Komödiant» muss selbst sein Spiel entdecken und sich dabei längere Zeit beobachten können.

In einem weiteren Schritt hat er durch psychologischen und historischen Rückschluss die Hintergründe seines Theaters aufzudecken. Die Fragen dazu lauten:

- Wie ist das Spiel im Laufe des Lebens entstanden?
  (Kindheit einbeziehen!)
  (historischer Rückschluss)
- Welche Funktion hat das Spiel im Leben, d.h. wozu dient es oder wozu hat es einst gedient?
  (psychologischer Rückschluss)

Um diese Fragen beantworten zu können, muss man die Entstehung von Spielen näher kennen. Die Auflösung folgt rückwärts den Schritten der Entstehung.

Mit dem Spiel wird ein Stück Realität ausgeblendet und durch eine alte «Geschichte» ersetzt. Ein altes, meist in der Kindheit entstandenes Verhaltensmuster tritt an die Stelle eines realitätsangepassten Reagierens. Mit dem Muster wird eine alte Szene wiederholt, die seinerzeit sinnvoll war, heute aber überflüssig ist, dennoch wegen der gefühlsmässigen Verankerung beibehalten wird. Meistens entstand der Zwang aus einer Verpflichtung gegenüber einer Drittperson, von der man seinerzeit abhängig war (z. B. Vater oder Mutter). Ihr zuliebe wurde ein bestimmtes Verhalten eingegangen und so oft wiederholt, dass dadurch ein Automatismus entstand.

Der unausgesprochene «Vertrag» mit der Beziehungsperson ist zu reaktivieren (meist ist er vergessen) und aufzulösen. Dazu ist nicht nötig, mit der wirklichen Person das Gespräch aufzunehmen, vielmehr genügt ein innerer Dialog mit der einverleibten, in der Phantasie weiter lebenden Person, mit dem Ziel, sich dabei klar zu werden, welchen Gewinn aus der Einhaltung des Vertrags einst bezogen und vermeintlich heute noch eingeholt wird.

Meistens handelt es sich um einen Liebesgewinn oder um die Vermeidung von Liebesentzug. Die Eltern wünschten ein Musterverhalten. Um ein braves und geliebtes Kind zu bleiben, wurde der Elternwunsch zum eigenen gemacht und dafür unter Umständen eigene Wünsche zurückgestellt. Mit der Auflösung der Verpflichtung taucht dieser alte, zurückgestellte Wunsch wieder auf. Es gehört zur Konfliktbewältigung, diesen Wunsch zu aktivieren und die Ängste, die mit dessen Äusserung verbunden sind, zuzulassen. Möglicherweise handelt es sich bei dem unterdrückten Wunsch um einen wichtigen Nachholbedarf in der persönlichen Entwicklung.

Zusammengefasst enthält die Entstehungsanalyse der Management-Spiele folgende Schritte:

1. Entdecken, welche Szene aus alter Zeit das Spiel wiederholt
2. damals erzielten Gewinn eruieren
3. Beziehungsperson suchen, die damit verknüpft ist, d. h. der zuliebe das Verhalten angenommen wurde
4. «Vertrag», d. h. gegenseitige Verpflichtung (ich gebe Dir das, dafür gibst Du mir das; do-ut-des-Prinzip) auflösen
5. Das Wunschverhalten, auf das bisher verzichtet wurde, aktivieren und zulassen (neue Gefühle!)

Da sich aber das konfliktverursachende, stereotype Verhalten im Laufe der Jahre automatisiert hat, genügt diese «Wurzelbehandlung» allein nicht. Es muss auch der aktuelle Auslöser entdeckt, seine Wirkung erfasst und der Automatismus verlernt werden.

Jedes Spiel hat einen Eröffnungszug, der immer gleich ist. Mit dem Eröffnungszug wird ausserdem auf immer dieselbe Situation reagiert. Wer Situation und Eröffnungszug kennt, kann den Beginn eines Management-Theaters voraussehen. Um der Wirkung des Anreizes zu entgehen, muss zwischen der Auslösesituation und der Eröffnung eine künstliche Atempause gesetzt werden. Dies geschieht am besten, indem man sich beim Auftauchen des Spielbedürfnisses ablenkt oder bewusst zurückhält (dreimal leer schlucken).

2.7

Behandlung von fremden «Spielen»

Natürlich neigen wir dazu, die Konflikte der anderen vor unseren eigenen zu lösen. Es ist im Prinzip auch viel einfacher, Konfliktursachen bei anderen zu erkennen. Aber wie immer in der Führung sollte die Veränderung bei sich selbst beginnen, denn bekanntlich kann der andere nur in beschränkten Rahmen verändert werden (Kälin/Müri, 1985).

Die beste Hilfe leistet das Umfeld, wenn es ein Spiel nicht mitspielt, sondern aus einem Spiel «aussteigt». Denn jede Komödie braucht Mitspieler in bestimmten Rollen. Es gehört zur Konvention und zum Anstand des menschlichen Umganges, den zugedachten Part zu übernehmen. Aus Höflichkeit wird der Erwartung des Komödianten strikte gefolgt. Wer aussteigt, muss also mit dem Groll des Regisseurs rechnen, hat aber im Grunde in seinem Interesse gehandelt.

Es gibt verschiedene Möglichkeiten, sich sichtbar dem Mitspiel zu entziehen:

- Schauplatz verlassen
- Thema wechseln
- Spiel ignorieren

Wer feinere Methoden wählen möchte, hat gleichzeitig auch wirksamere zur Hand. Das Spiel kann durchkreuzt werden, wenn mit falscher Rolle mitgespielt wird:

- mitspielen und übertreiben
- andere als zugedachte Rolle spielen
- Gegenrolle spielen

Der Spieler wird bei falschem Mitspiel mit Verblüffung reagieren (Schocktherapie) und das Spiel als Leerlauf erkennen und möglicherweise abbrechen.

Schliesslich kann das Spiel beim Namen genannt und damit bewusst gemacht werden, allerdings mit der Gefahr, dass sich der Spieler ins Unrecht versetzt fühlt und sein Verhalten rational geschickt begründet.

- Spiel aufdecken (Meta-Kommunikation)

In der Regel sind die Möglichkeiten, Konflikte mit der Entlarvung von Spielen zu lösen, dünn gesät. Besonders wenn der Manager viel Einfluss besitzt und sich in seiner Eitelkeit verletzt fühlt, wird er den Nachweis des Spiels als böswillige Unterschiebung oder Überheblichkeit des Partners interpretieren.

Bis zu einem gewissen Grad müssen wir alle lernen, mit dem (Affen-)Theater anderer zu leben, selbst wenn wir von ihnen abhängig sind und uns die Unbelehrbarkeit und Rigidität stört. Wenn allerdings das Spiel die Entwicklung der Organisation als Ganzes bremst, sollte das Tabu der Konfliktlösung gebrochen und das Spiel so aufgedeckt werden, dass der Konfliktverursacher selbst darauf kommt, sein Spiel zu durchschauen und zu kontrollieren.

3

Karl Blöchliger

Ist Entwicklung machbar?

3.1

Die Geister, die wir riefen

Wir haben uns in den letzten Jahren und Jahrzehnten daran gewöhnen müssen, dass Entwicklungen und Veränderungen in allen Lebensbereichen immer schneller gehen. Im Sog dieser Dynamik haben sich viele Manager daran gewöhnt, unter einem wachsenden Zeitdruck zu leiden und dies als normal hinzunehmen. Zeit ist heute fast immer

und überall knapp geworden. Verschiedene Instrumente wie Terminplanungen und Netzpläne sollen helfen, die verfügbare Zeit möglichst optimal einzuteilen und zu verwenden. Vor allem die Informatik ermöglicht es, viele Arbeiten im Bruchteil der ursprünglich benötigten Zeit zu erledigen. Diese Fähigkeit des Computers, Zeit zu sparen, hat die Arbeitsleistungen in der Tat gesteigert. Der Rhythmus am Arbeitsplatz hat sich zunehmend an Computer-Massstäbe angepasst. Werte wie Geschwindigkeit, logisch-systematische Genauigkeit und Effizienz werden zu höchsten Werten. Nur so ist es möglich, dem Anspruch auf eine ständig beschleunigte und verbesserte Leistung gerecht zu werden.

Häufig führen nun aber gerade diese zeitsparenden Einrichtungen zum Gefühl der Zeitknappheit. Die Effizienz wird zwar durch die modernen Systeme verbessert, aber vielfach geht diese Verbesserung auf menschliche Kosten: Der Ruf nach Sofortlösungen hat viele ursprüngliche Fähigkeiten des Menschen, wie jene des bedächtigen und intuitiven Nachdenkens und Reifenlassens, ernsthaft in Mitleidenschaft gezogen.

3.2

Das Denken in Sofortlösungen

In früheren Zeiten und Kulturen wurde das Leben der Menschen fast ausschliesslich von naturhaften Zyklen, wie z. B. den Bewegungen von Sonne und Mond oder von den Jahreszeiten, bestimmt. Mit der Entwicklung und Verfeinerung der Zeitmessung gelang es dem Menschen, sich immer stärker von diesen «natürlichen» Abläufen zu lösen und sich einen abstrakten Massstab als Orientierungsmittel in der Abfolge von Ereignissen zu schaffen. Daraus hat sich die westliche Auffassung von der Zeit entwickelt: Zeit ist für uns ein genau abgemessener und eingeteilter linearer Prozess mit einer unerbittlichen Konsequenz bis in unser Denken und Verhalten hinein. Unter anderem ist dieses Denken von der unerschütterlichen Annahme geprägt, dass jedes Verhalten und Entscheiden voraussehbare und messbare Auswirkungen nach sich ziehen wird. Von dieser Grundhaltung zum Sprichwort «Wer A sagt, der muss auch B sagen» ist nur ein kleiner Schritt.

Viele Manager befinden sich heute in diesem Sog des linearen Denkens und des erfolgsorientierten, messbaren Handelns. Und manche Manager leiden mehr oder weniger bewusst daran, ohne aber Wege und Möglichkeiten zu finden, um aus diesem System wenigstens teilweise ausbrechen zu können. Sie beklagen den ständigen Druck und spüren deutlich, dass wesentliche menschliche Fähigkeiten und Grundlagen in der Hektik der Sofortentscheidungen verloren gehen. Für das Intuitiv-Kreative in der Führung fehlt der Platz: es kann nichts mehr in dem ihm eigenen und notwendigen Zeitmass und Rhythmus wachsen und allmählich reifen.

Und noch etwas entdecken Manager immer mehr und sind über diese Erscheinung irritiert und besorgt: verwöhnt durch laufend neue Errungenschaften, Entdeckungen und Fortschritte stellen sie plötzlich fest, dass in vielen Problembereichen die Grenzen des Machbaren sichtbar werden. Immer öfter sieht sich der Manager mit Situationen und Problemen konfrontiert, die sich der systematisch-linearen Betrachtungsweise, in der zu denken und zu entscheiden man ihn all die Jahre trainiert hat, entziehen.

3.3

Das Wesentliche ist oft unsichtbar

Der Glaube an den machbaren Erfolg ist einer der wesentlichen Motoren unserer Leistungsgesellschaft. Management bedeutet heute unter anderem auch, diesen Erfolg immer wieder sichtbar und transparent zu machen. Allmählich müssen wir nun aber auch zur Kenntnis nehmen, dass dieses Erfolgsdenken eine Kehrseite hat. Wenn man die menschliche Entwicklungsgeschichte betrachtet, so kann man feststellen, dass die Menschen immer wieder den Fortschritt bejubelten, um dann wenig später zu entdecken, dass die mit dem Fortschritt verbundenen Folgeerscheinungen oder gar Rückschläge sich ebenso unweigerlich einstellten. Auch wir stehen heute an einer solchen Wegscheide, an der wir uns mit der Tatsache auseinandersetzen müssen, dass viele und lebensnotwendige Entwicklungen und Veränderungen sehr oft im Verborgenen ablaufen und weder in ihren Zusammenhängen noch in ihren Gesetzmässigkeiten letztlich einsehbar sind. Gerade für Manager ist es ungewohnt und schwierig, hier ein Stück weit umzudenken und zu akzeptieren, dass es innerhalb und ausserhalb ihrer Organisation vielfältige Entwicklungsprozesse gibt, die sich dem Versuch, sie zu durchleuchten und in ihren Ursprüngen und Auswirkungen zu verstehen, entziehen.

Wenn wir uns allerdings in den verschiedenen Lebensbereichen etwas genauer umsehen, dann entdecken wir eine ganze Reihe von wesentlichen Entwicklungs- und Veränderungsprozessen, denen wir mit unserem logisch-linearen Denkmuster nicht näher kommen können. Einige Beispiele sollen das Gesagte veranschaulichen:

- Die körperliche und seelische Entwicklung eines Kindes ist im Rahmen der Entwicklungspsychologie vielfältig erforscht. Wir verdanken dieser Forschungsrichtung wichtige Hinweise und Einsichten. Welches jedoch die massgeblichen Faktoren für die eine oder andere Ausprägung der jungen Persönlichkeit darstellen, das bleibt ein Geheimnis. Wir können für das Wachstum und die Entwicklung eines Kindes zwar durch Liebe, Vertrauen, Geborgenheit und ein grosses Mass an Gewährung von Selbständigkeit eine positive Umgebung schaffen. Wir können negative Einflüsse möglichst einschränken. Wir werden es aber trotzdem nie schaffen, einen jungen Menschen nach unseren eigenen Vorstellungen zu prägen, und wir werden nicht verhindern können, dass die Entwicklung eines Menschen immer auch von Störungen und Krisensituationen begleitet ist. Persönlichkeiten sind nicht machbar, und sie unterstehen Entwicklungsgesetzmässigkeiten, die sich unserer Einsicht und unserem Verstehen entziehen.
- In den ökologischen Systemen und Kreisläufen der Natur haben wir noch längst nicht alle Zusammenhänge erfasst, sofern wir dies überhaupt je können werden. Noch immer rechnen wir mit Entwicklungsschritten, die dem Zeithorizont eines Menschenlebens, einer Generation entsprechen. Und erst wenn Systeme wie der Wald «dank» unserer kurzsichtigen Entwicklungseuphorie und unserer Machbarkeitsgläubigkeit zusammenbrechen, erinnern wir uns, dass solche Systeme über Jahrmillionen gewachsen sind, und dass wir weder ihre Gesetzmässigkeiten noch ihre Lebensbedingungen exakt

kennen. Entsprechend steht die forstliche Wissenschaft, was das Waldsterben anbelangt, praktisch am Nullpunkt.

- Über die Ursachen und Verlaufswege der psychischen Krankheiten haben wir in den letzten Jahren viel gelernt. Es wurden neue Behandlungsmöglichkeiten entwickelt und zum Teil mit Erfolg angewandt. Es werden weiterhin grosse Anstrengungen unternommen, einzelnen Krankheiten, wie etwa der Schizophrenie, auf die Spur zu kommen und allenfalls mögliche körperliche Ursachen in Gehirn und Stoffwechsel zu entdecken. Was jedoch letztlich zum Ausbruch einer solchen psychischen Störung führt und welchen Verlauf sie nimmt, das wissen wir noch immer nur in Ansätzen. Ebenso geheimnisvoll und verborgen sind übrigens auch die Ursachen und Verläufe von Gesundungsprozessen.
- Im Bereich der Organisationspsychologie wurden grosse Anstrengungen unternommen, die Elemente und Bedingungen einer gesunden und langfristig lebensfähigen Organisation herauszuarbeiten. So ist deutlich geworden, dass klare Strukturen, motivierende Ziele, eine transparente Führung, Offenheit in der Sprache und in den Absichten usw. wesentliche Merkmale einer gesunden Organisation darstellen. Trotzdem stehen sowohl Manager wie Organisationspsychologen immer wieder vor der Tatsache, dass gut geführte und erfolgreiche Organisationen oder Unternehmensbereiche unvermittelt von einer Krise geschüttelt werden, deren Ausbruch und Ausmass niemand voraussehen konnte.
- Ähnliche Feststellungen können auch im Bereich der Marktpsychologie gemacht werden. Mittels Motivationsstudien und repräsentativen Umfragen gelingt es, recht genaue Prognosen über das mögliche Käuferverhalten zu machen. Und trotzdem wissen die Marketingleute eines Unternehmens, dass die Einführung eines neuen Produktes im Markt jedesmal mit Unsicherheiten und Risiken behaftet ist, und dass letztlich der Erfolg oder Misserfolg einer neuen Produktereihe nur schwer vorausgesagt werden kann.

Wir können in den Aufzählungen derartiger Beispiele beliebig weiterfahren: wir würden immer wieder erneut erkennen, dass wesentliche Elemente von Veränderungen und Entwicklungen in einer Organisation, im Markt, in unserer Gesellschaft, bei uns selber, in natürlichen Systemen usw. sich der detaillierten Einsicht in Ursachen und Zusammenhänge entziehen.

3.4

Neubesinnung in der Organisationsentwicklung

Die Organisationsentwicklung (OE) ist in den 50er und 60er Jahren mit dem Anspruch aufgetreten, dass in Organisationen echte Veränderungen problemlos zu erreichen seien, wenn diese nur systematisch genug geplant und konsequent auf Ziele hin geführt würden. Dieser Anspruch auf machbare Entwicklungen wurde sowohl von den OE-Wissenschaftlern wie auch von den OE-Praktikern in die Organisationen hineingetragen und dort gerne und bereitwillig aufgenommen. Deutlich wird dieser Machbarkeitsanspruch, wenn z.B. Richard Beckhard in seinem Buch «Organisationsentwicklung: Strategien und Modelle» (1972, S. 24) OE als ein Verfahren beschreibt, das

«- planmässig
- betriebsumfassend
- von der Führung gesteuert
- zum Zwecke der Verbesserung der Wirksamkeit und der Gesundheit der Organisation
- durch geplantes Eingreifen in den organisatorischen Ablauf mittels Erkenntnissen aus den Verhaltenswissenschaften abläuft».

In noch grösserem Masse wird die Illusion des Anspruchs, Veränderungen und Entwicklungen einfach so leichthin herstellen zu können, sichtbar, wenn heute Unternehmensberatungsfirmen versprechen, mittels gezielten Umfragen und systematischen Analysen innerhalb eines halben Jahres eine neue Unternehmenskultur zu «machen».

Es ist sicher ein Zeichen der Zeit, wenn an die OE grosse Erwartungen und Hoffnungen geknüpft werden. Leider haben sich viele dieser Hoffnungen immer wieder und recht früh schon zerschlagen und sich als nur teilweise realistisch erwiesen. Ich habe in eigenen OE-Projekten die

Erfahrung machen müssen, dass organisatorische Veränderungen und Entwicklungen selten einfach so machbar sind und dass sie sich planmässigen Zielen und messbaren Kriterien häufig entziehen, vor allem dann, wenn Entwicklungen – wie fast immer – mit der Veränderung von Werten, Einstellungen und Gefühlen verbunden sind.

3.5

Sind Sie für Organisationsentwicklung bereit?

Nach wie vor halte ich die OE für ein organisationspsychologisches Instrumentarium, das in manchen Situationen am besten geeignet ist, positive Veränderungen und Verbesserungen innerhalb einer Organisation zu erreichen. Wichtig ist, dass Manager, die sich mit dem Gedanken an ein OE-Projekt befassen, sich klar vor Augen halten, dass es hierbei um eine Entwicklungsarbeit geht, in deren Verlauf etwas ent-wickelt, also freigelegt werden soll, das bisher überdeckt oder verschüttet war. Ein OE-Projekt gleicht oft genug einer archäologischen Ausgrabung, in deren Verlauf in einem sorgfältigen und manchmal mühseligen und langwierigen Arbeitsprozess allmählich Teile und Elemente freigelegt werden, die sich oft erst nach und nach zu einem einsichtigen und verstehbaren Ganzen zusammenfügen lassen. Häufig nehmen solche Ausgrabungsarbeiten auch überraschende Wendungen: es werden unerwartet ältere Kulturreste entdeckt, die das ganze bisherige Denken über den Haufen werfen und eine Überprüfung und Anpassung vieler sog. gesicherter Erkenntnisse nötig machen.

OE-Projekte stellen für viele handlungsbezogene und erfolgsorientierte Manager eine grosse Herausforderung und Geduldsprobe dar, weil man im Rahmen solcher Projekte oft nicht handeln kann, sondern warten muss, und weil die Erfolge erst allmählich sichtbar werden. Es ist für denjenigen Manager, der warten muss, ein schwacher Trost zu wissen, dass es primär solche erduldeten Entwicklungen sind, die langfristig positive Veränderungen für das Unternehmen bringen. Sie fragen sich vielleicht, ob Sie selber diese innere Bereitschaft in genügendem Masse besitzen, um sich in einen OE-Prozess einzulassen. Die nachfolgenden

Ein OE-Projekt gleicht oft genug einer archäologischen Ausgrabung

10 Fragen können Ihnen bei der Abklärung Ihrer Bereitschaft behilflich sein. Mindestens sechs der Fragen sollten Sie positiv beantworten können, wenn OE für Sie nicht ein enttäuschendes Abenteuer werden soll.

Risiko der Entwicklung

JA ☐ NEIN ☐

Überraschungen und nicht voraussehbare Probleme sind Bestandteile jeder OE. Sind Sie bereit, das Risiko auf sich zu nehmen und zu akzeptieren, dass Sie sich mit Ihrer Orgsanisation oder Ihrem Team auf einen Lernweg begeben, der Ihnen mit Sicherheit Überraschungen bereiten wird und von dem Sie nicht immer genau wissen, wohin Sie oder Ihr Team schlussendlich geführt werden?

Investition von Zeit und Energie

OE-Prozesse sind oft langwierige und streckenweise schwierige Problembearbeitungen, die von allen Beteiligten ein hohes Mass an Zeit, Energie und Engagement abfordern. Ist Ihnen klar, dass OE-Projekte, vor allem solche, die

Investition von Zeit und Geld

ein ganzes Unternehmen miteinbeziehen, keine 6-Tage-Aktionen sind, sondern oft Monate und Jahre in Anspruch nehmen, wenn wirklich echte Entwicklungen und Veränderungen erreicht werden sollen? Mit anderen Worten: Können Sie sich selber und Ihrer Organisation genügend Zeit lassen, sich zu entwickeln, und können Sie sich dem oft eigenen Rhythmus von Entwicklungen einfühlend anpassen?

JA ☐ NEIN ☐

Begleitung durch Geduld und Intuition

Viele Entwicklungen sind deshalb nicht möglich, weil die verantwortlichen Manager entweder zu früh eingreifen und abbremsen oder aber den Zeitpunkt, wo eingegriffen und Klarheit geschaffen werden muss, verpassen. Können Sie sich mit der Tatsache vertraut machen, dass ein OE-Projekt von Ihnen ein hohes Mass an Durchstehvermögen und Geduld abverlangt? Und besitzen Sie genügend Intuition (vergl. II 1./2.), um zu erkennen, ob eine sich anbahnende Entwicklung für Sie und Ihren Führungsbereich gut oder schlecht ist?

JA ☐ NEIN ☐

Die kreative Hilflosigkeit

Phasen der Ohnmacht und der Hilflosigkeit sind in OE-Projekten kaum zu umgehen. Sie gehören aber für den verantwortlichen Manager zu den schwierigsten Führungsproblemen überhaupt. Der Grund liegt darin, dass Entwicklungen nicht machbar sind. Manche Vorgesetzte fühlen sich in diesen Phasen auf einer Wanderung durch einen langen Tunnel: das Eingangsloch ist längst nicht mehr sichtbar, das Licht des Austrittsloches noch weit entfernt, und was vor allem vorherrscht, das ist Dunkelheit. Gerade in solchen Situationen liegen aber ungeheure Potentiale zur Entwicklung. Bricht man hier den Reifungsprozess ab, werden diese Potentiale oft wieder zugedeckt, und das OE-Projekt zurückgeworfen oder sogar abgebrochen.

Sind Sie fähig, solche Situationen der Hilflosigkeit und des Nicht-weiter-Wissens auszuhalten, und bringen Sie es fertig, diese Hilflosigkeit nicht einfach durch Aktivität und Hektik zu überdecken?

JA ☐ NEIN ☐

Bestehendes in Frage stellen

Der Zürcher Nobelpreisträger Heinrich Rohrer machte seine bahnbrechende Entdeckung des Raster-Tunnel-Mikroskopes nicht durch den Einsatz der modernen elektronischen Daten- und Bildverarbeitung, sondern, wie er es selber ausdrückte, «durch den Gebrauch von Schere und Leim», also durch Pröbeln und Sich-Überraschen-Lassen. Wer in der Forschung arbeite und zum voraus wisse, was er machen wolle, der entdecke nie etwas wirklich Neues, meinte Rohrer. Nur Nichtwissen helfe weiter. Für Lern- und Entwicklungsprozesse im Rahmen von OE-Projekten kann das, was Heinrich Rohrer ausdrückte, voll übernommen werden. Sind Sie bereit, Ihnen lieb und vertraut gewordene Denkmuster, Erfahrungen und Handlungsgewohnheiten grundsätzlich in Frage zu stellen, um die Tore für echte, innovative Erneuerungen und Horizonte zu öffnen? Lassen Sie es zu, dass die in einem OE-Projekt Beteiligten Strukturen, Ziele und Führungsstile in Ihrem Unternehmen oder Ihrem Team kritisch unter die Lupe nehmen und nach neuen Möglichkeiten suchen?

JA ☐ NEIN ☐

Eigene Persönlichkeitsentfaltung

Nicht selten brechen wertvolle Entwicklungen in einem OE-Prozess ab, weil Manager es nicht ertragen, in ihrem eigenen Denken und Handeln in Frage gestellt zu werden. Aber gerade an dieser Stelle eröffnen sich Möglichkeiten, zu neuen und vertieften Einsichten zu gelangen, wenn Manager sich in diesen persönlichen, allerdings manchmal schwierigen Lernprozess einlassen. Ist Ihnen bewusst, dass jedes OE-Projekt früher oder später auch Sie selber als Manager und als Person erfassen wird? Können Sie akzeptieren, dass Sie mit kritischen Fragen bezüglich Ihrer Werte, Normen und Führungsansichten konfrontiert werden?

JA ☐ NEIN ☐

Trotzdem eine klare Führung

Viele Menschen und Teams sind nur dann fähig, bestehende Erfahrungen in Frage zu stellen und an Veränderungen zu arbeiten, wenn sie sich durch eine klare und menschlich engagierte Führung Ihres Vorgesetzten sicher und geschützt fühlen. Ist Ihnen bewusst, dass für den Erfolg eines OE-Projektes von zentraler Bedeutung ist, dass Sie als Unternehmens- oder Bereichsleiter Ihre Führungsaufgabe nicht «abgeben», sondern im Gegenteil erst recht deutlich und mutig wahrnehmen? Und ist Ihnen auch klar, dass die Führung eines OE-Projektes nicht an den oder die externen OE-Berater delegiert werden kann und darf?

JA ☐ NEIN ☐

Schwierige Personalentscheide

OE-Projekte haben etwas Unerbittliches an sich: Probleme, überdeckte Konflikte, aber auch menschliche Schwächen und Unfähigkeiten gelangen im Verlaufe eines OE-Prozesses unweigerlich an die Oberfläche. Derartige «heisse» Punkte zu umgehen, wäre gleichbedeutend mit dem Stillstand oder Abbruch des OE-Projektes. Es ist von allergrösster Bedeutung, dass Manager den Mut besitzen, solche Probleme nicht zu übergehen, sondern sie beim Namen zu nennen. Noch schwieriger wird es, wenn sich erweist, dass Kaderleute den Anforderungen ihres Führungsbereiches nie wirklich genügt haben. Hier werden Manager oft vor menschlich äusserst schwierige Entscheidungssituationen gestellt, sei es, dass Mitarbeiter versetzt werden müssen, oder sei es, dass sogar Entlassungen nötig werden, um damit übergeordnete Ziele und Werte zu stärken. Sind Sie bereit, auch solchen schwierigen und heiklen Entscheidungssituationen nicht auszuweichen?

JA ☐ NEIN ☐

Die Aussichtslosigkeit des Einzelkämpfers

Oft genug scheitern gut gemeinte OE-Projekte, weil sie nur von einer einzigen Person im Unternehmen wirklich getragen und gestützt werden. In OE-Schönwetter-Perioden mag das gerade noch reichen; sobald aber schwierigere

Phasen und Konflikte auftauchen, genügt das nicht mehr. Haben Sie ein genügend grosses soziales Netz in Ihrer Organisation, das Ihnen auch schwierigere Zeiten im Rahmen eines OE-Projektes überdauern hilft? Gibt es Leute in Ihrer direkten Umgebung, die bereit sind, Sie in Ihren Absichten zu unterstützen, komme was da wolle?

JA ☐ NEIN ☐

OE ist kein Mode-Artikel

Falls Sie sich für ein OE-Projekt interessieren, weil

- OE heute modern und «in» ist
- Sie das Gefühl haben, Sie müssten nach Transaktionsanalyse, Kreativitätskursen, der Ausarbeitung von strategischen Erfolgspositionen, Gordon-Trainings usw. wieder einmal etwas Anderes und Neues tun
- oder die Konkurrenzfirma OE «macht»

dann lassen Sie OE lieber bleiben. Behalten Sie Ihr bisheriges Führungs- und Ausbildungsmodell bei und verfeinern und vervollständigen Sie dieses: Sie kommen weiter damit. In der OE verhält es sich wie in der psychiatrischen und psychotherapeutischen Behandlung: nur Menschen, die unter einem spürbaren Leidensdruck stehen und von innen heraus spüren, dass Veränderungen unumgänglich geworden sind, werden in der therapeutischen Arbeit wirklich neue Möglichkeiten des Lebens und Verhaltens entdecken.

Glauben Sie aus innerer Überzeugung daran, dass OE für Sie und Ihre Unternehmung etwas Sinnvolles, Notwendiges und Unumgängliches ist?

JA ☐ NEIN ☐

II. Neue Perspektiven

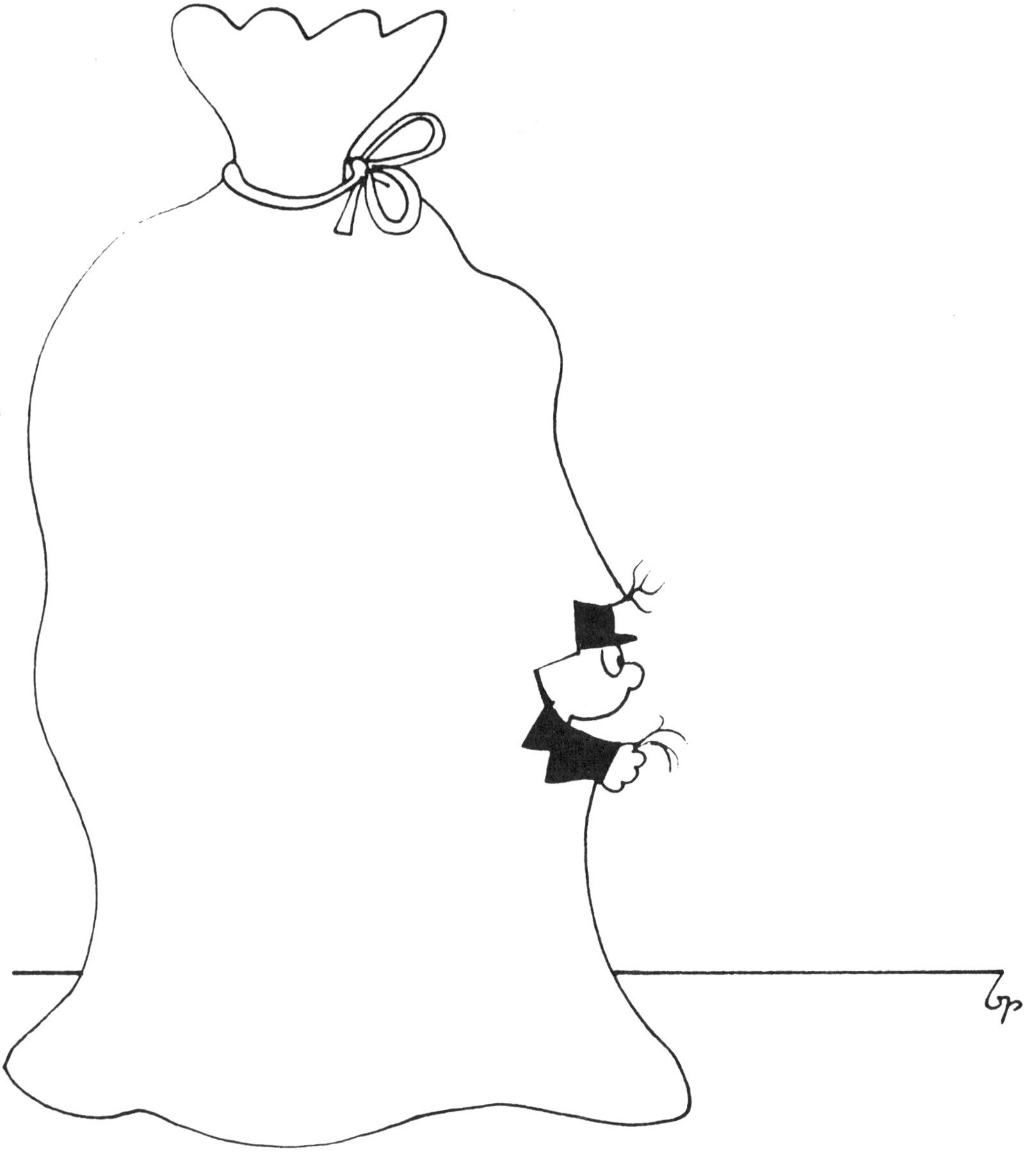

Neue Perspektiven

1

Intuition und Fühlen: Führen jenseits des Denkens

Peter Müri

1.1

Das Zweifach-Gehirn

In den sechziger Jahren entdeckten Roger Sperry und Joseph Bogen am California Institute of Technology (Sperry, 1969; Bogen, 1969), dass der Mensch mit zwei getrennten, eigenständigen Gehirnen arbeitet. Die linke Gehirnhälfte verarbeitet Informationen hauptsächlich in sprachlicher, die rechte Gehirnhälfte in bildhafter Form. Die Gehirnforschung bestätigt damit, was in Psychologie, Kunst und Literatur schon lange unterschieden wird: zwei sich ergänzende Denkarten, von denen die eine mehr rational, linear und analytisch operiert, die andere mehr intuitiv, kreativ und ganzheitlich. Das linke Gehirn scheint untrennbar mit der Zeit verwoben, das rechte mehr mit dem Raum. Ganzheitliches Wiedererkennen eines Gesichtes zum Beispiel leistet das rechte Gehirn, während das linke den Erfahrungsbezug herstellt und die Erklärung für das Déjà-vu liefert.

dominante Funktion des Linksgehirns	dominante Funktion des Rechtsgehirns
a) hirnphysiologisch nachgewiesen:	
● Sprache (gesprochen)	Verstehen von Metaphern
● Lesen, Schreiben	Erkennen von «Gesichtern»
● Wortgedächtnis	Form- und Bildgedächtnis
● Abstraktion	«Sich-Zurechtfinden»
b) im erweiterten Sinne:	
● ja-nein/null-eins	und-und, sowohl-als auch
● eindeutig	mehrdeutig
● logisch-analytisch	kombinativ-assoziativ
● richtig-falsch	relativ
● lineare Kausalität	Komplexität, Ganzheit
● Determinismus	Synchronizität

● Elemente	Bezüge, Beziehungen
● Beweis	Einfall
● Logik	Psychologik
● Erklärung	Phänomen
● selektionieren	zentrieren

usw.

Ein Blick zurück in der Geistesgeschichte verrät, dass sich zwei Denkformen gegenüberstehen, die im Bewusstsein der Menschheit eh und je eine bedeutende Rolle gespielt haben.

Die zwei Arten des Bewusstseins:

festgestellt von	der linken Hirnseite zugeordnet	der rechten Hirnseite zugeordnet
● Homer	Scylla	Charybdis
● Antike Tragödie	Hybris	Nemesis
● I Ging	Yang	Yin
● Neuzeit	Wissenschaft	Kunst
● Schiller	apollinisch	dionysisch
● Schopenhauer	objektiv	subjektiv
● Hesse	Narziss	Goldmund
● Freud	Sekundärprozess	Primärprozess
● Jung	kausal	akausal
● Guilford	konvergent	divergent
● Bateson	digital	analog
● Berne	Eltern-Ich	Kind-Ich
● Management	Systeme	Kultur
	Struktur	Prozess
	Ordnung	Chaos

Es gibt Menschen, bei denen die Gehirnfunktionen vertauscht sind. In der Regel dominiert eine Gehirnseite, aber auch eine gemischte Dominanz lässt sich nachweisen. Ausserdem kontrolliert das linke Gehirn die rechte, und das rechte die gesamte linke Körperhälfte. Nicht genug, beide Gehirnhälften können sich auch ersetzen und ergänzen, indem die eine zum Beispiel automatisch abschaltet, wenn die andere stark gefordert ist. Diese Komplexität illustriert die nicht mechanistisch erfassbare Trennung beider Denkformen. Im Erleben lassen sich Links- und Rechtsgehirn nur unscharf auseinanderhalten.

Dennoch hat sich in den letzten Jahrhunderten das Denken einseitig entwickelt. Schulbildung und Wissenschaft forderten und trainierten vor allem linksseitiges Denken. Ein intuitives Denkergebnis des Linkshirnes muss logisch-analytisch begründet und damit «objektiviert» werden, damit es von der Fachwelt anerkannt wird. Wie zahlreiche Untersuchungen der Entscheidungsfindung in Unternehmen bewiesen haben, treffen Manager im Führungsalltag ihre Entscheidungen meistens intuitiv und «rationalisieren» ihren Entscheid durch nachträglich beigeschaffte Argumente.

David Loye (1986) hat festgestellt, dass die Qualität der Entscheidung wächst, je mehr beide Gehirnseiten gleichzeitig aktiviert sind. Da aber die meisten Menschen entweder typische Links- oder typische Rechtsdenker sind, empfiehlt er, Links- und Rechtsdenker in Probemlösegruppen zu mischen. Dazu lässt er die Teilnehmer ihre Dominanz mit folgendem einfachen Verfahren feststellen.

HPC-Profil (Hemispheric Consensus Profile Test)
von David Loye

Entscheiden Sie sich für eine der Antworten, möglichst spontan (das heisst rechtsseitig-intuitiv), ohne lange zu überlegen! Es kommt nur auf die Tendenz und nicht auf die absolute Richtigkeit an! Kreisen Sie die Zahl hinter der zutreffenden Antwort ein!

1. Ihre besten Schulfächer waren: Mathematik 1
   Kunst 2
2. Ihre besten Schulfächer waren: Sprachen 1
   Werken 2
3. Neigen Sie dazu, Probleme zu lösen, indem Sie:
   Schritt für Schritt analysieren 1
   gefühlsmässig die richtige Lösung finden 2
4. Folgen Sie im Berufs- und Privatleben Ihren «Ahnungen» nur, wenn diese auch durch logische Überlegungen gestützt werden: Ja 1
   Nein 2
5. Folgen Sie im Berufs- und Privatleben Ihren «Ahnungen» nur, wenn diese zwar logisch nicht vertretbar, gefühlsmässig aber stimmig zu sein scheinen? Nein 1
   Ja 2
6. Ist es schon vorgekommen, dass Sie von Krankheit oder ernsthaften Schwierigkeiten eine(r)s Verwandten oder eine(r)s Freund(in)es wussten, bevor man Sie darüber informierte: Nein 1
   Ja 2
7. Wie beurteilen Sie Ihre Fähigkeit, auf Bildern, Lageplänen oder Landkarten Entfernungen, Richtungen und Grössenverhältnisse zeichnerisch korrekt wiederzugeben? Ziemlich gut 2
   nicht so gut 1

8. Wenn Sie irgendein Projekt in Angriff nehmen, was liegt Ihnen am meisten am Herzen?
   dass es gut durchgeplant ist 1
   dass aus seiner Konzeption etwas Neues entsteht 2
9. Welche Art der Problemlösung befriedigt Sie mehr?
   durchdachtes wohlüberlegtes Vorgehen 1
   Assoziierung und Verknüpfung faszinierender Ideen 2
10. Kommt es vor, dass sich Ihre Vorahnungen zukünftiger Ereignisse später bewahrheiten? Ja 2
    Nein 1

Addieren Sie die eingekreisten Zahlenwerte und markieren Sie den entsprechenden Wert in der folgenden Auswertungs-Skala!

10 11 12 13 14 15 16 17 18 19 20

Liegt Ihre Punktsumme zwischen 10 und 14, sind Sie mehrheitlich ein Linksdenker (logisch-analytisch, wissenschaftlich), liegt sie dagegen zwischen 16 und 20, sind Sie eher ein Rechtsdenker (intuitiv-ganzheitlich).

Untersucht man eine grosse Zahl von Leuten auf ihr Rechts- oder Linksdenken ergibt sich nach Loye (1986) folgende Verteilung:

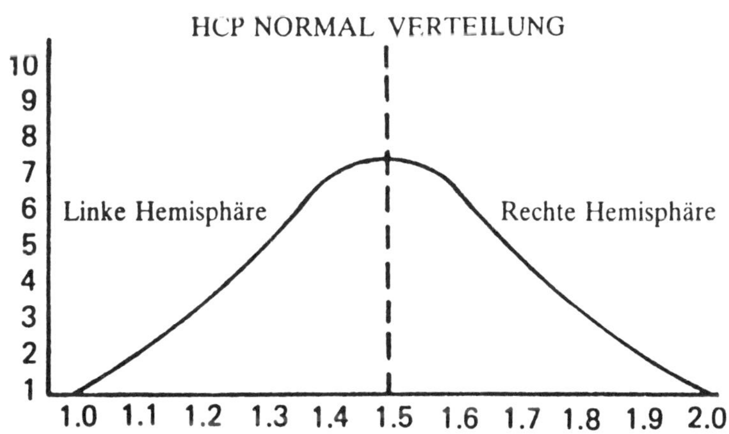

Die meisten Leute sind nach obiger Kurve in der Lage, beidseitig zu denken, das heisst beide Arten von Denken zu kombinieren. Wenn Ihre Punktsumme zwischen 13 und 17 liegt, trifft dies auch für Sie zu. Sind Sie ein eindeutiger Linksdenker (10 bis 12) oder ein Rechtsdenker (18–20) sollten sie mit einem gegenteilig begabten Denker zusammenarbeiten, um zu optimalen Entscheidungen zu gelangen.

1.2

Das Dreifach-Gehirn

Paul D. MacLean, Neurophysiologe (1973), weist nach, dass unser Grosshirn aus drei ineinandergeschachtelten Teilhirnen bestehen, die ihre eigene Intelligenz und ihr eigenes Gedächtnis haben.

- jüngeres Säugetierhirn (Cortex)
- älteres Säugetierhirn (limbisches System)
- Reptilienhirn (Hirnstamm)

Dem Reptilienhirn und dem limbischen System fehlen die Möglichkeit der verbalen Kommunikation. Sie äussern sich aber in einer reichen Körpersprache und als Begleitmusik zur gesprochenen Sprache. Etwas vereinfacht könnte man die Funktion des Reptilienhirns auch Instinkt und diejenige des limbischen Systems Gefühl nennen. Damit sind zwei entwicklungsgeschichtlich alte Bewusstseinsfunktionen physiologisch nachgewiesen und gleichzeitig ist erklärt, weshalb Instinkt, Gefühl und Verstand oft im Widerstreit liegen.

- Denken und Intuieren: Hirnrinde
- Fühlen: limbisches System
- Getriebensein: Hirnstamm

Die Gehirnforschung belegt, was Psychologen wiederholt nachzuweisen versuchten. C.G. Jung (1950) entwickelte vier Bewusstseinsfunktionen: denken, intuieren, fühlen und empfinden und leitete daraus eine Typologie ab (Denk-, Intuitions-, Fühl- und Empfindungstypus). H. Biäsch (1955, 1956, 1959) fordert für eine Führungskraft sowohl den homo faber (denken und empfinden, die rationale Seite, der Techniker) als auch den homo divinans (in-

tuieren und fühlen, die emotionale Seite, der Künstler). Nach Watzlawick (1969) spielt sich die menschliche Kommunikation auf einer Sach- (oder Denk-) und Gefühlsebene ab.

Die reife Führungs-Persönlichkeit – hierin sind sich die Fachleute einig – zeichnet sich durch den koordinierten Einsatz der vier psychischen Funktionen aus. Dazu muss sie ihre dominante Funktion kennen und die minderwertige entwickeln und integrieren können, eine Fähigkeit, die in Grenzen lernbar ist.

1.3

Das Führen mit den arationalen Bewusstseinsfunktionen

Im nachfolgenden Fragebogen können Sie prüfen, ob Sie das Fühlen und Intuieren ebenso beim Führen einsetzen wie das Denken. Als Beispiel soll das Führen mit Zielen (Management by Objectives) dienen. Für den Einsatz von Gefühl und Intuition sind folgende Aufgaben relevant: Standortbestimmung, Ursachenerforschung und Problemerfassung, Zielfindung, Zielidentifikation und Zielrealisierung.

Fragen Sie sich zuerst (1. Kolonne), wie Sie sich normalerweise in der erwähnten Situation verhalten, ob mehr nach Version a, b oder c! Bestimmen Sie Ihr normales Verhaltensmuster (Realbild), indem Sie 100 Punkte oder 100% auf die drei Varianten (a–b–c) verteilen, so wie es Ihrem Normalverhalten entspricht! Tragen Sie die entsprechenden Werte, die pro Situation addiert 100 ergeben müssen, in die *erste* Kolonne ein!

Wiederholen Sie den Test nach dem ersten Durchgang und bestimmen Sie nun das Wunschverhalten (Wunschbild)! Wie möchten Sie sich idealerweise in jeder Situation verhalten? Unter Umständen deckt sich das Idealverhalten mit dem Realverhalten. Tragen Sie die entsprechenden Werte in die *zweite* Kolonne ein!

1.3.1

Fragebogen

1. Standortbestimmung

a) Um die Lage genau beurteilen zu können, brauche ich klare Kriterien und einen objektiven Massstab. Je mehr Informationen ich verfügbar habe, desto genauer wird meine Ist-Analyse ausfallen. ☐ ☐

b) Um das Wichtige in einer Standortbestimmung zu erfassen, muss ich zwischen den Zeilen lesen können. Das Prüfen des persönlichen Eindrucks und das Erspüren der Zusammenhänge liefern mir die entscheidenden Informationen. ☐ ☐

c) Um eine wirkungsvolle Analyse zu haben, muss ich auf meine Gefühle achten. Sie melden mir die echte Einschätzung der Lage und diejenige, die später mein Handeln bestimmt. ☐ ☐

2. Ursachenforschung

a) In Führungsfragen sind immer mehrere Ursachen möglich. Welche die zutreffende ist, kann ich aus meiner Erfahrung heraus gefühlsmässig entscheiden. ☐ ☐

b) Es gibt immer eine Erklärung für eine Abweichung. Mit sorgfältiger Analyse finde ich die massgebende Ursache heraus. ☐ ☐

c) Eine Kausalkette zurückverfolgen, kann in die Irre führen. Ich muss die indirekten Zusammenhänge und das Umfeld der Abweichung verstehen, wenn ich die Ursache erkennen will. ☐ ☐

3. Problemerfassung

a) Wichtig in der Problemlösung ist, das Kernproblem zu erfassen. Dazu benötige ich eine gute Portion Gespür und Intuition, die mir helfen, auch das Unsichtbare sichtbar zu machen. ☐ ☐

b) Die meisten Probleme entstehen durch emotionale Barrieren. Für die Problemerfassung ist wichtig, dass ich den gefühlsmässigen Anteil erkenne und bearbeite. ☐ ☐

c) Nur eine sorgfältige Gliederung des Problems in Teilprobleme führt mich zum Kernproblem. Deshalb ist eine systematische Untersuchung der Situation und der Bezüge massgebend. ☐ ☐

4.
Zielfindung

a) Ziele leiten sich aus übergeordneten Zielen ab und müssen nach oben und seitwärts abgestimmt sein und dürfen nicht in Widerspruch zum Unternehmensziel stehen. ☐ ☐

b) Ziele müssen aus den Gegebenheiten des Unternehmens herauswachsen und mit den Möglichkeiten und den vorhandenen Potentialen übereinstimmen. Dazu muss ich wissen, was das Unternehmen als Ganzes im Moment braucht. ☐ ☐

c) Ziele müssen vor allem von der Unternehmensleitung getragen werden und mit den Wertvorstellungen des Führungskaders übereinstimmen. Dazu sind die Wertgegensätze zu erfassen und die Wertkonflikte auszutragen. ☐ ☐

5.
Zielidentifikation

a) Primär müssen Ziele gefühlsmässig verankert sein, damit sie verfolgt werden. Deshalb ist eine Zieldiskussion unumgänglich, auch wenn es mir oder meinem Chef schwer fällt. ☐ ☐

b) Ich muss mir das im Ziel definierte Ergebnis plastisch vorstellen können, damit ich es in mein Verhaltensrepertoire aufnehme. Es muss wie eine Vision anschaulich vor meinen Augen stehen. ☐ ☐

c) Ziele müssen vor allem verstanden werden können. Dazu muss ich dem Mitarbeiter die Informationen liefern, die ihm ermöglichen, die unternehmerischen Zusammenhänge zu sehen und den äusseren Sinn zu erfassen. ☐ ☐

Ziele müssen vor allem von der Unternehmensleitung getragen werden.

6. Zielrealisierung

a) Wenn ich mich mit den Zielen genügend auseinandergesetzt und sie in Massnahmen übersetzt habe, sind sie so konkret, dass ich sie mit rollender Planung realisieren kann. ☐ ☐

b) Wenn mir die Ziele in Fleisch und Blut übergegangen sind und wenn ich mich mit ihnen gefühlsmässig identifiziere, stecken sie so tief in mir drin, dass sie sich praktisch von selbst umsetzen. ☐ ☐

c) Erfahrungsgemäss benötigt die Zielrealisierung eine sorgfältige Arbeitsplanung und Arbeitsorganisation. Ich muss Ziele in Wochenpläne übertragen und Zeit für die Realisierung einplanen, damit sie erfüllt werden. ☐ ☐

1.3.2

Auswertung des Fragebogens

Übertragen Sie die Werte der ersten und zweiten Kolonne (Selbsteinschätzung) aller sechs Übungen in folgende Tabelle:

3 Dimensionen	D (Denken)			I (Intuition)			F (Fühlen)		
		1.	2.		1.	2.		1.	2.
1. Standortbest.	a)			b)			c)		
2. Ursachenforschung	b)			c)			a)		
3. Problemerfassung	c)			a)			b)		
4. Zielfindung	a)			b)			c)		
5. Zielidentifizierung	c)			b)			a)		
6. Zielrealisierung	c)			a)			b)		
Total									
geteilt durch 6									

Durchschnitt (Quersumme = 100)

Zeichnen Sie hier Ihren Typ in die folgende Skala ein, zuerst bezüglich Realverhalten, darunter bezüglich Idealverhalten!

0	20	40	60	80 100	
					real
					ideal

Nach unseren Erfahrungen gilt für unsere Führungskultur eine Verteilung von 50% Denken, 30% Intuition und 20% Gefühl als normal.

Sie kennen nun Ihre Hauptfunktion, die Ersatzfunktion (2. Rang) und die minderwertige Funktion. Um die Integration aller zu fördern und je nach Situation ein Schwergewicht zu setzen, schaffen Sie sich ein praktisches Trainingsfeld. Wir bieten dazu zwei Beispiele an: Die Anwendung der Intuition in der Problemerfassung und die Besetzung von Zielvorgaben mit positiven Gefühlen.

1.4

Die Intuition in der Problemerfassung

1.4.1

Die Grenzen des Verstandes in der Erfassung

Probleme sind Hindernisse auf dem Weg zu einem Ziel, die zunächst nicht bewältigt werden können. Wird das Hindernis überwunden, entsteht aus dem Problem eine Aufgabe, die nur noch Willenseinsatz, Zeit und Energie benötigt. Sind die Hindernisse in den menschlichen Beziehungen begründet, liegt ein Konflikt vor, der nur mit Hilfe der Gefühlsentflechtung und -klärung gelöst werden kann (siehe I/2.) Während eine Konfliktlösung primär Gefühlssache ist, spielt bei der Problemlösung die Intuition (kreatives Denken) eine wichtige Rolle. Für die Realisierung braucht es «nur» Willen und Verstand (rationales Denken).

Konflikt	►	Lösung durch Emotionsklärung, (Gefühl) daraus wird ein
Problem	►	Lösung durch kreatives Denken (Intuition), daraus wird eine
Aufgabe	►	Bewältigung mit rationalem Denken (Verstand) und Wille

Die klassische Lagebeurteilung durch Sammeln von Informationen und Ordnen nach relevanten und irrelevanten Fakten, durch Zergliedern und Kombinieren (Kepner-Tregoe, 1970; Brauchlin, 1977; Tumm, 1972) benützt hauptsächlich das Linksdenken. Das Risiko der rein logisch-analytischen Standortbestimmung besteht darin, dass nur die Symptome erfasst, das heisst nur die Oberfläche der Problematik und nicht ihre Zusammenhänge und Tiefe ergründet werden. Es werden deshalb oft Lösungen gefunden, die nur die Erscheinungsweise der «Krankheit» behandeln, nicht aber ihre Ursache.

Zwei Voraussetzungen sind zu treffen, um von der rein rationalen Problemerfassung wegzukommen. Erstens darf das Problem nicht zerstückelt werden, sondern muss in seiner Ganzheit und in seinen Bezügen zum Umfeld in den Blick genommen werden. Zweitens ist nicht nach kausalen Verknüpfungen zu suchen, sondern nach den möglichen Bedeutungen für den Problemsteller und die Betroffenen.

1.4.2

Die intuitive Hinterfragung

Jedes Problem lässt sich in eine einfache Frage kleiden. Je schlichter und prägnanter der sprachliche Ausdruck, desto wahrscheinlicher ist die Problemerscheinung auf das Problemrelevante verdichtet. Um hinter die Fassade des Problems zu leuchten (Symptomproblem), müssen die Begriffe der Definition nach ihrer Bedeutung befragt werden. Dazu werden Schlüsselworte aufgegriffen, die eine mehrfache Bedeutung haben können, emotional geladen sind und auf Wertvorstellungen hinweisen. Sie sind nach ihrem Gehalt zu untersuchen mit der Standardfrage:

«Was bedeutet X für dich?» oder
«Was heisst Y in dieser Situation?»

Beispiel: Wie kann ich Personalabgänge vermeiden?
Fragen: Was heisst Personalabgänge? Was verstehst Du darunter? Was bedeutet vermeiden?

Die Antworten auf diese Fragen bringen den Problemsteller dazu, sein Problem zu explorieren und damit relevantes «Situationsmaterial» auszubreiten. Man darf sich nicht mit einer Antwort begnügen, sondern setzt das aufschliessende Fragen (Achtung keine Verhörfragen!) fort, indem man die neuen Schlüsselbegriffe aufgreift. Auf diese Weise wird eine Problemspur verfolgt, die nicht logisch-rational, sondern assoziativ-intuitiv verläuft. Zu spüren, wo Problemrelevantes angetönt wird und sich lohnt weiterzuverfolgen, ist Aufgabe der Intuition, des «Riechers», der auch nebensächliche Signale auswertet, des «Feinohrs», das auch Untertöne wahrnimmt, des «Gestaltauges», das aus Elementen immer neue Puzzles formt.

Ob allerdings einer heissen Spur gefolgt wird, muss der Problemsteller selbst entscheiden. Deshalb wird immer wieder nachgefragt, wenn ein Kernproblem aufscheint: Könnte das oder jenes das Kernproblem sein? Die Antwort

Linksdenker

darf wiederum nicht linkshemisphärisch interpretiert, d. h. wörtlich genommen werden. Denn gerade eine Abwehr kann auf ein relevantes Bedeutungsfeld hinweisen. Auch hier muss sensibel hingehört werden, ob «es» (das Unbewusste) «klingelt» (per Intuition), das heisst ob die Rückmeldung stimmig tönt.

Das geschilderte Vorgehen setzt – wie man merkt – einen Dialog voraus. Entweder lässt sich dieser durch ein Zwiegespräch mit einem «Berater» (Chef oder Mitarbeiter oder Kollege) arrangieren oder im ungünstigeren Fall als Selbstgespräch aufziehen. Der innere Dialog zwischen der Instanz, die das Problem hat, und derjenigen, die es nicht hat und berät, wirkt sich am fruchtbarsten aus, wenn die beiden Rollen wie in einem kleinen Monodrama mit Standort-(oder Sitz-)wechsel life gespielt werden (Perls, 1976).

1.4.3

Das intuitive Visualisieren

Die rechte Hirnseite denkt in Bildern, Metaphern, Symbolen, Gesichtern. Erfahrungsgemäss führt diese Sprache viel rascher an das Kernproblem heran, denn unsere Fach- und Umgangssprache operiert so geschickt, dass sie das Kernproblem immer wieder verwischt oder umgeht, wenn es dem Problemsteller unbequem wird, was bei echten Problemen meistens der Fall ist, da jedes Problem einen persönlichen Anteil enthält, der aber oft nicht klar bewusst ist. Die Sprachsprache sorgt also für die Verhüllung und Vermeidung des Kernproblems, was ihr meistens dank des gut argumentierenden Verstandes der linken Gehirnhälfte gelingt.

Um die Bildersprache zur Wirkung zu bringen, muss also die Sprachsprache zum Verstummen gebracht werden. Es sprechen nur der Zeichenstift, der Pinsel, die Farben. Wenn in einer Gruppe das Ausgangsproblem gezeichnet wird, ist zu schweigen, selbst wenn mehrere zusammen ein Bild komponieren. Hier gilt ebenfalls, dass nicht der erste Anlauf das Kernproblem sichtbar macht. Oft sind mehrere Runden erforderlich. Dabei kann von einer immer neuen Thematik ausgegangen werden, im Sinne eines spiralförmigen Tiefertauchens (Knill, 1979, und Müri, 1984).

1.4.4

Das intuitive Zurschaustellen

Der persönliche Anteil an einem Problem, meistens der zentrale, wird am raschesten in der Körpersprache sichtbar. Dazu sind Sprachsprache und Bildsprache auszuschalten. Nur der Körper ist als Medium des Ausdrucks einzusetzen, aber mit allen seinen vielfältigen Möglichkeiten:

- Ausdruck durch Körperhaltung (Du bist das Problem. Forme aus dir ein Denkmal!)
- Ausdruck durch Motorik (Stelle den Problemgehalt durch Pantomimik dar!)
- Ausdruck durch Choreographie (Stell das Problem in einem Ballett dar!)
- Ausdruck durch Drama (Spiel das Problem, allein oder mit anderen zusammen!)
- Ausdruck durch Musik (Verwende als zusätzliches Ausdrucksmittel Stimme, Geräusche, Instrumente usw.!)

Die Körpersprache hat einen direkten Zugang zum Unbewussten, wo meistens das Kernproblem sitzt. Die rationale Kontrolle entfällt, wenn der spontanen Äusserungslust freier Raum gegeben wird. Inneres gelangt unzensuriert rasch nach aussen und wird auch für den Darsteller sicht- und begreifbar. Wie von selbst greift das rechtsseitige Denken das persönlich Relevante für den einzelnen, für die

Gruppe oder das Unternehmen heraus und stellt es in den Mittelpunkt. Dieser Bewusstwerdungsprozess trägt oft bereits die Lösung in sich, so dass durch das intuitive Darstellen das Problem zur Aufgabe wird.

1.5

Das Gefühl im Führen mit Zielen

Gefühle werden in unserer Gesellschaft im Zusammenhang mit Managementaufgaben weitgehend tabuisiert. Sie entwickeln deshalb gerne abseits von der Verstandeskontrolle ihr Eigenleben und beeinflussen damit Entscheiden und Handeln unkontrolliert. Die Führungspsychologie versucht, Gefühle als menschliche Grundfunktion in der Kommunikation und Entscheidung ernst zu nehmen und die Führungskräfte anzuleiten, Gefühle wahrzunehmen (Selbst- und Fremdwahrnehmung) und offen auszusprechen (Ichbotschaft). (Siehe Kälin/Müri, 1985)

Bei der Umsetzung von Zielen in Verhalten wirkt sich für die Zielidentifikation und Realisierung entscheidend aus, ob der gedankliche Inhalt eines Zieles auch emotionell positiv besetzt ist. Die emotionale «Aufladung» eines Zieles (oder einer Strategie oder Politik) kann auf drei Wegen erreicht werden:

1. gegenseitiges Anpassen von Zielgehalt und persönlichen Wertvorstellungen durch eine Wertediskussion (Verknüpfung von Ziel und Wert)
2. Veranschaulichung des Sollzustandes durch visionäre Imagination (Zielimagination)
3. Besetzung der Zielvorstellung mit positiven Gefühlen durch Assoziation mit Erfolgserlebnissen (Zielverankerung)

1.5.1

Die Wertediskussion

Die impliziten Wertgehalte zwischen persönlichen Zielen und Zielvorgaben des Vorgesetzten differieren häufig. Ohne Wertabstimmung werden die Zielvorgaben unbewusst sabotiert und mit zu wenig Energie ausgerüstet. In der Wertediskussion geht es darum, neue Wertgehalte aufzunehmen, widersprechende umzupolen, Gegensätze zu erkennen und schlimmstenfalls stehen zu lassen.

Das heikelste Unterfangen sind Änderungsversuche von persönlichen «Mussvorstellungen» (Müri, 1984), welche die Zielvorgaben von oben in Frage stellen. Fixierte Werthaltungen haben meistens eine alte Geschichte und haben sich im Laufe des Lebens verfestigt, so dass sie zum Lebensrüstzeug gehören, das nicht leichterdings aufgegeben wird. Sie wirken als Stimulans für viele Aktivitäten und damit als Nahrung für das Selbstwertgefühl. Deshalb können Sie nur bedingt aufgegeben werden. Der Kunstgriff besteht darin, verschiedene Wertebenen einzuführen:

die Wertebene der persönlichen Grundsätze
die unternehmenspolitische Wertebene
die Wertebene der Hier-und-Jetzt-Situation.

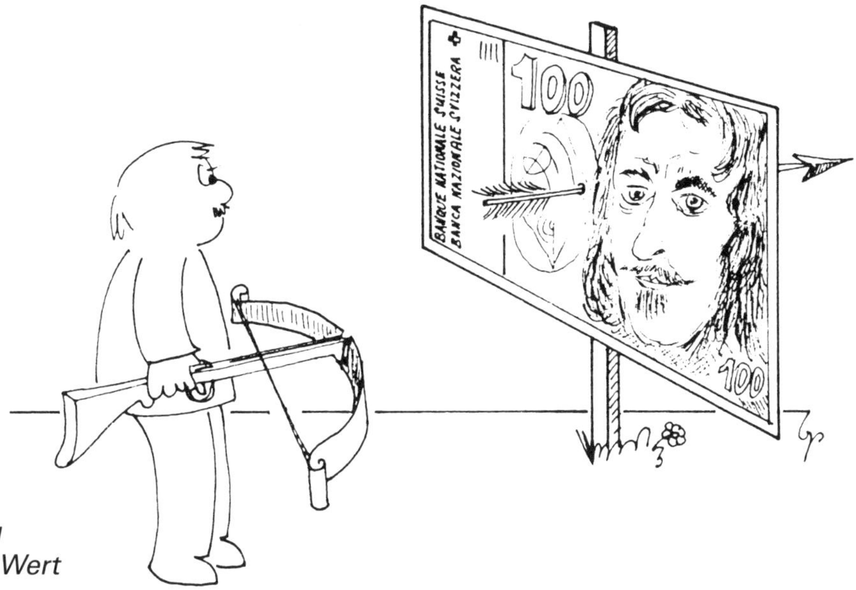

Verknüpfung von Ziel und Wert

Die Wertauseinandersetzung muss sich auf die unternehmenspolitische und situative beschränken und die grundsätzliche bewusst unberührt lassen. In der Praxis bedeutet dies, dass Vorgesetzte und Mitarbeiter anerkennen, dass sie grundsätzlich unterschiedlicher Auffassung sind, aber sich operativ auf ein Vorgehen einigen können, das die Grundsatzauffassung des einen wie des anderen nicht in Frage stellt.

Unter Umständen ist aber der eine in der Lage, seine Mussvorstellungen zu relativieren durch Differenzierung verschiedener Bezugsfelder. In der modernen Managementsprache gesprochen, würde man nach einer passenden Kultur suchen, welche den Mussgehalt der Zielvorgabe rechtfertigt und damit neben der persönlichen Kultur eine zweite überindividuelle Kultur setzt. So lassen sich für die Zielvorgabe passende Werte in der

- Kultur der Gesellschaft
- Kultur der Branche
- Kultur des Bereiches
- Kultur der Funktion
- Kultur von ausserberuflichen Bezugsgruppen

finden, die eine Rechtfertigung des vorgegebenen Zielgehaltes zulassen.

Die andere Version der Verknüpfung ist aus der Motivationslehre bekannt. Das Vorgabeziel wird zur Erfüllung eines persönlichen Bedürfnisses herangezogen. Der Mitarbeiter wird bei seinen Ansprüchen, Wünschen und Erwartungen abgeholt, so dass die Erfüllung der Unternehmensziele auch seine persönlichen abdeckt. Wenn der Vorgesetzte allerdings allzu offensichtlich ködert, schlägt die Wirkung auch ins Gegenteil um, so dass der Wertediskussion der Vorzug gegeben werden muss.

1.5.2

Die Zielimagination

Das Erfolgsgefühl wird erlebnismässig vorweggenommen, indem das Ergebnis so anschaulich durchgelebt wird, dass es in der Vorstellungskraft reale Gestalt annimmt (siehe III/1.).

Dazu braucht es zunächst eine Zielkonkretisierung, wie sie im Führen mit Zielen häufig vernachlässigt wird. Das Ziel muss so operationalisiert werden, dass es erreichbar, kontrollierbar und einsichtig wird. Oft hat es dann bereits den Charakter einer Massnahme oder eines überschaubaren Planes. Diese geistige Auseinandersetzung dient einerseits der Klärung, andererseits löst sie bereits positive Erlebnisse aus, die sich an die Zielinhalte heften.

Im weiteren ist zu prüfen, ob das Ziel ein aktives Tun oder Fördern beinhaltet und nicht ein Bremsen oder Vermeiden. Allenfalls ist es so umzuformulieren, dass es ein echtes «Vorwärts» enthält, das nicht von bestimmten Bedingungen der Umwelt abhängig gemacht wird, sondern ganz in der eigenen Kompetenz liegt.

Jetzt ist alle Vorstellungskraft aufzubieten, um sich die Ergebnissituation anschaulich vorzustellen. Das Erfolgsgefühl wird sich dabei von selbst einstellen und ist tief anklingen zu lassen. Das Gefühl soll sich vor allem mit den imaginativen Bildern verknüpfen. Unter Umständen helfen hier auch wieder die oben erwähnten Ausdrucksmethoden.

Das nun programmierte Zielgefühl ist mit einer Reihe von Fragen abzusichern, damit auch die Zuversicht als Gefühlszustand dazukommt.

- Was brauche ich, um dahin zu gelangen?
  (auch immaterielle persönliche Voraussetzungen)

- Was ist der Preis, der zu zahlen ist?
- Welches sind die Kriterien der Endkontrolle?
- Wo werde ich die zielführende Strategie nicht anwenden?

Man kann diesen Imaginationsprozess noch unterstreichen, indem man die Gefühle des Ist- und Sollzustandes räumlich plaziert. Es wird im Raum ein Ist-Kreis und ein Soll-Kreis gezogen. Zuerst steht der Zielimaginator in den Ist-Kreis und fühlt sich (aber bitte nur fühlen) in den Istzustand ein, schreitet dann Schritt für Schritt auf den Sollkreis zu und stellt fest, wie sich die Gefühle ändern, bis er den Gefühlszustand erreicht hat, den er vorher für das Ziel imaginiert hat.

1.5.3

Die Zielverankerung

Unter Umständen stösst die Zielimagination auf alte, schlechte Gefühle, welche ein Erfolgsgefühl nicht zulassen, so dass die negativen Gefühle in positive umgewandelt werden müssen. Dieser Prozess ist nicht einfach zu bestehen. Es stehen aber dafür neue Methoden zur Verfügung (z. B. das neuro-linguistische Programmieren, Bandler/Grinder, 1981; Marcus, 1984; Dilts u. a., 1985).

Kurz zusammengefasst, beinhaltet das Verfahren die Überlagerung des aktuellen negativen Gefühls durch ein altes positives. Dazu muss zuerst ein altes positives Gefühl reaktiviert werden. Am besten wird auf eine eindrückliche persönliche Erfolgssituation zurückgegriffen und das damalige Hochgefühl durch Imagination wieder belebt, bis es von der ganzen Person Besitz ergriffen hat. In dieser Hochstimmung wird der Soll-Kreis betreten und das Ziel imaginiert mit all seinen Bedrohungen, Ängsten und Risiken. Dabei ensteht ein eigenartiges Mischgefühl. Beide Seiten, das negative Zielgefühl und das «ausgeliehene» positive Erfolgsgefühl, kämpfen um die Oberhand. Die Übung ist so lange fortzusetzen, bis das Hochgefühl gesiegt hat. Damit ist die Zielvorstellung positiv besetzt und hat eine grössere Chance, erfolgreich realisiert zu werden.

Die drei Bewusstseinsfunktionen (Denken, Intuieren und Fühlen) machen nicht den ganzen Menschen aus. Nicht berücksichtigt haben wir die anfangs miterwähnte

Funktion des Instinktes oder der anthropologische Konstante (Ditfurth, 1980), die immer wieder unbewusst unser Verhalten steuert. Ebenso unerwähnt blieb die spirituelle Komponente oder der «Geist» (transpersonale, immaterielle Einflüsse), die sich aber auch über Gefühl und Intuition bemerkbar machen können.

2

Über den Biofeedback zur Intuition

Karl Kälin

In einer vielzitierten Untersuchung über leitende Führungskräfte grosser Unternehmen schreibt H. Mintzberg (1976), dass der unter turbulenten Bedingungen arbeitende Manager «ein ganzheitlicher Denker ist..., der sich immer wieder auf Ahnungen verlässt, um mit Problemen fertig zu werden, die für eine rationale Analyse viel zu komplex sind».

Einfach ausgedrückt ist Intuition (Lat. intuitus, der Anblick; intueri, anschauen) eine unmittelbare Information über oder zu einer Sache, einem Vorfall oder einem Problem, die einem von «innen her» zufliesst. Intuition erfolgt in der Regel spontan und bedarf keines angestrengten Nachdenkens. Es ist das, was auch als «Ahnung», als «Gespür», als «Aha-Erlebnis» bezeichnet wird (Doucet, 1978).

2.1

Intuition wird zu einem wichtigen Anforderungskriterium für Manager

Das Luftfahrtgrossunternehmen «Martin-Marietta-Corporation» erhielt einmal einen Auftrag für 28 Flugzeuge eines bestimmten Querrudertyps, der 500 komplizierte Kugellager erforderte. Diese Kugellager mussten völlig toleranzfrei arbeiten, weil das Flugzeug sonst abstürzen würde.

Als die letzten Flugzeuge vom Band rollten, bemerkte ein Mechaniker, dass einige der Spezialkugellager übrig geblieben waren. Man hatte also mindestens ein Flugzeug mit defekten Querrudern versehen. Doch niemand wusste welches. Also konnte man die Flugzeuge nicht ausliefern und alle Flugzeuge auseinanderzunehmen wäre einem finanziellen Debakel gleichgekommen. Ein Manager der Firma, Ambrose Worral, schritt mehrere Male an den Maschinen entlang. Dann zeigte er auf eines der Flugzeuge:

«Nehmen Sie diese Maschine auseinander» sagte er dem Montageleiter. Die Mechaniker gingen an die Arbeit, und schon nach kurzer Zeit wusste man, dass sämtliche übriggebliebenen Kugellager zu dieser Maschine gehörten. Worrals intuitive Fähigkeiten hatten dem Unternehmen viel Geld und Zeit erspart.

Da Komplexität und Hyper-Turbulenzen (Gerken, 1986) in einem wesentlich höheren Mass als bisher zum Führungsalltag gehören werden, wird neben der Logik die Intuition zu einem entscheidenden Anforderungskriterium erfolgreicher Führungskräfte.

2.2

Gute Führungskräfte haben die Fähigkeit, Intuition und Logik optimal miteinander zu verbinden

Weston Agor berichtete in seinem Buch «Intuitive Management» (1984), dass die erfolgreichsten Manager nicht nur in Intuitionstests stets besser abschneiden als weniger erfolgreiche Kollegen, sondern dass sie zudem über die stark entwickelte Fähigkeit verfügen, intuitiv erlangte Erkenntnisse besonders gut mit vernunftmässigen Überlegungen zu vereinbaren.

2.2.1

Wie intuitiv packen Sie Probleme an?

Zunächst soll ein Fragebogen Ihnen helfen, Ihren persönlichen Stil beim Angehen von Problemen und Entscheidungen einzuschätzen.

Dieser Fragebogen beschreibt verschiedene Situationen. Für jede Situation werden zwei alternative Verhaltensmöglichkeiten angeboten. Bitte prüfen Sie, welche der beiden Verhaltensmöglichkeiten Sie in dem betreffenden Fall wählen würden. Beschreiben Sie also Ihr tatsächliches Verhalten, und nicht irgendein erwünschtes oder ideales Verhalten. Vielleicht sind einige Alternativen für Sie schwer zu entscheiden, weil beide Verhaltensmöglichkeiten gleichmässig zutreffen bzw. untypisch zu sein scheinen. Wählen Sie dann bitte trotzdem die Alternative, die relativ gesehen für Sie am ehesten zutrifft.

Sie sollten jeweils zwei Alternativen vergleichen, wobei Sie insgesamt 5 Punkte zu vergeben haben.

(1) Wenn A absolut charakteristisch dafür ist, was Sie tun würden, und B absolut uncharakteristisch, notieren Sie eine «5» im Feld A und eine «0» im Feld B.

5	0
A	B

(2) Wenn A ziemlich charakteristisch ist für das, was Sie tun würden, und B ziemlich untypisch, dann notieren Sie eine «4» im Feld A und eine «1» im Feld B.

4	1
A	B

(3) Wenn A nur ein wenig charakteristischer für Ihre Verhaltensweise ist als B, dann notieren Sie eine «3» im Feld A und eine «2» im Feld B.

3	2
A	B

(4) Jede der drei vorangegangenen Kombinationen kann auch umgekehrt werden.

2	3
A	B

Bei jeder Frage gibt es also sechs Möglichkeiten, die Punkte zu verteilen. Sie müssen aber bei jeder Frage insgesamt fünf Punkte verteilen. Versuchen Sie immer, die angeführte Situation auf Ihre eigene persönliche Erfahrung zu beziehen. Bitte bedenken Sie, dass es keine «richtigen» oder «falschen» Antworten gibt.

2.2.2

Fragebogen

(1) A. Ich fühle mich wohler bei gefühlsmässigen, nicht rationalen, schöpferischen Aktivitäten.

B. Ich fühle mich wohler bei logischen, rationalen, analytischen Aktivitäten.

A	B

(2) C. Ich arbeite rasch und zielstrebig.

D. Ich erledige meine Aufgaben ruhig und lasse mir Zeit.

C	D

(3) A. Am besten lerne ich, wenn ich etwas in Bildern, Abbildungen usw. sehe.

B. Am besten lerne ich, wenn ich etwas lese, mit eigenen Worten niederschreibe, anderen erkläre.

A	B

(4) C. Wenn ich mehrere Aufgaben zu erledigen habe, erledige ich eine nach der anderen.

D. Wenn ich mehrere Aufgaben zu erledigen habe, packe ich alle gleichzeitig an.

C	D

(5) A. Wenn andere Probleme haben, mache ich ihnen Mut und tröste sie.

B. Wenn andere Probleme haben, analysiere ich das Problem.

A	B

(6) C. Ich handle eher überlegt, systematisch, beherrscht.

D. Ich handle eher spontan und impulsiv.

C	D

(7) A. Wenn ich eine Grippe habe, «geniesse» ich das warme Bett, liebevolle Pflege, Massagen und warme Bäder.

B. Wenn ich Grippe habe, bleibe ich nicht im Bett, sondern bewege mich aktiv und gehe an die frische Luft.

A	B

(8) C. Beim Problemlösen verlasse ich mich auf meinen logischen Verstand.

D. Beim Problemlösen experimentiere ich gerne mit «Verrücktem», Unlogischem und Aussergewöhnlichem.

C	D

(9) A. Wenn ich mich ärgere, spreche ich offen über meine Gefühle.

B. Wenn ich mich ärgere, lasse ich mir in der Regel nichts anmerken.

A	B

(10) C. Lärm stört mich bei der Arbeit.

D. Ich kann auch bei Lärm konzentriert arbeiten.

C	D

(11) A. Ich esse gern und gut. Gemütlichkeit und Entspannung beim Essen sind für mich wichtig.

B. Ich esse, um gesund und stark zu bleiben. Ich achte auf die Zusammenstellung der Vitamine und Proteine. ☐ ☐ A B

(12) C. Als Hobbies interessieren mich körperlich anregende Tätigkeiten wie Leistungssport, Bergsteigen, Tauchen u. ä.

D. Als Hobbies interessieren mich Dinge wie Malen, Sonnenbaden, Spazierengehen, Musik hören. ☐ ☐ C D

(13) A. Unberechenbare Leute regen mich auf und ärgern mich.

B. Unberechenbare Leute regen mich an und interessieren mich. ☐ ☐ A B

(14) C. Ich habe Mühe, abzuschalten.

D. Ich kann mich relativ schnell entspannen. ☐ ☐ C D

(15) A. Ich bin eher risikofreudig.

B. Im Zweifelsfall gehe ich lieber kein Risiko ein. ☐ ☐ A B

(16) C. Ich träume selten oder nie, oder kann mich zumindest schlecht an Träume erinnern.

D. Ich träume viel und kann mich meistens auch an meine Träume erinnern. ☐ ☐ C D

(17) A. Ich halte mich meistens nicht an Richtlinien, Gebote und Verbote.

B. Ich halte mich meistens an Richtlinien, Gebote und Verbote. ☐ ☐ A B

(18) C. Ermüdung und Erschöpfung bei der Arbeit treten bei mir eher selten auf.

D. Ich ermüde relativ rasch bei der Arbeit. ☐ ☐ C D

(19) A. Beim Ausfüllen von Fragebogen überlege ich nicht lange. Ich antworte spontan und gefühlsmässig.

B. Beim Ausfüllen von Fragebogen gehe ich überlegt vor. Wenn ich unsicher bin, stelle ich Rückfragen oder lasse die Fragen offen.

A	B

(20) C. Wenn ich in einen Verkehrsstau komme, ärgere ich mich.

D. Es braucht viel, bis ich mich ärgere.

C	D

(21) A. Ich fühle mich wohler beim Zeichnen und Singen.

B. Ich fühle mich wohler beim Schreiben und Reden.

A	B

(22) C. Ich bin eher bemüht, die Umwelt unter Kontrolle zu halten, um mich ihr nicht ausgeliefert zu fühlen.

D. Es ist mir ziemlich egal, was andere von mir denken, solange ich selber weiss, was ich will.

C	D

(23) A. Ich bevorzuge das Denken in grossen Zusammenhängen.

B. Ich bevorzuge das Denken im Detail.

A	B

(24) C. Ich bin dauernd unter Zeitdruck.

D. Ich spüre wenig Zeitdruck.

C	D

2.2.3

Auswertung des Fragebogens

Zählen Sie zuerst die Punkte unter A zusammen, dann unter B, C und D und übertragen Sie die Punktsumme in folgendes Schema.

Punktsumme A =	
Punktsumme B =	
Punktsumme C =	
Punktsumme D =	
Total	120

Zählen Sie nun noch die Punktsummen A+D zusammen. So erhalten Sie Ihren «Intuitionswert». Die Punktsummen B+C ergeben Ihren «Logikwert».

Punktsumme A+D =		Intuition
Punktsumme B+C =		Logik

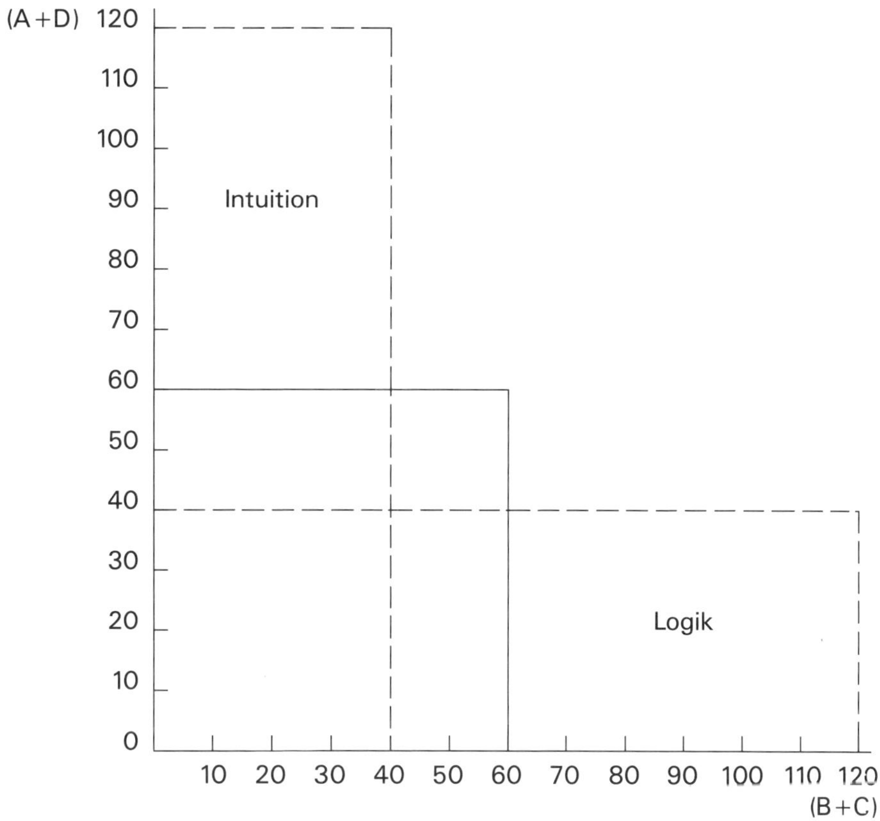

2.2.4

Interpretation der Fragebogenwerte

Liegt Ihre Punktsumme A + D höher als 80, dann neigen Sie sehr zum intuitiven Anpacken von Problemen und Entscheidungen. Sie vertrauen weitgehend Ihrer Intuition, was Sie auch ruhig tun sollten, da diese vermutlich in hohem Masse zutreffend ist.

Haben Sie zwischen 80 und 70 Punkte unter A + D, neigen Sie dazu, den Stil zu wechseln, sind jedoch mehr intuitiv als analytisch, systematisch und logisch. Ihre Intuition ist wahrscheinlich häufiger richtig als falsch.

Bei Punktzahlen von 69–60 unter A + D und Punktzahlen von 69–60 unter B + C nutzen Sie sowohl die Intuition als auch die Logik. Wahrscheinlich gibt es bei Ihnen oft Situationen, in denen Sie der Intuition nicht trauen, aber auch Situationen, in denen Sie der Logik nicht trauen. Im allgemeinen haben Sie aber eine gute Mischung von Logik und Intuition.

Bei einer Punktzahl zwischen 70–80 unter B + C neigen Sie auch dazu, den Stil zu wechseln, verlassen sich jedoch eher auf Analysen und rationales, logisches Denken. Ihre Intuition ist wahrscheinlich sprunghaft und unberechenbar.

Bei Punktzahlen über 80 bei B + C neigen Sie ganz erheblich zum systematisch, rationalen Angehen von Problemen und Entscheidungen. Offensichtlich trauen Sie vor allem der Logik und Systematik.

Betrachten Sie die Ergebnisse dieses Fragebogens nicht als definitiven Massstab für die eigenen intuitiven bzw. logischen Fähigkeiten. Es gibt keine allgemein akzeptierten Normen für ein derartiges Urteil, da bisher noch kein systematischer Versuch zur Bestimmung von Intuition (Stil, Qualität) über einen längeren Zeitraum übernommen und für gültig erklärt worden ist (Goldberg, 1985). Die Werte unter A + D und B + C können aber als Hinweise zur Selbstbeobachtung und Weiterentwicklung der Intuition dienen.

2.3.

Distress blockiert die Intuition

Das Leben von Führungskräften in turbulenten Zeiten ist ein Leben im Entscheidungs-Stress. Stress verhindert Intuition.

Im weitesten Sinne bedeutet Stress «Belastung». Stress ist eine Alarmreaktion von Mensch und Tier auf wahrgenommene körperliche oder psychische Gefahren. Wenn heute von Stress die Rede ist, meint man damit meist anhaltende, schädliche körperliche und seelische Spannungszustände. Gewissermassen einen Alarmzustand, der nie aufhört, «Dauerstress» oder «Distress».

Jede Führungskraft ist von der Persönlichkeitsstruktur her unterschiedlich auf Stress anfällig. Im wesentlichen hängt die Stressreaktion davon ab, wie ein Individuum die Bedeutung eines schädlichen, bedrohlichen oder herausfordernden Ereignisses (bewusst oder unbewusst) interpretiert oder einschätzt. Die Bedrohungswahrnehmung ist die entscheidende Verbindung zwischen der Umwelt des Individuums und seinem Stresserleben.

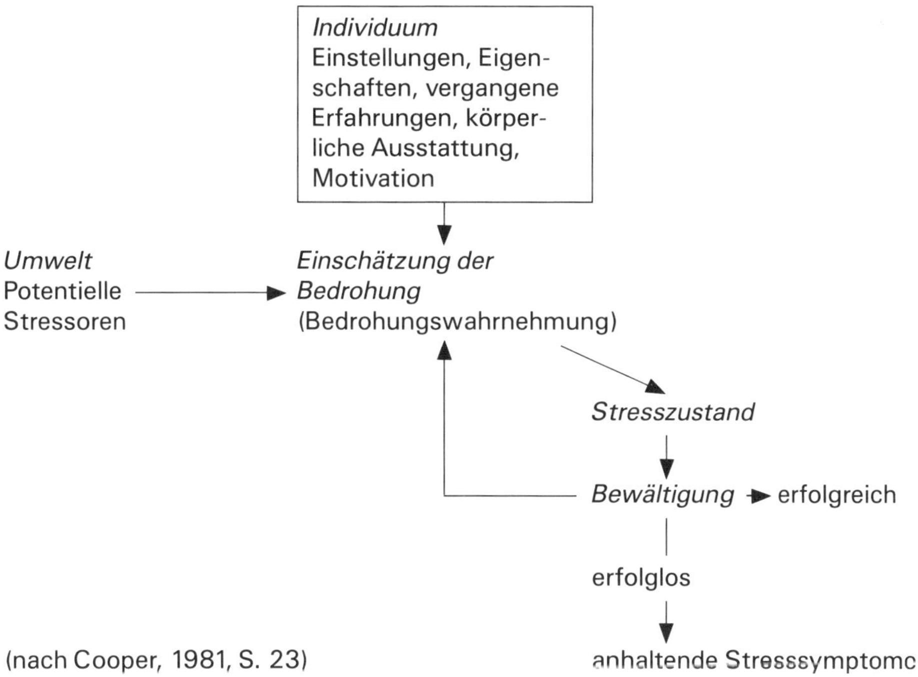

(nach Cooper, 1981, S. 23)

«Wir werden nicht durch Dinge gestört, sondern dadurch, wie wir sie sehen» (Epitektos)

Diese Aussage Epiktets (geb. um 50 n. Chr.) weist darauf hin, dass auch die griechischen Stoiker wussten, dass Gedanken und Vorstellungen Änderungen von Körperreaktionen verursachen. Sie können diesen Zusammenhang in einem einfachen Experiment selber erfahren.

Setzen Sie sich bequem in einen Stuhl, schliessen Sie die Augen und stellen Sie sich nun eine Person (Person A) vor, die Sie gar nicht mögen oder welche Sie kürzlich geärgert hat. Versuchen Sie, diese Person deutlich zu sehen, zu hören, was sie sagt und wie sie es sagt. Bleiben Sie ca. eine Minute bei diesem Bild. Verschieben Sie nun Ihre Aufmerksamkeit auf Ihre Körperreaktionen. Achten Sie auf Ihren Atemrhythmus, die Pulsfreqenz, auf die Muskelspannungen in den Händen und vor allem im Gesicht (Mund-, Kiefer-, Augen- und Stirnpartie). Öffnen Sie die Augen und schütteln Sie sich etwas. Lehnen Sie sich nun wieder zurück, schliessen Sie die Augen und stellen Sie sich nun so deutlich wie möglich eine Person (Person B) vor, die sie sehr gern haben. Holen Sie das Bild sehr nahe heran, bleiben sie wiederum ca. eine Minute bei dem Bild und achten Sie nun auf Ihre Körperreaktionen. Im Gegensatz zur Person A werden Sie nun ganz andere Empfindungen haben.

Ein aussenstehender Beobachter würde die Unterschiede sogar deutlich sehen. Augen und Mund entspannen sich, der Atemrhytmus wird langsamer, wenn Sie an die angenehme Person B denken. Augen und Mund werden verkniffener, selbst die Gesichtsfarbe ändert sich, wenn Sie an die unangenehme Person A denken.

Stress aktiviert das sympathische Nervensystem, denjenigen Teil des autonomen Nervensystems, der uns auf Notlagen vorbereitet.

- Stress erhöht die Herz- und Atemtätigkeit
- erhöht den Blutdruck
- löst Zucker- und Fettreserven auf
- erhöht den Gerinnungsfaktor des Blutes
- hemmt die Tätigkeit des Magens
- verändert die Zufuhr von Blut und verschiedenen anderen chemischen Stoffen im ganzen Körper
- verspannt die Muskeln
- erhöht die Schweissabsonderung

Neben den physischen Auswirkungen von Stress sind es vor allem auch die psychischen Folgen wie Denkblockaden (Vester, 1976), Veränderung der Realität, selektive Unaufmerksamkeit, selektives Vergessen (Gerken, 1986) u. a., welche die Wahrscheinlichkeit, gute Problemlösungen zu finden, reduzieren.

Stress und das Tempo des modernen Lebens verursachen einen chronischen Reizzustand und damit eine verminderte Aufnahmefähigkeit gegenüber Signalen aus dem Innern. Turbulenzen sind kaum geeignet, jene Ruhe und Gelassenheit herbeizuführen, die den besten Hintergrund für die Intuition liefern.

Die Qualität der Intuition verändert sich entsprechend dem Bewusstseinszustand des Erkennenden. Intuition wird in der Regel durch eine Kombination von niedrigem Reizzustand der Nerven und hoher Wachsamkeit begünstigt; durch einen ruhigen und aufnahmebereiten Geist bei relativ geringen äusseren Störungen, die den intuitiven Input beeinträchtigen können (Goldberg, 1985).

2.4

Die Intuition entsteht am ehesten in einem entspannten Zustand

Als offensichtliche Reaktion auf diese unerfreulichen Zustände kann man beobachten, dass sich immer mehr Führungskräfte in besonderen Entspannungs- und Meditationstechniken üben. Viele Unternehmen reservieren schon heute einen beachtlichen Anteil des internen Weiterbildungsbudgets für Stressbewältigungs- und Entspannungstechniken (Stutz, 1979).

Es ist nicht ungewöhnlich, dass indische oder japanische Geschäftsleute bestimmte Zeiten des Tages für eine kurze Meditation reservieren (Goldberg, 1985). Nach Marcus (1977) laufen entsprechende Versuche seit Jahren auch in den USA. Und immer häufiger verbringen europäische Manager ihre Ferien in indischen Ashrams oder in Klöstern.

Kniffki (1979) wies in einer Untersuchung mit Studenten nach, dass die transzendentale Meditation folgende Veränderungen bewirkt:

- Bedeutsame Reduktion der Nervosität, grossere psychosomatische Stabilität
- Verringerung der Depressivität, ausgeglichenere Stimmung, Zufriedenheit, Selbstsicherheit
- geringere emotionale Labilität, Verringerung neurotischer Tendenzen, bessere Konzentrationsfähigkeit, grössere Selbstsicherheit, besserer emotionaler Zugang zu andern
- erheblich weniger Angst.

Die Abbildung 1 zeigt die Auswertung des Freiburger Persönlichkeitsinventars (Fahrenberg et al., 1973).

Wallace (1970) weist nach, dass Meditierende psychische und physische Spannungen reduzieren, Schmerz besser ertragen und ihr Einfühlungsvermögen in die Probleme ihrer Mitmenschen verbessern können. In den meisten Fällen nimmt Körperschmerz im Zustand der Entspannung ab, im Zustand der Anspannung zu (Simonton, Simonton, Creighton, 1982; Achterberg, 1987).

Es gilt heute nicht mehr als Luxus, Spannungen und Stress abzubauen, um so die physiologischen Voraussetzungen für die Entstehung der Intuition zu verbessern.

Abb. 1

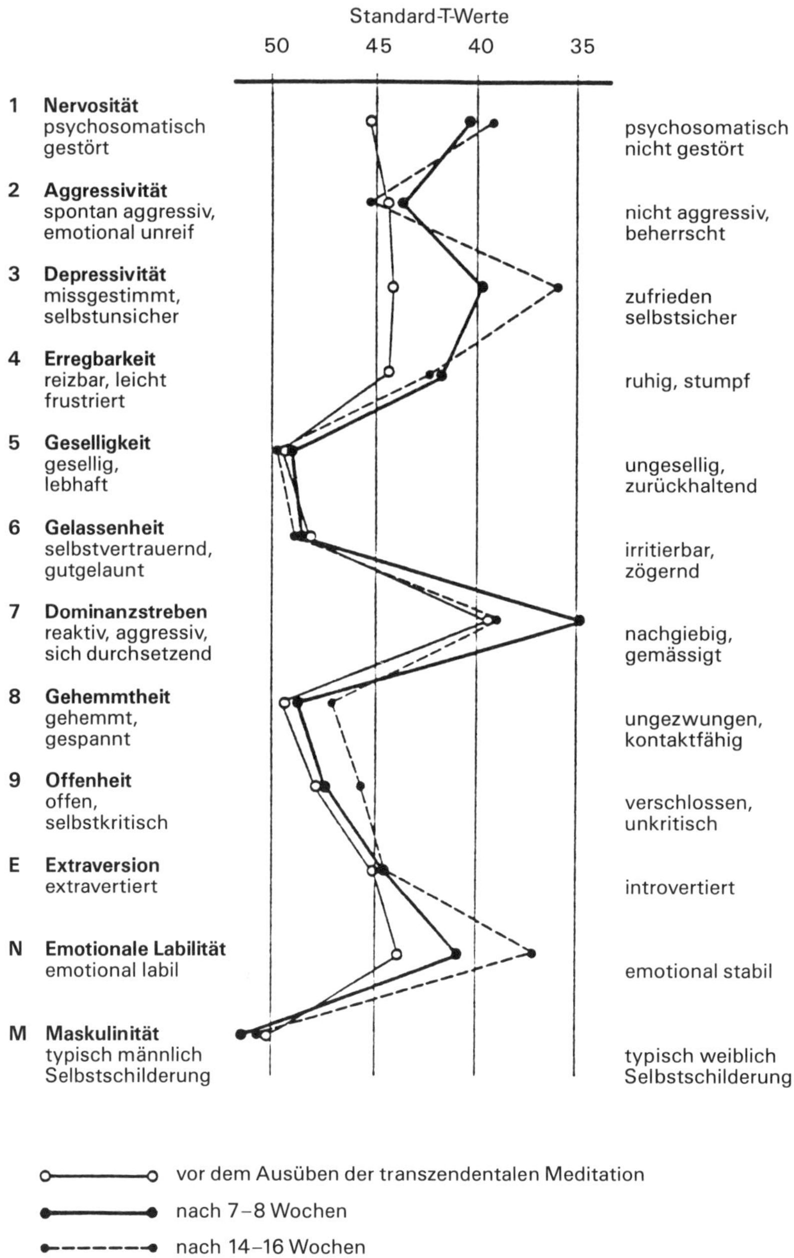

Therapiegruppe transzendentale Meditation

Nach Gerken (1986, S. 147) kann vorausgesagt werden, «dass mit einer hohen Eintretenswahrscheinlichkeit alle Brain- und Intuitionsthemen eine ausserordentliche Aktualisierung in den nächsten 5 Jahren erfahren werden».

2.5

Mit Biofeedback zur Intuition

Viele westliche Führungskräfte sind vermeintlich «mystischen» und «religiösen» Meditationspraktiken gegenüber skeptisch eingestellt. Am ehesten findet das aus der westlichen Schulmedizin heraus entwickelte «Autogene Training» noch Akzeptanz (Schultz, 1979; Langen, 1982). Besonders für die Gruppe der «rationalen» Manager bietet sich die Methode des Biofeedback an, deren Wirksamkeit und Effektivität inzwischen vielfach bestätigt und auch diskutiert wurde (Green und Green, 1978; Karlins und Andrews, 1973; Hume, 1979; Treichler, 1983).

Biofeedback kann Menschen westlicher Kultur wahrscheinlich eher von der Einheit und wechselseitigen Abhängigkeit von Geist und Körper überzeugen, als dies durch östliche Meditationstechniken möglich ist (Capra, 1982).

Nach Green und Green (1978) bedeutet Biofeedback, dass man mit Hilfe elektronischer Geräte unmittelbar Informationen über biologische Vorgänge oder Zustände im eigenen Körper bekommt, wie z. B. über das Verhalten des Herzens, über Temperatur, Hautwiderstand, über den Blutdruck, Muskelspannung, Gehirnaktivität.

Biofeedback heisst wörtlich übersetzt «biologische Rückmeldung» und dient dazu, Körperfunktionen, die normalerweise kaum einer Beobachtung zugänglich sind, bewusst wahrnehmbar und veränderbar zu machen. Wenn unbewusste physiologische Veränderungen von sensiblen elektronischen Geräten aufgefangen und audiovisuell angezeigt werden, dann werden Körperinformationen, die vorher nur dem Hypothalamus bekannt waren, der Grosshirnrinde verfügbar. «Historisch gesehen ist es das erste Mal in der Evolution der Menschheit, dass die Grosshirnrinde in der Lage (ist) zu erfahren, was «da unten» vor sich geht (Green, 1986, S. 242).

Ein Beispiel soll das verdeutlichen: Der Hautwiderstand einer Person ist vor allem abhängig von der Aktivität der Schweissdrüsenzellen. Da wir für diese elektrodermale Aktivität kein Sinnesorgan besitzen, erhalten wir keine Information über die ablaufenden Reaktionen. Dies wäre aber die Grundvoraussetzung, um einen Prozess willentlich in einer gewünschten Weise beeinflussen zu können. Messen wir nun laufend den Hautwiderstand und wandeln ihn z. B. in ein optisches oder akustisches Signal um, so kann jemand selber jede Änderung der elektrodermalen Aktivität unmittelbar «wahr»-nehmen und durch laufende Korrekturen in eine gewünschte Richtung beeinflussen.

Der Hautwiderstand ist eine guter Indikator für den emotionalen Spannungszustand und die Aktivität des Nervensystems. Bei zunehmender körperlicher und geistiger Entspannung erhöht sich langsam der Hautwiderstand, bei Spannung (Erregung) wird der Hautwiderstand niedriger. Durch die Normalisierung des Hautwiderstandes beruhigen sich automatisch auch viele andere Körperfunktionen wie Atmung, Herzschlag, Blutdruck.

Es ist wichtig, zu verstehen, dass wir unsere unbewussten Körperreaktionen selber beeinflussen können, wenn wir unsere Gedanken und Vorstellungen verändern. Für die meisten ist es ein Erlebnis, zu erfahren, dass sie eine objektiv messbare Veränderung in ihrem Körper durch das eigene Denken hervorrufen können. Mit einem Biofeedbackgerät zur Messung des Hautwiderstandes (Bezugsquelle im Literaturverzeichnis unter Treichler und/oder Sommerer) lernt der Anwender sehr schnell, was er tun oder sich vorstellen muss, um in einen entspannten Zustand zu gelangen und somit die physiologische Voraussetzung zu schaffen, in welcher sich die Intuition entfalten kann.

2.6

Gehirnwellentraining mit Biofeedback

Besonders spannend ist es, die eigenen Gehirnströme mit Hilfe von Biofeedback zu beeinflussen (Vester, 1976).

Die Gehirnwellen werden nach ihrer Frequenz in die folgenden vier Bereiche eingeteilt:

Beta: Dieser Bereich wird charakterisiert durch eine relativ rasche Gehirnwellentätigkeit, im Bereich von ca. 14 bis 30 Schwingungen pro Sekunde. Er entspricht ausgesprochener Aufmerksamkeit, Konzentration, aber auch Nervosität, Angst und Stress. Er ist zweifellos wichtig bei der Lösung anspruchsvoller, logischer, mathematischer oder manueller Aufgaben wie z. B. das Steuern eines Autos in einer verkehrsreichen Stadt.

Alpha: Dieser Bereich entspricht einer Gehirnwellentätigkeit von ca. 8 bis 13 Schwingungen pro Sekunde und geht normalerweise einher mit einer angenehmen Ruhe und Entspannung.

Theta: Bereich mit einer Gehirnwellentätigkeit von ca. 4 Schwingungen pro Sekunde, der erreicht wird in tiefer Entspannung. Er ist gekennzeichnet durch eine stark gesteigerte visuelle Imagination und Kreativität. In diesem Zustand wird das unausgeschöpfte Potential der Intuition zugänglich.

Delta: Gehirnwellen in diesem Bereich bewegen sich von ca. 0,5 bis 3,5 Schwingungen pro Sekunde und treten normalerweise nur im Tiefschlaf und im Koma auf.

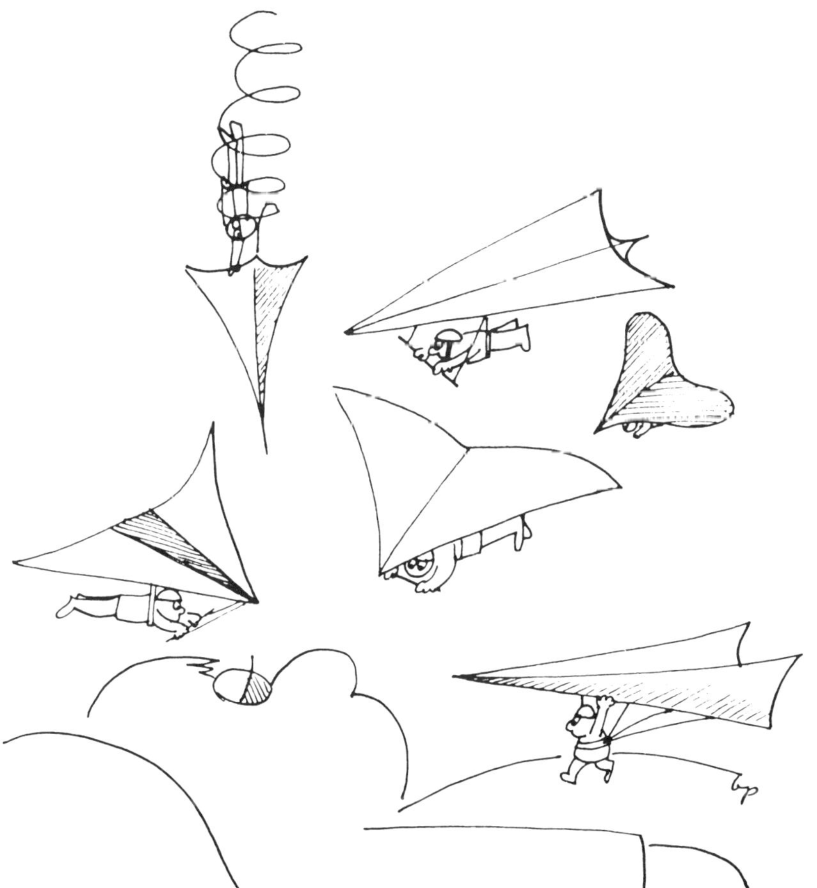

Delta-Wellen

Alice M. Green (1986) führte in der Menninger Foundation mit ihrem Mann mehrere Forschungsprojekte über Gehirnwellen durch. In einem dieser Projekte kamen die Versuchspersonen alle zwei Wochen einmal ins Labor zur Übung von Alpha-Theta-Biofeedback, wobei die Gehirnwellen registriert wurden (Abbildung 2, Green + Green, 1978, S. 142). Ausserdem übte jede Versuchsperson mit transportablem Biofeedbackgerät und führte ein Notizbuch, in welchem die physischen, emotionalen und geistigen Erfahrungen eingetragen wurden. Das Training dauerte zehn Wochen in zwei Perioden von je fünf Wochen. Innerhalb der ersten Periode steigerten alle Versuchspersonen die Produktion von Alpha-Wellen erheblich und viele konnten Theta-Wellen hervorbringen, was schwieriger ist, weil es dazu einer tiefen physischen, emotionalen und geistigen Stille bedarf.

Alice Green (1986, S. 222) fasst die Resultate dieses Forschungsprojektes wie folgt zusammen:

1. Zu Anfang des Trainings meldeten viele Versuchspersonen eine gesteigerte Erinnerungsfähigkeit und Lebendigkeit der Träume und manche berichteten von Erinnerungen an frühe Kindheitserlebnisse durch hypnagogische Bilder während ihren Sitzungen.
2. Es gab Berichte über die von C. G. Jung so benannten «archetypischen» Bilder, die Menschen aller Kulturen gemeinsam sind. Manchmal berichteten zwei oder mehr Studenten über dieselbe Art von Bildern. So gab es z. B. verschiedene Bilder des Durchgangs durch einen Tunnel, des Auf- oder Abstiegs von einem Berg oder einer Treppe, das Erlebnis von ungeheurer Weite des Meeres oder der Prärie, ein Hinausgleiten in den Raum, eine Begegnung mit dem «weisen, alten Mann», das «Buch der Weisheit», das einem geschenkt oder gezeigt wird, das Sehen eines Augenpaares oder des «Einauges».
3. Es gab auch auf Kreativität bezogene Erfahrungen: während einer Trainingsstunde offenbarte sich einer Testperson das Konzept für eine Seminararbeit; einem angehenden Fotografen wurden Bilder aus der Mappe eines Künstlers gezeigt; ein Kunststudent erlebte eine grössere Freiheit beim Zeichnen; durch gelegentliche Trainingssitzungen konnte ein zwischenmenschliches Problem schöpferisch gelöst werden.
4. Es kamen mehrere Erfahrungen von aussersinnlicher Wahrnehmung (ASW) vor. Der Zustand tiefer Stille des

A. Beginn der Trainings-Sitzung

Wenn ein Mensch aktiv ist und die Augen geöffnet hat, zeigt die EEG-Aufzeichnung gewöhnlich die Anwesenheit von Beta-Wellen, 13 bis 26 Hz oder höher (wie in A oben gezeigt). Die Elektrode ist am Hinterkopf angebracht.

B. 2 Minuten später

Wenn die Augen geschlossen sind und der Körper entspannt ist, erscheinen oft Alpha-Wellen mit 8 bis 13 Hz. Anfangs ist Alpha manchmal ein wenig verzerrt durch die Mischung mit Beta (siehe B).

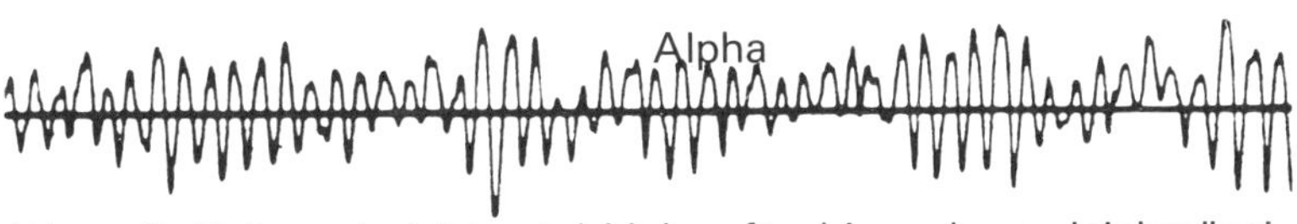

C. 10 Minuten

Wenn die Zeit verstreicht, wird Alpha oft ruhig und von gleichmässiger Frequenz, wenn auch die Amplitude schwankt (wie in C). Wenn der Körper tief entspannt ist und der Mensch schläfrig wird, sieht man oft Theta-Wellen mit 4 bis 8 Hz (wie in D).

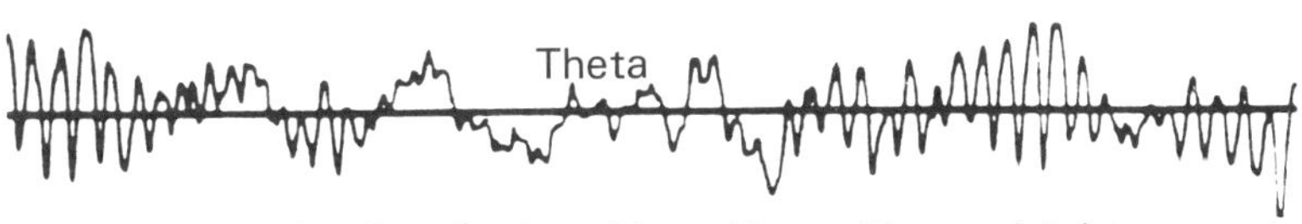

D. 15 Minuten

Bei Meditierenden ist oft ein ruhiges Theta-Muster (nicht verzerrt wie in D) mit einem ruhigen Körper, ruhigen Emotionen und einem ruhigen Geist verbunden, wobei das Bewusstsein aber nicht eingeschränkt ist.

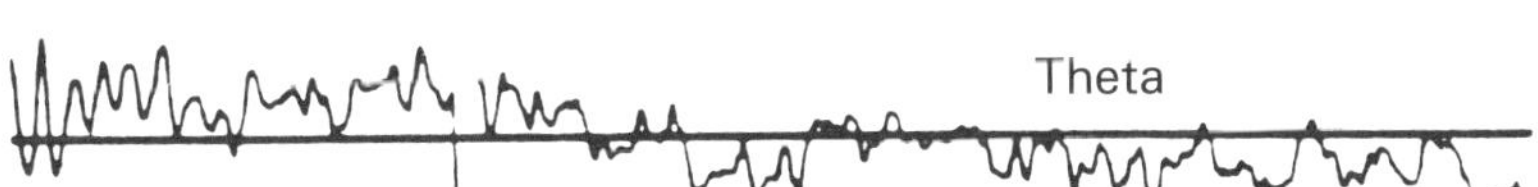

E. 20 Minuten

In diesem Stadium, das in E angedeutet ist, kann man beginnen, «sich des Unbewussten bewusst zu werden». Wenn die Versuchsperson einschläft, tauchen unregelmässige Delta-Wellen von 1 bis 4 Hz auf (wie in F).

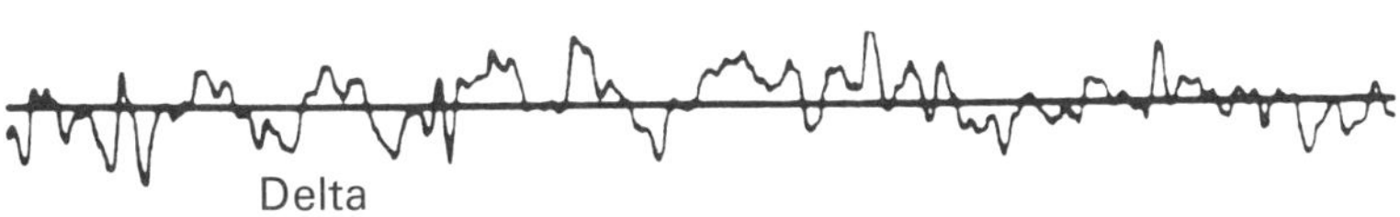

F. 25 Minuten

Abb. 2

Körpers, der Emotion und des Geistes, der im Theta-Training erreicht wurde, bewirkte, dass normalerweise «unerhörte» und «nie gesehene» Dinge ins Bewusstsein traten.

5. Wir hatten die relativ grosse Häufigkeit von Meldungen nicht vorausgesehen, die auf integrative Erfahrungen in Verbindung mit der erweiterten Alpha-Theta-Übung deuteten: die Studenten berichteten, dass sie mehr Energie und Konzentrationsfähigkeit hätten, dass es ihnen leichter falle, Prüfungen abzulegen und Arbeiten zu schreiben, dass ihre zwischenmenschlichen Beziehungen sich gebessert hätten, dass sie sich selbst und anderen gegenüber bewusster geworden seien, dass sie mehr Sensibilität und Liebe zur Natur gewonnen hätten. Diese Studenten drückten ihre Gefühle in Sätzen aus wie: «Ich fühle mich so intakt», «Ich bin im Lot», «Ich kann alles tun, was ich tun muss.»

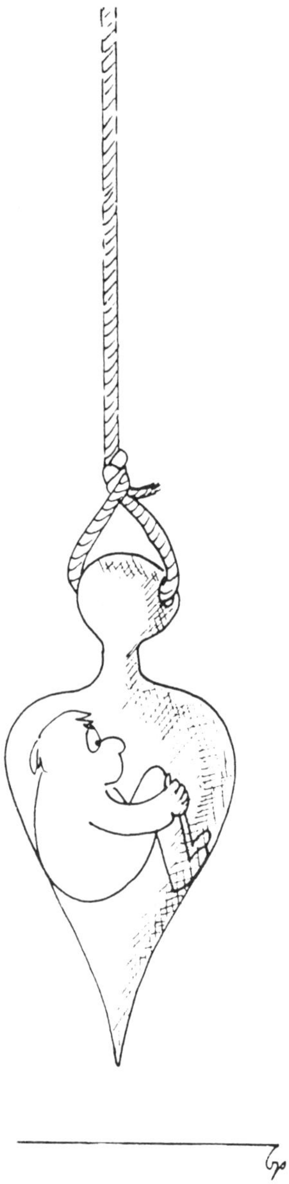

Im Lot sein

2.7

Biofeedback als Brücke

Die Kontrolle über das vegetative Nervensystem entspricht den Fähigkeiten, die man bei Jogis, Meditierenden, Zenmeistern und Schamanen beobachtet hat, die von Biofeedback nie etwas gehört haben. Als Folge ihrer Disziplin sind sie in der Lage, sich vollkommen auf innere Abläufe und Ereignisse einzustimmen und sie zu kontrollieren: es ist das Ergebnis jahrelanger Sammlung und ruhigen Konzentrierens auf die eigene Mitte.

Auch beim Biofeedback tut man «etwas» mit seinem Geist, um eine bewusste Kommunikation mit dem Körper zu erreichen. Jogis erlernen die Kontrolle über die eigenen Gehirnwellen im Verlaufe von Jahren. Mit Hilfe von Biofeedback erlernen wir es in viel kürzerer Zeit.

Wenn wir Kenner unserer Innenwelt und unserer Intuition werden wollen, müssen wir die Fähigkeit entwickeln, in uns hineinzuhorchen und auf Signale zu lauschen, die das ungeübte Ohr nicht vernehmen kann. Man kann sich nach innen wenden, ohne auf Biofeedbackgeräte angewiesen zu sein. In unserer Gesellschaft ist dies infolge des «kulturellen Lärms» (Karlins, Andrews, 1973, S. 17)

nicht so einfach. Biofeedback kann hier eine Brücke bilden. Diejenigen, für die es sich als notwendig erweist, können anfangs Biofeedbackgeräte benützen, um die innere Intuition leichter aufzuschliessen. Später, wenn sie den Zugang zu sich gefunden haben, brauchen sie die Geräte nicht mehr.

3

Kontext, Kultur und Kraft – Eckpfeiler des neuen Führungsstiles

Peter Müri

3.1

Die drei grossen Epochen des Führungsstils

In diesem Jahrhundert hat sich in unserer Gesellschaft das Menschenbild verändert wie nie in den rund zweitausend Jahren zuvor. Dieser Wandel lässt sich aus dem Blickwinkel der Führung in drei grosse Epochen zusammenfassen:

- das feudale Führungsverständnis (der alte 3-K-Stil, bis 1950)
- das kooperative Führungsverständnis (der 3-F-Stil, seit 1950 und situativ-kooperativ, seit 1970)
- das neuzeitliche Führungsverständnis (der neue 3-K-Stil, ab 1990)

Um die neueste, soeben begonnene Führungsepoche zu verstehen, muss man die drei Formen von Führungsverständnis in ihrem Zusammenhang sehen. Die beiden ersten Formen sind uns aus der Erfahrung vertraut. Das feudale Führungsverständnis hat seine Wurzeln in der militärischen Führung, das zugrunde liegende Menschenbild stammt aus der Feudalzeit. Die kooperative Führung übernimmt das demokratische Modell und hat ihr Vorbild in jenen sozialen Gebilden, die Teile der Macht an die Basis verlagern. Das neuzeitliche Führungsverständnis steht noch geschichtslos da. Es ist erst im Entstehen begriffen und wird ansatzweise in vielen Unternehmen realisiert, hat aber noch kein klassisches Beispiel zur Veranschaulichung vorzulegen.

In den Unternehmen herrschte das feudale Führungsverständnis bis in die jüngste Zeit vor. Erst in den fünfziger Jahren wandelte sich das Menschenbild vom Mitarbeiter als Ausführungsorgan zum selbständig denkenden und handelnden Mit-Arbeiter (McGregor, 1970). Wie das im Wertwandel immer wieder zu beobachten ist, wurde dabei das überholte Verständnis mit dem Etikett «autoritär» zunächst entwertet, fand aber unter dem Vorzeichen «situativ» später wieder stärkere Beachtung.

Das autoritäre, bzw. feudale und das kooperative Verständnis sind heute im sogenannten *«situativ-kooperativen»* Führungsstil eine Verbindung eingegangen (Kälin/Müri, 1985). Die Grundwerte werden der kooperativen Form entnommen (zum Beispiel: mündiger Mensch), und die Bandbreite wird so gesetzt, dass situativ auch autoritäre Führung zugestanden wird (z. B. in Krisensituationen). Für die Individualität der Führungs-Persönlichkeit (Selbstverwirklichung) und die Anpassung an die Erfordernisse der Situation (Aufgabe, Mitarbeiter, Unternehmen) wird viel Spielraum eingeräumt.

Die Führung der dritten Epoche, die noch in diesem Jahrzehnt eröffnet wird, baut auf dem situativ-kooperativen Führungsverständnis auf, so dass sich am Menschenbild wenig ändert. Hingegen führt die dritte Epoche völlig neue Betrachtungsweisen ein, so dass der praktische Führungsvorgang eine völlig neue Charakteristik annimmt. Bevor auf diesen neuen Stil näher eingegangen wird, besteht die Möglichkeit, mit nachfolgendem Fragebogen zu prüfen, ob Sie den neuzeitlichen Führungsstil bereits praktizieren.

3.2

Fragebogen zur persönlichen Führungsstrategie

Versuchen Sie, unter den drei angebotenen Strategien jene zu wählen, die auf Sie am ehesten zutreffen. Sie haben pro Führungsaufgabe 10 Punkte zur Verfügung, die Sie auf die drei Aussagen verteilen können. Geben Sie der Aussage die meisten Punkte, die Ihrem wirklichen Verhalten (nicht dem Wunschverhalten) entspricht. Entscheiden Sie sich spontan, ohne lange nachzudenken! Tragen Sie die Punkte in den Kreis auf der zutreffenden Zeile ein!

		1	2	3
a) Aufgaben zuweisen und abgrenzen	(zehn Punkte auf folgende Möglichkeiten verteilen)			
	Mit Aufträgen und abgegrenztem Spielraum führen	○		
	Vor allem Schnittstellen so genau wie möglich definieren		○	
	Nur Hauptaufgaben umreissen und viel Spielraum lassen			○
b) Ziele vorgeben	Dem Mitarbeiter ein Fernziel vorgeben, den Weg selber suchen lassen		○	
	Das Ziel selber finden lassen, nur über Politik (Rahmen) informieren			○
	Das Ziel und den Weg sauber festlegen und auf Klippen vorbereiten	○		
c) instruieren	Informationen zur Anregung geben, so dass der Mitarbeiter selber lernt			○
	Sorgfältig und wiederholt vormachen und nachmachen lassen	○		
	Von Fall zu Fall und bei Bedarf am Beispiel erklären		○	
d) kontrollieren	Mithilfe von Stichproben Fehler erfassen und korrigieren	○		
	Dem Mitarbeiter die laufende Kontrolle und Ergebniskontrolle überlassen			○
	Resultate regelmässig besprechen und Verbesserungen vereinbaren		○	

e) Vorbild sein	Hie und da aktiv an der Front Hand anlegen und sich Fehler leisten			○
	Eine offene Tür für Mitarbeiter haben und kein X für ein U vormachen		○	
	Sich immer von der besten Seite zeigen	○		
f) anerkennen	Unauffällig, aber immer wieder loben, aufrichten und ermuntern		○	
	Deutlich und betont bei offensichtlich guter Leistung loben	○		
	Sich im Kontakt und in persönlicher Zuwendung um den Mitarbeiter kümmern			○
g) kritisieren	Durch regelmässige Rückmeldung des persönlichen Eindrucks die Leistung voranbringen			○
	Fehler erfassen und analysieren und vorbeugende Massnahmen veranlassen	○		
	Durch laufende Standortbestimmungen Zielabweichungen sicherstellen lassen		○	
h) Kontakt halten	Kontakt spontan nach persönlichem Bedarf herstellen	○		
	Kontakt durch Teambildung indirekt sicherstellen			○
	Persönlichen Kontakt suchen und regelmässig auffrischen		○	

		1	2	3
i) Ideen aufgreifen	Ideen anregen, begrüssen und versuchen, sie zu realisieren		○	
	Ideen mit Vorbehalt entgegennehmen, um spätere Enttäuschungen zu vermeiden	○		
	Ideen frei kommen und mit Lösungen experimentieren lassen			○
k) Klima pflegen	Grosser Vertrauenskredit einräumen, das Team selbständig arbeiten lassen und für Klima verantwortlich machen			○
	Zeichen setzen und durch klare Positionierung und viel Information über Politik und Ziele Vertrauen erwecken		○	
	Durch Betriebsanlässe und Imagepflege sowie im täglichen Frontkontakt Zugehörigkeitsgefühl entwickeln	○		

Auswertung:

Bilden Sie die Totale der Kolonne!
(Die Quersumme ergibt 100)

○ ○ ○
1 2 3

Stellen Sie Ihre Hauptstrategie fest sowie Ihre Ersatzstrategie (Feld mit grösster und zweitgrösster Punktzahl)! Sie können die Ziffern als %-Werte betrachten und dadurch das Gewicht der bevorzugten Strategie mit den anderen vergleichen.

0 10 20 30 40 50 60 70 80 90 100

Auflösung:

1 = Feudales Führungsverständnis oder alter 3-K-Stil:
K-K-K-Stil (Kommandieren, Kontrollieren, Korrigieren)
oder Stil X nach McGregor
oder autoritärer Führungsstil (direktiv)

2 = Kooperatives Führungsverständnis oder 3-F-Stil:
F-F-F-Stil (Fordern, Fördern, Feedbacken)
oder Stil Y nach McGregor
oder partizipativer Führungsstil

3 = Neuzeitliches Führungsverständnis oder neuer 3-K-Stil:
K-K-K-Stil neu (Kontext, Kultur, Kraft)
oder New-Age-Führungsstil

3.3

Der alte 3-K-Stil der feudalen Epoche: Kommandieren, Kontrollieren, Korrigieren

Die drei Leitbegriffe des feudalen Führungsverständnisses heissen: Kommandieren, Kontrollieren und Korrigieren. Sie stammen aus der militärischen Tradition und setzen die im Militär unumgängliche Gehorsamkeitskultur in Aktionsbegriffe um. Das Schwergewicht liegt auf der Ein- und Unterordnung und auf einer straffen Führung mit wenig und mit klar definiertem Handlungsspielraum.

Wird diese Führungsform als generelle Werthaltung gelebt und nicht nur situativ angewandt wie im heutigen kooperativen Führungsstil, steht meistens ein von McGregor (1970) und anderen entlarvtes, schiefes Menschenbild dahinter: Der Mitarbeiter wird als Schachfigur behandelt, die der Willkür des Spielers ausgeliefert ist. Er funktioniert als Manipulationsmasse ohne eigenes Denk- und Urteilsvermögen. Er soll primär nicht aus eigenem Antrieb handeln, sondern auf Weisung. Deshalb ist er von massgeblicher Verantwortung und Kompetenz freizuhalten, oder er ist unter Kontrolle zu setzen, wenn man ihm Verantwortung überbürdet.

Dieses Menschenbild hat sich als Grundhaltung irreversibel in den letzten Jahrzehnten gewandelt. Wenn

K
K
zu langsam!
K

heute der alte 3-K-Stil zur Anwendung kommt, sind die straffen Zügel durch die Umstände bedingt und dürften nicht mehr Ausdruck einer grundlegenden Werthaltung sein. Die Führungsexperten sind sich einig, dass die Begrenzung des Handlungsspielraumes nur dann angebracht ist, wenn das Unternehmen kurz treten muss, zum Beispiel in der Pionierphase, in einer wirtschaftlichen Krise, bei einschneidenden Umstrukturierungen oder anderen Notsituationen.

3.4

Der 3-F-Stil der kooperativen Epoche: Fordern, Fördern, Feedbacken

Die Bedeutung der mitarbeiterorientierten Führung braucht nicht mehr besonders hervorgehoben zu werden, weil sie bereits zur Selbstverständlichkeit geworden ist. Der situative Ansatz lässt eine genügende Bandbreite offen, das Führungsverhalten einmal mehr nach Leistungsergebnis, das andere Mal mehr nach Mitarbeiterförderung auszurichten und beide Komponenten zu kombinieren (siehe Kälin/Müri, 1985).

Die Werthaltung des 3-F-Stiles entspricht dem Menschenbild Y von McGregor (Der Mensch ist aktiv, leistungswillig und verantwortungsfähig) und findet seine idealste Ausprägung im Coaching von Spitzensportlern. Sie wird am treffendsten mit den Aktivitaten:

Fordern
Fördern
Feedbacken

umschrieben.

Das *Fordern* geht von der Annahme aus, dass der Mitarbeiter zwar leistungsbereit und -fähig ist, aber eine Herausforderung durch Ziele benötigt, um die Aktivitäten in eine gemeinsame Richtung zu lenken.

Fordern bedeutet etwas anderes als Ködern. Die Motivationslehre der 60er Jahre empfahl, mit Anreizen (Incentives), das heisst mit Ansprechen grundlegender Be-

dürfnisse (z. B. Bedürfnis nach Status) zu aktivieren. Herzberg (1969) hat seit langem auf die Unwirksamkeit solcher Köder («Hygienefaktoren») hingewiesen.

Den Köderzielen liegt ein Menschenbild zugrunde, das von der Manipulier- und Verführbarkeit des Menschen ausgeht und den Mitarbeiter zum Objekt der Fremdsuggestion degradiert. Als Werthaltung für eine langfristige Führungsstrategie hat sich eine solche Haltung als kontraproduktiv erwiesen.

Eine echte Herausforderung entsteht durch sinnvolle, sachlich und unternehmerisch begründete Ziele, die nach den Prinzipien der kooperativen Führung zwischen Chef und Mitarbeiter bis zur Identifikationsreife ausgehandelt werden. Dazu müssen die *Ziele* dem Ganzen dienen (d. h. *sinnvoll) erreichbar* und genügend *konkret* sein.

Fördern folgt als Konsequenz aus der Herausforderung. Der Mitarbeiter muss befähigt werden, die Ziele selbständig zu erreichen. Fördern umfasst alles, was der Fähigkeitsentwicklung dient: Information, Instruktion, Weiterbildung, Kompetenzerteilung, Zuweisung anspruchsvoller neuer Aufgaben (job enlargement, job enrichement), Beförderung und Versetzung (job rotation). Auf diese Weise entwickelt sich der Mitarbeiter (Selbstverwirklichung, Maslow, 1970) und sein Potential kommt dem Unternehmen zugute. Fördern kann auch im Sinne des sportlichen Coachings definiert werden als: Betreuen, Begleiten, Anregen, Beraten.

Feedbacken (eine neudeutsche Konstruktion aus Feedback erteilen, d.h. Eindruck über Leistung und Verhalten rückmelden) ergänzt notwendig das Führen mit Zielen. Eine laufende Standortrückmeldung über den Grad der Zielerfüllung aus der Sicht des Chefs ermöglicht dem Mitarbeiter sein Verhalten optimal auf die Erwartungen und Anforderungen von oben abzustimmen. Im Feedback soll der Mitarbeiter nicht nur das Chefurteil erfahren, sondern auch wie seine Leistung im Umfeld ankommt, wie man über seine Person denkt, wo er aneckt, kurz: *wie er im Beziehungsnetz funktioniert.* Zum vollständigen Feedback im Sinne der kooperativen Führung gehört auch das Feedback von unten nach oben. Auch der Mitarbeiter soll Erwartungen und Befürchtungen dem Chef gegenüber äussern dürfen.

Eigentlich müsste ein weiteres Element, ein viertes F beigefügt werden: das *Finden* des Mitarbeiters. In vielen Fällen hat sich in jüngster Zeit die Unbeweglichkeit in der Plazierung von Mitarbeitern negativ ausgewirkt. «Der richtige Mann am richtigen Platz». Dieser immer noch gültige Leitspruch müsste neu definiert werden: «Die richtige Fach- und Führungskompetenz auf die passende Aufgabe». Anstelle der fixen Verbindung von Mann und Platz auf Lebenszeiten hätte eine viel fliessendere Regelung zu treten. Die vollständige Formel der kooperativen Führung lautet demnach: finden und fordern – fördern und feedbacken (4-F-Stil).

3.5

Der 3-K-Stil der neuzeitlichen Epoche: Kontext, Kultur, Kräfte

Der alte 3-K-Stil und der kooperative 3-F-Stil haben nicht ausgedient. Vielerorts hat der 3-F-Stil noch nicht die differenzierte Form erlangt, die er heute haben könnte: als Stil, der den Mitarbeiter weder als Objekt noch als Person in den Mittelpunkt stellt, sondern Führung als einen zweiseitigen Prozess versteht, der im wesentlichen eine *Beziehungsfrage* ist, aus der sich weder die eine, noch die andere Seite herausnehmen kann.

Dieser neue Aspekt, Führung als Wirkungsbereich der zwischenmenschlichen Beziehung, wird im neuzeitlichen Verständnis besonders betont. Dabei wird in den Betrachtungsraum nicht nur die zweiseitige Führungsbeziehung einbezogen, sondern das ganze *Beziehungsnetz* des Unternehmens nach innen *und* nach aussen. Damit greift ein Unternehmensverständnis Platz, das eine kategoriale Änderung unseres Denkens erfordert und mit dem Wertwandel in der Gesellschaft parallel läuft.

Die Stichworte des neuen Führungsverständnisses gelten deshalb für Management, Wirtschaft und Gesellschaft gleichzeitig. Sie heissen:

Kontext
Kultur
Kräfte

Die Begriffe bezeichnen nicht Führungstätigkeiten, sondern Betrachtungsformen, Optiken, Aspekte oder Verständnishorizonte (Epistemologien) beim Lösen von Führungsproblemen:

- die ökologische Betrachtungsweise, d.h. das Verstehen von Vorgängen aus ihren vernetzten Bezügen (KONTEXT)
- die wertorientierte Betrachtungsweise, d.h. das Beachten und Verwerten der informellen Erscheinungen auf der «Hinterbühne» (siehe Müri, 1985) der Person und des Unternehmens (KULTUR)
- die energetische Betrachtungsweise, d.h. das Erkennen ungenutzter Ressourcen und eigendynamischer Prozesse (KRÄFTE)

Alle drei Verständnishorizonte haben ihre Feuerprobe längst bestanden. Mit der ökologischen Betrachtungsweise befasst sich die allgemeine Systemtheorie (Bateson, 1981, 1982; Jantsch, 1979; Prigogine, 1979, 1981 und andere), mit der wertorientierten die «Organisationsentwicklung» (French, 1977; Sievers, 1977; Koch, 1980; Müri, 1979 und andere), mit der energetischen Betrachtungsweise die Theorie der Autopoiese (Prigogine, 1979) und der morphogenetischen Felder (Sheldrake, 1983) und der transpersonalen Psychologie (Walsh, 1985; Wilber, 1986 und andere).

Gemeinsam verbindet alle drei Verstehensformen die Überwindung eines rein mechanistischen, reduktionistischen Weltbildes, wie es seit Newton in unserer Gesellschaft unter dem Primat der Technik und der Naturwissenschaften vorherrscht und wie es unter dem Titel «Wendezeit» neuerdings als ungenügend für ein umfassendes Weltverständnis bezeichnet wird (Capra, 1982; Ferguson, 1980).

In die Managementlehre hat der neue Horizont erst streckenweise Beachtung und Eingang gefunden, etwa im

sog. evolutionären Management (Malik, 1984) oder im vernetzten Denken (Gomez, 1987).

3.6

Gesellschaftlicher Wertewandel und neues Führungsverständnis

Der neuzeitliche Führungsstil basiert auf einer Wertorientierung, die nur aufgrund des gegenwärtigen gesellschaftlichen Wertewandels richtig verstanden werden kann. In allen Lebensbereichen haben sich die drei Betrachtungsweisen bereits als Veränderung manifestiert. Stichworte deuten in der folgenden Tabelle die Entwicklungen an, die an anderen Orten mehrfach ausführlich dargestellt sind (z. B. Gerken, 1986).

Neue Denkformen:	***Kontext***	***Kultur***	***Kräfte***
Lebens-Bereich:			
Politik	Ökologiebewegung (Club of Rome)	Denken in Visionen, Leitbildern und Qualitäten	Minoritäten (Frauen, Junge, Grüne usw.)
Erziehung	interdisziplinärer Ansatz (Ganzheit)	Vermehrte Beachtung von Gefühl und Intuition	Entwicklung des sozialen Lernens im Team
Wirtschaft	Kooperation zwischen den Wirtschaftspartnern	Unternehmenskultur, Ethik	Prozessorientierung, echte Mitwirkung
Management	Umfeldmanagement (parasystemorientiertes Management)	Chaosmanagement (2. Führungsdimension)	Spiritmanagement (3. Führungsdimension)

(siehe III/2. und 3.)

3.7

Wertewandel in der Führung

3.7.1

Stichwort «Kontext»

Die Grundwahrheiten der sogenannten Systemorientierung im Management (Ulrich, 1986) gelten auch für das Kontextdenken: das Ganze ist etwas anderes und mehr als die Summe der Teile; jedes Ganzes ist wiederum Teil eines anderen Ganzen, so dass sich ein Ganzes im nächst höheren verschachtelt und auf diese Weise alle Systeme miteinander verbunden sind. Das kontextuelle Systemverständnis geht jedoch weiter. Die unsichtbaren und unbewussten Vorgänge wie die gefühlsmässigen und instinktiven, in denen die sicht- und messbaren eingebettet sind, machen das «System» erst vollständig und gehören zum «Gewebe» (Kontext).

Nach der konventionellen Betrachtungsweise wird bei einer Abweichung die Ursache da gesucht, wo sich die Störung zeigt. Ist ein Mitarbeiter der Störfaktor, so hat er sich so anzupassen, dass die Störung verschwindet. Diese Denkweise folgt dem klassischen Muster der kausal-logischen Rückführung einer Abweichung auf ihre Ursache.

Das kontextuelle-systemische (oder parasystemorientierte) Denken nimmt die Störung als Symptom eines Leidens, von dem wir nicht wissen, wo es sitzt, und das mehrfach determiniert sein kann. Vielleicht ist der Mitarbeiter Opfer einer Spannung im Umfeld geworden und funktioniert als Meldeorgan dieses Umfeldes. Vielleicht ist die Funktion, die Gruppe, der Bereich aus dem Gleichgewicht geraten. Möglicherweise ist die Störung alles andere als entwicklungshemmend, sondern ein längst fälliger Kreativitätsimpuls und sollte gar nicht eliminiert werden.

Nicht nur in der Störungsdiagnose, auch in der Behandlung geht der neuzeitliche Manager andere Wege. Der Manager alter Schule behandelt das Übel an Ort und Stelle mit raschen und wirksamen Massnahmen. Der neuzeitliche Manager sieht sich zunächst um, betrachtet das Umfeld und beobachtet. Er trifft Massnahmen zur Entlastung des momentanen Druckes, aber wartet mit der definitiven

Massnahme zu, bis er die Zusammenhänge klar erfasst hat, besonders auch jene Prozesse, die zwischen den Dingen und zwischen den Menschen ablaufen. Wenn er eingreift, hat er nicht endgültig entschieden und setzt sich nicht strikte durch, sondern er wirkt, zunächst einmal unbemerkt sanft, um zu prüfen, ob seine Hypothese richtig ist. Er wird sich nicht scheuen, sie sofort zu verwerfen und eine neue Ressource anzuzapfen, wenn sich keine Entwicklung einstellt (siehe Value-Action-Leadership S. 201).

3.7.2

Stichwort «Kultur»

Um diese vielfältigen Bezüge überhaupt zu sehen, muss sich der neuzeitliche Manager ein neues Wahrnehmungsorgan zulegen. Es genügt nicht, die Fakten und Zahlen zu sehen, sondern er muss ihre Geschichte, ihre Wirkung, ihre Interpretationsmöglichkeiten, ihren Bedeutungswandel im sozialen Umfeld untersuchen. Damit wird er vom Faktendenker zum *Wertedenker,* der die gefühls- und erfahrungsorientierte Besetzung der Daten und Fakten erkennt (siehe III/2.).

In der traditionellen Denkweise ist das Denken von Gefühlen, Stimmungen, Subjektivitäten zu reinigen, um zur wahren Objektivität zu gelangen. Inzwischen wissen wir (Maturana, 1987; Feyerabend, 1976, 1981 u. a.), dass es diese Objektivität nicht gibt, weil selbst der neutrale Forscher lediglich das sieht, was er sehen will. Die scharfe Trennung von Betrachter und Betrachtetem hat zwar für die Gegenstandswelt ihre begrenzte Richtigkeit, nicht aber unter Menschen und – wie wir neuerdings wissen – auch nicht in der Welt der Atome (Capra, 1983).

Es gibt in der gesellschaftlichen wie in der Unternehmens-Kultur kein Richtig oder Falsch, sondern nur das jeweils Vorhandene. Das sogenannt Richtige oder Objektive ist höchstens das Ergebnis einer stillen oder eventuell ausgehandelten *(sozialen) Übereinkunft* und kann nicht letzte Wahrheit beanspruchen.

Wer kulturell denkt, lenkt sein Augenmerk auf Phänomene, die *nicht* quantifiziert werden können und deshalb oft *nicht* Gegenstand der Unternehmensführung sind wie zum Beispiel das ganze Feld des «Wie». Wie wird entschieden, wie wird gehandelt, wie wird gewertet?

Wir wissen heute (Peters, 1983; Deal, 1982), dass die *Wie-Qualitäten* den Erfolg des Unternehmens ebenso mitbestimmen, wie die Umsätze, Kosten und Investitionen. Das Wie bezieht sich dabei nicht nur auf die Führung, sondern auch auf das Zusammenspiel der Kräfte im Unternehmen überhaupt: Wie wird miteinander kommuniziert? Wie kommen Innovationen zustande? Kurz: Wie wird gelebt?

Das Leben richtet sich nach dem, was ihm lieb und angenehm ist, nach dem subjektiv Guten und Schlechten. Der Kulturdenker arbeitet mit diesen persönlichen Wertsetzungen. Er weiss, wie relevant die *Einstellung* zu einer Sache die Abwicklung beeinflussen kann. Werte müssen unter diesem Blickwinkel nicht schamhaft vertuscht werden. Als Kulturmerkmal sind sie Gegenstand der Führung.

Zum Beispiel erhalten folgende Wertfragen im Führungsgespräch Bedeutung:

- Was ist für mich, für dich, für uns alle wichtig, unwichtig?
- Was ist (nicht absolut) für mich und dich und für uns alle falsch, richtig?
- Was wird beachtet, was nicht? Was ist eine Störung, was keine? Was ist ein Erfolg, was ein Misserfolg? Was wird gemessen, was nicht?
- Wie werden Normen und Regeln gesetzt, die verbindliches Handeln in eine gewollte Richtung manövrieren? usw.

3.7.3

Stichwort «Kräfte»

Unternehmen werden in der Betriebswirtschaftslehre immer noch wie Apparate behandelt und dementsprechend technologisch geführt. Eine Organisation – so meint man – lässt sich aus Variablen zusammensetzen, die dingfest gemacht werden können, wie die Materie sich eben auch aufspalten lässt bis zur kleinsten Einheit der Atome.

Inzwischen wissen wir aus der subatomaren Physik (Capra, 1983; Bohm, 1985), dass die kleinsten Einheiten nicht Materie, sondern Energie sind und dass letztlich unsere Welt ein komplexes Energiemuster darstellt. Die Systemtheorie fügt dem hinzu, dass Energiesysteme wie etwa eine Zelle oder ein Organ über Selbstentwicklungsmöglichkeit

verfügen, so dass sie sich unter inneren und äusseren Einflüssen selbständig, oft sprunghaft entwickeln. Dieses Selbstorganisationsprinzip (Autopoiese) gilt für alle Organismen, besonders für soziale Gebilde (Jantsch, 1979). Ausserdem haben die holografischen Forschungen gezeigt, dass jedes System über Entwicklungsmöglichkeiten verfügt, die nicht sichtbar in ihm angelegt sind, aber als Potential immanent, beziehungsweise implizit unsichtbar eingefaltet vorhanden sind (Wilber, 1986).

Auf die Führung übertragen führt diese Betrachtungsweise weit weg vom Schachfiguren-Verständnis des alten 3-K-Stiles. Jetzt wird das Unternehmen als Ameisenhaufen begriffen, der sich auf geheimnisvolle Art weitgehend selbst regulieren kann, ohne unterzugehen oder zu leiden, wie wenn in ihm eine geheime Kraft zur gesunden Entwicklung wirken würde. Diese Auffassung ist uns aus der Selbstheilungstendenz des Menschen (Paramedizin) und aus dem Glauben an eine im Kosmos wirkende ausgleichende und schöpferische Kraft (Gott) geläufig und deckt sich interessanterweise weitgehend mit dem Weltverständnis östlicher Religionen (Grof, 1986; Capra, 1987).

Die Annahme gesunder, sich selbst entfaltender Kräfte in einem Unternehmen erübrigt eine Unternehmensführung, die an allen Ecken und Enden steuert und kontrolliert, kommandiert und korrigiert, laufend Ziele setzt und Abweichungen analysiert. Nach der autopoietischen Betrachtungsweise evolutioniert sich ein Unternehmen von selbst, das heisst, es hat die Tendenz, bei dosierter «Führung» den ihm angemessenen, gesunden Fortschritt aus sich selbst zu leisten. Führung gestaltet sich unter diesem Kräftedenken zu einer viel delikateren, differenzierteren Einflussnahme, die sich nicht primär an den verstandesmässigen Zielvorgaben orientiert, sondern vielmehr an der Gangart der Entwicklung der Geschäfte, der Kultur und der Menschen, die mit feinen Sinnen am erwähnten «Wie» abgelesen werden muss.

3.7.4

Kontext-, Kultur- und Kräfteverständnis in der Praxis

Wie erwähnt, fehlen uns gegenwärtig noch einschlägige Erfahrungen mit der neuzeitlichen Führungsauffassung. Dennoch sind überall deutliche Signale sichtbar, die darauf hinweisen, dass das neue Führungsverständnis in den nächsten fünf Jahren möglicherweise auf breiter Front den Durchbruch findet.

Die Begründung ergibt sich aus der Problematik der hohen Anpassungsnotwendigkeit der Unternehmen, aus dem Mangel an qualifizierten Kaderkräften sowie aus dem Zwang, das Unternehmen stärker aus dem Umweltzusammenhang zu steuern. Diese drei Probleme können nur mit dem neuen 3-K-Denkansatz gemeistert werden. Denn die menschlichen Ressourcen, die dabei erschlossen werden müssen, lassen sich nur mit diesen neuen Methoden erkennen und managen.

Für die junge Führungsgeneration, die bereits im neuen Weltbild gross geworden ist, wird die Umstellung fast selbstverständlich organisch vor sich gehen. Die alte Führungsgeneration wird den Wandel als Bruch erleben, was noch einige Zeit zu verschärften Generationenkonflikten Anlass geben wird. Möglicherweise werden die Konflikte nicht einmal zwischen den Generationen, sondern zwischen der alten und neuen Subkultur ausgetragen. Dabei könnten die Unternehmen in zwei feindliche Lager gespalten werden, von denen die beweglichen, neuzeitlich orientierten Mittelunternehmen mehr Überlebenschancen haben als die konservativen Grossunternehmen.

4

Führungsweisheit aus dem «I Ging»

Kathrin Aemisegger

4.1

Warum Führungsweisheit?

Die Suche nach gültigen, verlässlichen Orientierungshilfen, die uns in schwierigen Situationen zu den richtigen Entscheidungen und Handlungen führen, ist sehr menschlich. Sind wir doch die Kreaturen der Schöpfung, die den grössten Entscheidungsspielraum gewährt bekommen haben. Wir geniessen zwar einerseits diesen Freiraum und sind stolz darauf. In komplexen, gefühlsbeladenen Situationen hingegen sehnen wir uns oft nach Massstäben und Richtlinien, an die wir uns halten können.

So werde ich als Organisationspsychologin immer wieder nach Rezepten gefragt, welche die «richtige» Führung in dieser oder jener Situation garantieren sollen. Noch vor einigen Jahren reagierte ich auf solches Ansinnen jeweils völlig ablehnend und verwies auf den «situativen» und «persönlichkeitszentrierten» Führungsstil.

Die Frage nach allgemein gültigen, praxisnahen Anweisungen für den Führungsalltag hat mich aber nie ganz losgelassen. In meiner Beschäftigung mit dem chinesischen Weisheitsbuch «I Ging» bin ich wieder darauf gestossen. Ich glaube, in diesem Buch Führungshilfen zu sehen, die zwar keine Rezepte sind, aber doch Leitlinien. Es handelt sich um Weisheiten von einleuchtender Einfachheit, sich wohltuend abgrenzend von den vielen Führungsmodellen und -techniken, die den Markt überschwemmen.

4.2

Das Weisheitsbuch «I Ging»

Ich schulde es dem «I Ging» – soweit ich imstande bin – kurz etwas über seine Bedeutung zu sagen.

Das Buch der Wandlungen, das chinesische «I Ging», ist eines der ältesten Weisheitsbücher der Menschheit. Es wurde ursprünglich vor allem als Orakelbuch verwendet, was noch heute geschieht. Es hat sich aber im Laufe der Zeiten auch zu einer *praktischen Lebensphilosophie* entwickelt.

Der Grundgedanke der Philosophie ist die *Wandlung.* Meister Kung soll am Ufer eines Flusses gesagt haben: «So fliesst alles dahin wie dieser Fluss, ohne Aufhalten, Tag und Nacht.» Die Menschen, die Dinge, die Situationen, das Universum, alles ist in ständigem Wandel begriffen. Die Weisheiten des «I Ging» zeigen aber auch, dass sich Wandlung nicht einfach zufällig vollzieht, sondern bestimmten Gesetzmässigkeiten gehorcht, von denen zwei sehr wichtig sind:

- Wandlungen gehen zyklisch vor sich wie z. B. der Ablauf der Jahreszeiten.
- Nichts kann sich in etwas völlig Andersartiges verwandeln. Der Richtungsansatz der Wandlung liegt in der Natur der Dinge und Situationen verborgen.

So ist es – meint das «I Ging» – über das gefühlsmässig – intuitive Erfassen des Momentes möglich, zu ahnen, wie sich etwas entwickeln wird und dementsprechend zu handeln.

Der Weise oder – wie er im «I Ging» genannt wird – der Edle Mensch handelt denn auch im Einklang mit diesen Gesetzmässigkeiten und nie dagegen. Er nimmt demzufolge das im Moment Machbare wahr und tut es. Er weiss aber auch, wann die Zeit zum Handeln ungünstig ist und akzeptiert, dass er in diesem Fall warten muss.

So haben für jeden Menschen Aktivität und Passivität im Wandel der Zeit je ihren wichtigen Stellenwert. Das gilt auch für andere vermeintliche Gegensätze wie etwa hartes und weiches Verhalten, aufnehmen und schöpferisch sein. Solche Gegensätze ergänzen sich, wie das weibliche und das männliche Prinzip, chinesisch Yin und Yang. Sie drängen beide zum Leben und dürfen sich nicht ausschliessen, wenn der Mensch voll leben will. Das ist ein weiterer Grundgedanke des «I Ging» und gilt ebenso für die Führung.

Das «I Ging» wurde über lange Zeit von verschiedenen Autoren niedergeschrieben. Wir finden darin sehr differenzierte Beobachtungen über Natur und menschliches Leben und deren Wechselwirkung. Aus diesen Tatsachen wurden praxisnahe allgemeingültige Folgerungen abgeleitet, so dass wir in bestimmten schwierigen Lebenssituationen Zusammenhänge, Einsichten und Handlungsanweisungen aus diesem Buch entnehmen können, die uns sonst vielleicht verborgen blieben. Auch wenn der philosophische Hintergrund des «I Ging» fremd erscheint, und wir auch nie daran denken würden, das Buch im Sinne eines Orakels zu befragen, so hat es dem westlichen Menschen viel zu sagen.

Es sind die grossen Linien des menschlichen Lebens, die im «I Ging» immer wieder sichtbar werden. Die Berührung damit kann uns aus der Verfahrenheit einer Situation herausführen und uns das Wesentliche, bzw. Unwesentliche aufzeigen. Der weitsichtigere Standpunkt ermöglicht dann neue - oft vorher undenkbare - Entscheidungen und Problemlösungen.

Wenn ich es wage, Parallelen zwischen «I Ging», diesem tiefgreifenden, für viele heiligen Buch und dem Führungsalltag zu ziehen, so steht dahinter das Anliegen, Manager und Vorgesetztenpersönlichkeiten auf tief menschliches, intuitives Wissen hinzuweisen. Da die chinesische Philosophie zu Recht den Ruf einer praxisnahen Weisheit geniesst, glaube ich, dass das «I Ging» zur Lösung von Führungsfragen viele Beiträge liefern kann.

Im folgenden sind einige Texte aus dem «I Ging» herausgegriffen und in Bezug zu Führungs- und Entscheidungssituationen gestellt. Dabei halte ich mich an die Übersetzung von Richard Wilhelm (1956). Zahl und Titel der Texte entsprechen den Hexagrammen*, aus denen die Zitate stammen.

4.3

Zur Führungspersönlichkeit

45 Tsui / Die Sammlung

«Aber es muss auch ein menschliches Haupt als Mittelpunkt der Sammlung da sein. Um andere sammeln zu

* Das «I Ging» setzt sich aus 64 Hexagrammen zu je 6 Linien zusammen. Die Linien sind gebrochen (weibliche Yin-Linien) oder durchgezogen (männliche Yang-Linien) und ergeben, je nach Reihenfolge, ein unterschiedliches Gesamtbild.

können, muss dieser Mittelpunkt der Sammlung erst in sich selbst gesammelt sein.»

Wenn jemand Menschen um sich sammeln und sie führen will, so ist die eigene innere Sammlung die Voraussetzung.

Innere Sammlung kann verschiedene Bedeutungen haben. Ich möchte zwei hervorheben:

- Es ist notwendig, sich als Führungspersönlichkeit immer wieder Abstand von der äusseren Hektik des Alltags zu verschaffen, um in Distanz und Ruhe alle Gedanken, Gefühle und Daten innerlich zu sammeln und zu sichten. So gewinnt man innere Klarheit, die sich auf die Mitarbeiter überträgt.
- Menschen bergen im allgemeinen viele Gegensätze und unterschiedliche Strebungen in sich.
  Man kann – bis zu einem gewissen Grade – eindimensional leben, indem man jeweils den einen Pol eines Gegensatzpaares auszuschalten versucht. Zum Beispiel: Der Mensch ist nur gut. Böses, wie z. B. Konflikte, darf es einfach nicht geben. Ich lebe nur nach dem Realitätsprinzip und schliesse das infantile Lustprinzip aus. Ich urteile nur nach meinem Gefühl, die Vernunft erfasst das meiste ja ohnehin nicht oder umgekehrt. Das Individuum ist das einzige, was zählt, die Umgebung ist nebensächlich. Und so weiter.
  Solche Menschen haben es einfacher. Sie leiden nämlich nicht unter der Gegensatzspannung der innern und äussern Polaritäten. Sie zahlen aber mit teurem Geld, nämlich mit der Hälfte ihrer Lebensmöglichkeiten. Zudem werden sie häufig zu Prinzipienreitern, in deren Führungsstil die Offenheit fehlt.
  Sich sammeln heisst unter anderem, die eigenen innerseelischen Gegensätze und Strebungen trotz ihrer vermeintlichen Unvereinbarkeit akzeptieren und leben lassen, vielleicht sogar ein Stück weit zusammenführen. Das würde beispielsweise bedeuten, einen Entscheid gefühls- *und* vernunftsmässig anzugehen oder den Blick vom «unmöglichen» Mitarbeiter auf die eventuell «unmögliche» Gruppenkonstellation oder Führung zu lenken usw.
  Was sich im einzelnen Menschen abspielt, setzt sich in die Beziehungen zu andern um. Wenn ein Vorgesetzter seine inneren Gegensätze «sammelt», so wird es ihm auch gelingen, unterschiedliche Persönlichkeiten zu

«sammeln» und zu führen. Die Menschen spüren, dass da ein Vorgesetzter ist, der Bereitschaft ausstrahlt, gegensätzliche Menschen und Ideen zu akzeptieren. Sicher spielen auch noch die Worte, Entscheidungen und Handlungen solcher in sich gesammelter Chefs eine Rolle. Aber vor allem wirken sie als Menschen, die ernsthaft an ihrer eigenen Ganzwerdung und Reife arbeiten. Man sagt in diesem Zusammenhang vom schweizerischen Nationalheiligen, Niklaus von Flüe, dass er nicht weiser als irgendein anderer alter Mann gesprochen habe. Seine Persönlichkeit hätte aber so überzeugend gewirkt, dass er fähig gewesen sei, ein Stück wichtiger Führungsarbeit und Einfluss in der Eidgenossenschaft zu übernehmen.

4.4

Fördern von positiven Kräften in der Unternehmung

27 I / Die Mundwinkel (Die Ernährung)

«Der grosse Mann nährt und pflegt die Tüchtigen, um durch sie für alle Menschen zu sorgen».

Wie oft höre ich von Führungskräften, die sich ihre Köpfe zermartern, um schwierige Mitarbeiter zu fördern, schwierige Mitglieder einer Arbeitsgruppe zu integrieren. Ich frage mich manchmal, ob sie nicht völlig in den Bann der Schwierigen geraten und darüber die konstruktivsten und tüchtigsten Leute vernachlässigen. Das «I Ging» sagt, dass man letztere pflegen müsste, damit sie wiederum auf andere Positives ausstrahlen.

Es muss beunruhigen, dass beispielsweise in Seminarien mit dem Thema «Mitarbeiter-Förderung» vor allem der Umgang mit schwierigen Mitarbeitern zur Sprache kommt. Sicher muss mit schwierigen Mitarbeitern auch ein Weg gefunden werden, aber da scheint mir die Energie doch recht einseitig ausgegeben zu werden. Es erweist sich in der Organisationsberatungstätigkeit immer wieder als sehr wichtig, die gesunden, tüchtigen und positiven Teile der

Organisation und die fähigen, gesunden Mitarbeiter zu erfassen. Auf ihnen lässt sich aufbauen. Zudem bewirkt die Konzentration auf aufbauende Kräfte sehr oft eine Veränderung bei den Schwierigen. Gesundes Klima kann ansteckend wirken.

Es ist eigenartig, wie uns das Schwierige, Problematische, Negative um und in uns in Bann schlagen kann. Das kann so stark sein, dass seine Schatten das Tüchtige, Lebensfähige unerkenntlich machen. Ist es Faszination, Angst, Helferwillen, Perfektionismus? Was immer die Gründe dafür sind, Schwierigkeiten können lähmend wirken und uns jeglichen Schwung nehmen. Die Chinesen sagen in einem Sprichwort dazu sinngemäss folgendes: «Man soll im Guten fortschreiten und das Böse ignorieren.» Das ist eine klare Anweisung für den Energieeinsatz und gilt nicht nur im Umgang mit Mitarbeitern und deren negativen Seiten, sondern vor allem auch für den Umgang mit sich selbst.

4.5

Verhalten in Krisensituationen

47 Kun / Die Bedrängnis (Die Erschöpfung)

«Notzeiten sind das Gegenteil von Erfolg. Aber sie können zu Erfolg führen, wenn sie den rechten Menschen treffen. Wenn ein starker Mensch in Not kommt, so bleibt er trotz aller Gefahr heiter, und diese Heiterkeit ist die Grundlage späterer Erfolge. Sie ist die Beständigkeit, die stärker ist als das Schicksal. Wer sich durch Erschöpfung innerlich brechen lässt, der hat freilich keinen Erfolg. Aber wen die Not nur beugt, in dem erzeugt sie eine Kraft der Gegenwirkung, die sicher mit der Zeit ans Licht kommt. Doch dazu ist kein Gemeiner fähig. Nur der grosse Mann wirkt Heil und bleibt ohne Makel. Freilich nach aussen hin ist ihm zunächst der Einfluss versagt, da seine Worte keine Wirkung haben. Darum gilt es in Zeiten der Not innerlich stark zu sein und wenig Worte zu machen.»

Der «grosse» Mann und die «grosse» Frau machen kein Drama, wenn sie in Stress und Schwierigkeiten geraten.

Rückzug gegen innen ...

Sie lassen sich durch die äusseren Ereignisse nicht in Panik bringen.

Sie verschliessen sich aber auch nicht der Realität. Vielmehr schätzen sie die Notsituation realistisch ab und akzeptieren sie, ungleich Menschen, bei denen nicht sein kann, was nicht sein darf. Ich erinnere mich an eine Vorgesetztenpersönlichkeit, die von ihrem Arbeitsteam wegen bestimmter Vorfälle fast ausnahmslos abgelehnt wird und immer noch in der Illusion lebt, es wären da nur einige kleine Missverständnisse. So kann eine Krise nicht gelöst werden.

Der «grosse» Mann relativiert die Krise: Tatsache ist, dass sich im Auf und Ab des Lebens Erfolgs- und Krisenzeiten abwechseln. Anstatt in panisches Agieren zu geraten, akzeptiert er, dass er im Moment keinen Einfluss nehmen kann, denn man hört ihn nicht. Das bedeutet, dass er die Spannung der Krise aushalten muss. Das ist die «Not, die beugt», die aber nicht zerbrechen soll. Er kann nichts *machen* als auf seinem Platz bleiben und die Heiterkeit nicht verlieren. Das aber wirkt gegen aussen. Es gibt beispielsweise den Mitarbeitern das Gefühl von Verlässlichkeit und Optimismus.

An einer andern Stelle im «I Ging» heisst es, so lange die Zeit noch nicht erfüllt sei, solle man nicht sorgen und durch eigenes Machen die Zukunft gestalten wollen, sondern in Ruhe Kraft sammeln durch Essen und Trinken für den Leib, durch Heiterkeit und guter Dinge sein für den Geist. Somit mache man sich bereit für die Zeit des Handelns. – Eine erfrischende Vorstellung, wie eine Zeit der aufgezwungenen Passivität verwendet werden könnte. Man soll sich also nicht sorgen, sondern für sich sorgen.

Ein Manager darf und tut gut daran, in solchen Momenten sich gegen innen zurückzuziehen. In uns sind verschiedene Kräfte aktiv. In der Regel kommen in Stress- und Krisensituationen eher die destruktiven Kräfte und Muster zum Zuge. Um den positiven Kräften eine Chance zu geben, braucht es Ruhe. Dann wird es möglich, zum innersten Wesenskern «hinabzusteigen», um überhaupt zu spüren, dass da etwas sein könnte, das beständiger und stärker ist als die «äussere Brandung», der wir täglich ausgesetzt sind. Dieser Kontakt gibt innere Stärke und äussere Gelassenheit und auch die notwendige Distanz, sich mit der Lage der Dinge auseinanderzusetzen. Daraus erwachsen mit der Zeit auch kreative Impulse für das richtige Handeln, wenn äusserlich die Zeit gekommen ist. Das wäre dann nicht Erschöpfung, sondern Neuschöpfung.

4.6

Umgang mit schwierigen Mitarbeitern

61 Dschung Fu / Innere Wahrheit

«Wenn man solchen widerspenstigen, schwer zu beeinflussenden Menschen gegenübersteht, beruht das ganze Geheimnis des Erfolgs darauf, dass man den richtigen Weg findet, um Zugang zu ihnen zu finden. Man muss sich erst innerlich ganz frei machen von seinen Voreingenommenheiten. Man muss sozusagen die Psyche des andern ganz unbefangen auf sich wirken lassen; dann kommt man ihm innerlich nah, versteht ihn und bekommt Macht über ihn, so dass die Kraft der eigenen Person durch die geöffnete Pforte Einfluss auf den andern gewinnt.»

Mit querschlagenden, rebellischen, widerspenstigen Mitarbeitern hat es jeder Vorgesetzte irgendwann zu tun. Vielleicht sind sie jene Kategorie von schwierigen Mitarbeitern, die uns am meisten anstecken, d.h. eigene Aggression und Widerspruchslust wecken. Einmal von der

Widerspenstigkeit infiziert, reagieren wir genau wie ein solcher Mitarbeiter und wehren uns unsererseits widerspenstig gegen ihn. Dieses Verhalten ist meistens unsere sogenannt natürliche Reaktion.

Das «I Ging» rät, einen andern Weg einzuschlagen. Man soll die Seele dieses Menschen auf sich wirken lassen, mit der Bereitschaft, sich in seine Person einzufühlen, *mit* ihm zu denken und nicht über ihn. Also keine Konzessionen, keine Indoktrinationen, keine Befehle, kein Nachgeben, keine Strafen, nur den Menschen auf sich wirken lassen, um ihn zu verstehen. Dieses ernsthafte Hinhören, dieses Interesse gibt dem widerspenstigen Mitarbeiter das Gefühl, ernstgenommen zu werden. Das wiederum weckt bei ihm die Bereitschaft, auch den Vorgesetzten ernst zu nehmen. Anstatt Abwehrmauern, entstehen Ansätze zu einer zwischenmenschlichen Beziehung, ohne die letztlich Führen nicht möglich ist.

Dabei sind drei Dinge hervorzuheben:

- Das Vorbild des Chefs, der sich selbst dem Einfluss des Mitarbeiters aussetzt, bewirkt ähnliches Verhalten beim Mitarbeiter.
- Der Wunsch des «rebellischen Kindes» im Mann oder in der Frau, ernstgenommen zu werden, wird vom Vorgesetzten erfüllt. Somit ist Widerstand nicht mehr so notwendig.
- Es geht nicht ums Rechthaben, sondern um die positive Kraft der eigenen Persönlichkeit, die einen konstruktiven Einfluss auf den Mitarbeiter haben soll.

Das klingt alles sehr ideal. Zugegeben, es gelingt nicht immer. Doch manchmal grenzt die Wirkung fast ans Magische, allerdings nur, wenn das beschriebene Verhalten nicht zur manipulativen Technik wird. Es ist die Toleranz, Echtheit und Kraft der Person, die wirkt.

4.7

Führungsstil

17 Sui / Die Nachfolge

«In der Idee der Anpassung und Nachfolge liegt es, dass man, wenn man andere leiten will, zugänglich bleibt und

sich bestimmen lässt von den Ansichten der Untergebenen. Nur muss man dabei feste Grundsätze haben, dass man nicht schwankend wird, wo es sich nur um Meinungen des Tages handelt. Wenn man erst bereit ist, auf Meinungen anderer zu hören, so darf man nicht immer nur mit Gleichgesinnten und Parteigenossen zusammensitzen, sondern man muss zur Tür hinaus und mit Menschen allerlei Art, ob Freund, ob Feind, unbefangen verkehren. Nur dadurch bringt man etwas zustande.»

Die hierarchische Struktur in der Gesellschaft, in der Familie, am Hof usw., ist eine Selbstverständlichkeit im alten China. Der «Herrscher» ist sich seiner Machtposition voll bewusst, steht zu ihr und handelt völlig natürlich und bestimmt aus ihr heraus. Macht, Führung, klare Entscheidungen sind keine «anrüchigen» Sachen. Man darf nicht nur, sondern man muss führen, aber nicht im als autoritär gekennzeichneten Führungsstil, vielmehr in einer guten Mischung von Bestimmtheit und klarer Linie und unter wertvoller Mitsprache der «Untergebenen».

Dies bedingt einen weiten Geist, der bereit ist, seine Meinung in Frage stellen zu lassen, indem er andere Standpunkte in sich aufnimmt, sogar konträre, um daraus zu lernen. Dazu kommt eine kritische und bestimmte Haltung, die akzeptieren und verwerfen kann, sowie eine klare Grundlinie.

Es ist eine unsentimentale Menschlichkeit, die hier wohltuend durchschimmert, nicht unterwürfig und nicht überheblich.

4.8

Entscheidung in schwierigen Situationen

5 Sü / Das Warten (Die Ernährung)

«Eine Gefahr liegt vor einem, die überwunden werden muss. Schwäche und Ungeduld vermögen nichts. Nur wer stark ist, wird mit seinem Schicksal fertig, denn er kann infolge der inneren Sicherheit ausharren. Diese

Stärke zeigt sich in unerbittlicher Wahrhaftigkeit. Nur wenn man den Dingen, so wie sie sind, ins Auge zu schauen vermag, ohne jeden Selbstbetrug und Illusion, entwickelt sich aus den Ereignissen ein Licht, das den Weg zum Gelingen erkennen lässt. Auf diese Erkenntnis muss entschlossen beharrliches Handeln folgen; denn nur, wenn man entschlossen seinem Schicksal entgegengeht, wird man damit fertig. Dann kann man das grosse Wasser durchqueren, d.h. die Entscheidung treffen und die Gefahr bestehen.»

Führungsschwierigkeiten können Manager in «seelische Gefahr» bringen. Man denke an massive Ablehnung durch eine Gruppe von Mitarbeitern, Kündigungswellen im eigenen Bereich, konstante Bremsmanöver der Mitarbeiter, sich häufende Konflikte.

Das sind Situationen, denen die meisten nicht besonders gern ins Auge blicken, weil sie unsere Führungsfähigkeit in Frage stellen oder zum mindesten einzelne Führungsfehler sichtbar machen könnten.

Viele Führungskräfte greifen denn hier auch aus Angst zur Puderzuckerdose. Noch bevor sie sich mit den Tatsachen wirklich auseinandergesetzt haben, streuen sie Zucker darüber, indem sie sich einreden: «Das kann in jeder Abteilung passieren, das ist nicht weiter tragisch» und «Das muss man von der ganzen Arbeitsmarktsituation her relativieren. Bei XY ist das auch so.» «Es gibt Mitarbeiter – und von denen habe ich eine Menge –, die immer meckern müssen. Das darf man nicht so ernst nehmen. Sonst haben wir es ja gut.» Damit werden die wahren Tatsachen versüsst und gleichzeitig verschleiert. Sie schmerzen nicht mehr. Und vor allem besteht kein Anlass mehr, nach einer Lösung zu suchen, die aber vielleicht dringend nötig wäre.

Das «I Ging» spricht im Gegensatz dazu vom Mut, die miese, vielleicht demütigende und angstmachende Situation nicht schönzufärben, sondern illusionslos anzusehen: «So ist es. Da krankt es im Moment.» Das heisst, eine innere Krise, Gefühle der Unzulänglichkeit, der Ausweglosigkeit, des Chaos anzunehmen. Es meint, – wenigstens vor sich selber – nicht über den Dingen zu stehen, sondern Unsicherheit, Chaos, Beschämung durchzuleben, ohne den Ausweg zu wissen. Das nennt das «I Ging» *Stärke.*

Erfahrungsgemäss kann in solchen Momenten ein Funke zünden, der den Lösungsweg aufzeigt. Er kann aus

dem Kontakt mit dem Chaos stammen, in dem bekanntlich Kreativität steckt; er kann aus dem Unvermögen des bewussten Wollens und Machens kommen, das uns zwingt, «loszulassen» und somit den Weg für tiefere Weisheit freizulegen. Er kann auch der unerschrockenen Ehrlichkeit sich selbst und den Dingen gegenüber entspringen, die Klarheit und Erkenntnis verschafft und eine mutige Diagnose der «Krankheit» ermöglicht.

Wenn eine Lösung auf diese Art gefunden wird, entsteht ein Gefühl der Stimmigkeit. Der Lösungsweg ist durchgelitten. Die Lösung kommt aus der Tiefe der eigenen Person und wirkt deshalb überzeugend. Somit ist es nachher leichter, entschlossen und nachdrücklich zu handeln, auch wenn unpopuläre Entscheidungen gefällt werden müssen.

Eine weitere treffende Stelle im «I Ging» passt hieher. Dort sind Wahrhaftigkeit und Unerschrockenheit am Symbol des Wassers dargestellt. Wasser fliesst immer weiter und bleibt sich selber treu in allen Verhältnissen. Es weicht vor keiner gefährlichen Stelle und vor keinem Sturz zurück. Mit andern Worten, es tut mutig, was die Situation erfordert.

4.9

Das «I Ging» als Weg-Weiser

Die «I Ging»-Aussagen und deren Symbole können auf verschiedene Arten und auf unterschiedlichen Ebenen interpretiert werden. Sie können auf die innere Persönlichkeit oder auf die äussere Berufs- und Lebenssituation bezogen werden. In meinen Kommentaren sind nur einige Aspekte von vielen herausgegriffen. Ich wollte damit zeigen, dass das «I Ging» zu Führungsfragen etwas zu sagen hat.

Das «I Ging» als Orakelbuch kann auch dazu benützt werden, die «Zeitstimmung» zu erfahren und daraus abzuleiten, wie zu handeln ist. Die verborgene Qualität des Augenblicks, z.B. günstig oder ungünstig für eine bestimmte Handlungsweise, kann erfragt werden. Dieselbe

verborgene Qualität äussert sich aber auch in vielen anderen wahrnehmbaren Dingen um uns und in uns. Durch Übung in feinster Wahrnehmung gelingt es, – in der Stille – auch ohne «I Ging» Signale des Moments und seiner Qualität zu spüren oder zu ahnen. Es ist dies das intuitive und gefühlsmässige Wahrnehmen, über das wir alle mehr oder weniger ausgeprägt verfügen (vergl. dazu auch Abschnitt II/1, II/2). Ein Manager, der in intuitiv-gefühlsmässiger Wahrnehmung geübt ist und sie mit einer rational-objektiven Sicht von Menschen und Dingen verbinden kann, wird in schwierigen Situationen die richtigen Entscheide treffen. Das «I Ging» kann ihm Hilfe sein, intuitiv zu werden.

Blättern Sie im «I Ging» weiter. Sie werden überall auf Kostbarkeiten stossen, die Ihnen etwas zu sagen haben. Sitzen Sie in Ruhe über einem Text, der Sie spontan anspricht und lassen Sie seine Aussagen und Symbole auf sich wirken. Dann kann es geschehen, dass Ihnen etwas aufgeht, das für Ihre individuelle momentane Führungssituation Bedeutung hat und zur Hilfe werden kann.

5

Der Zugang zur Energie im Zwischenmenschlichen

Willi Leber

Wann sind wir aktiv? Wann haben wir Lust, uns für etwas einzusetzen? Unter welchen Voraussetzungen packen wir eine Aufgabe zielbewusst an? Dann, wenn wir innerlich «dabei» sind, wenn wir eine belebende Spannung in uns spüren, die uns vorwärts treibt.

Wir sind «motiviert», d. h. in Bewegung, wenn unsere Aufmerksamkeit wach auf ein Ziel hin gerichtet ist. Wir fühlen uns aktiv, wenn wir das Inter-esse, d. h. das Dazwischensein in uns erleben, das uns auf ein Ziel hin bewegt.

Als Führungskraft sollte es uns gelingen, diese innere Bereitschaft bei unseren Mitarbeitern zu wecken, d. h. ihre Energie zum Vorwärtsgehen auf ein Ziel hin zu mobilisieren.

Häufig erleben wir als Führungskräfte trotz grossen Anstrengungen, dass Mitarbeiter sich nur wenig begeistern können. Die Mitarbeit und der Einsatz sind begrenzt, die Leistung bleibt mässig, das Mitdenken und das selbständige Handeln sind unbefriedigend. Neue Aufgaben werden nur ungern übernommen, der Arbeitseifer lässt zu wünschen übrig. Resignation macht sich breit.

Mit Druck und Zwang können wir nichts ändern, und mit dem Versetzen, oder auch mit der Entlassung von nichtengagierten Mitarbeitern ist nichts gewonnen. Besser wäre es, den Gründen für ein solches Verhalten nachzugehen und herauszufinden, wie diese fehlende Motivation verbessert werden kann.

Psychotherapeuten sind oft in einer ähnlichen Lage. Sie haben es mit Klienten zu tun, die sich eingeschränkt und unfähig fühlen, deren Energie blockiert ist. Die Aufgabe dieser Fachleute besteht darin, Hemmungen und Behinderungen zu beseitigen, mehr Lust und Freude am Leben zu wecken. Sie versuchen, den Klienten Mut zu machen, etwas zu wagen und Aufgaben mit Zuversicht und Selbstvertrauen anzupacken. Das Ziel der Psychotherapeuten ist es, verborgene Kräfte zu mobilisieren, Zugang zu verschütteten Energien zu finden und die innere Aktivität zu wecken.

Welche Vorgehensweisen wenden Psychotherapeuten an und welche Erfahrungen machen sie dabei, wenn sie

versuchen, die Energie bei ihren Klienten für eine bessere Lebensbewältigung freizusetzen?

Aus psychotherapeutischen Theorien und Modellen hat die Führungslehre schon viel an Gedankengut übernommen. Die Modelle und Techniken der Transaktionsanalyse z. B. erfahren seit längerem im Schulungs- und Ausbildungsbereich eine starke Verbreitung. Erkenntnisse der klientenzentrierten Gesprächspsychotherapie und der Kommunikationslehre werden in der Verhaltensschulung von Führungskräften angewendet (Kälin, Müri, 1985).

Hier soll auf Erfahrungen aus der Hypnosetherapie von Erickson und auf das *Neurolinguistische Programmieren* hingewiesen werden. Die wirksamen Muster der Beeinflussung und der Kommunikation im menschlichen Verhalten sind sowohl im psychotherapeutischen, im beraterischen wie auch im führungsmässigen Bereich die gleichen.

Um eine Veränderung bei Klienten zu erzielen, ist es nötig, ihnen den Zugang zum körpernahen, gefühlsmässigen Erleben zu erschliessen. Das ermöglicht, starre Fixierungen im Wahrnehmen, Denken und Handeln zu lösen. Energie im Klienten wird frei, wenn Verspannungen gelöst werden und aus einem Zustand von innerer Entspannung heraus neue Lebendigkeit entstehen kann. In diesem Zustand findet der Mensch Kontakt zu seinen tieferen Schichten, aus denen heraus ihm neue Erfahrungen zugänglich werden.

Es ist vor allem der Bereich des Unbewussten, in welchem ein grosses Energiepotential zur Verfügung steht. Das Unbewusste stellt ein äusserst hilfreiches Netzwerk von Energiezentren und steuernden Instanzen zur Lebensbewältigung zur Verfügung. Dieses Unbewusste hat allerdings seine eigenen Ausdrucksweisen und Kommunikationswege, die es aufzuspüren gilt.

Es müsste möglich sein, im Umgang mit Mitarbeitern mehr auch diese unbewussten Bereiche anzusprechen, anstatt Forderungen zu stellen und Massnahmen zu ergreifen, die nur der Logik und Vernunft entsprechen.

5.1 Eigenheiten der psychischen Energie

Sie kennen diesen Zustand: Sie sind mit etwas beschäftigt, das Ihre Aufmerksamkeit voll gefangen nimmt – Sie fühlen sich wach und lebendig – eine lustvolle Spannung ist in Ihnen und beflügelt Ihre Gedanken und Ihr Handeln. Ein vibrierendes Gefühl von Aktivsein bestimmt Ihren Stimmungshintergrund, die gegenwärtige Tätigkeit füllt Ihre Wahrnehmung und Ihr Denken aus, und Sie geben sich voller Faszination und mit ganzer Konzentration Ihrem momentanen Tun hin.

In diesem Zustand spüren sie, wie Ihnen seelische Energie voll zur Verfügung steht. Sie fliesst in Ihnen, Ihre Aktivität macht Sie leicht und frei, Sie sind innerlich bewegt, und Sie erleben sich als sehr lebendig und kreativ.

Seelische Energie kann in verschiedenen Bereichen und auf verschiedene Weise zur Entfaltung kommen. Als seelisch-körperliche Grundenergie hält sie unsere wichtig-

sten Lebensfunktionen in Gang. Kreislauf, Atmung, Stoffwechselvorgang und körperliche Mobilität wären ohne diese Energie nicht denkbar. Im Zustand wacher Konzentration kann sich seelische Energie als höchste Leistungsbereitschaft nach aussen gerichtet oder in der Hinwendung nach innen als Nachdenklichkeit oder Fantasie äussern.

Der Energiestrom hat etwas Fliessendes an sich und unterliegt sowohl im körpernahen wie auch im geistig-seelischen Bereich inneren Gesetzmässigkeiten. So sind der phasenhafte Ablauf von Bewegung und Ruhe, der rhythmische Wechsel von Tätigsein und Erholung grundlegende Gegebenheiten.

Seelische Energie bedarf zu ihrer Entfaltung eines Spannungszustandes, der in verschiedensten sprachlichen Bezeichnungen zum Ausdruck kommt. So sprechen wir von Taten-Drang, von Neu-Gier, von Erlebnis-Hunger, von Geltungs-Streben, von Selbsterhaltungs-Trieb u. a. Dieses Spannungsgeschehen wird zudem in wesentlichem Masse von Lust- und Unlustfaktoren reguliert, die dafür verantwortlich sind, ob ein Energiefluss in Gang kommt oder blockiert wird.

Ursprünglich steht uns ein grosses Energiepotential zur Verfügung, das sich in verschiedensten lustvoll erlebten Tätigkeiten zu entfalten sucht. Im seelisch-geistigen Bereich ist die Energieentfaltung von verschiedenen günstigen Voraussetzungen abhängig. Wo diese nicht gegeben sind, wird die Energie gebremst, ihr Fluss unterbrochen, und die Energiequellen liegen brach. Ein Teil des Energiepotentials wird blockiert und die Energieentfaltung gelähmt. Es entstehen passive Haltung und Resignation, die im Verhalten Gleichgültigkeit und Desinteresse zur Folge haben.

Für Psychotherapeuten ist es eine zentrale Aufgabe, diese blockierten Energien bei ihren Klienten wieder aufzubrechen und die verschüttete Energie zum Fliessen zu bringen. Ähnlich wäre es für Führungskräfte eine reizvolle Aufgabe, bei ihren passiv und uninteressiert gewordenen Mitarbeitern einen Prozess der Energiefreisetzung in Gang zu bringen. Wenn es gelänge, im Mitarbeiter wieder Spannung und lustvolle Zustände zu erzeugen, wäre ihre aktive Mitarbeit leichter zu gewinnen.

Es bedarf dazu einer ermutigenden Grundhaltung, die dem Mitarbeiter persönliches Interesse entgegenbringt und ihm die Überzeugung vermittelt, dass er Fähigkeiten und Kräfte zur Verfügung hat, die auf ihren Einsatz warten. So kann bei ihm neuer Mut entstehen und können die versteckten Energiequellen neu erschlossen werden. Es bedarf weiter aber auch einer guten Beobachtung und eines gezielten Vorgehens, um diesen Energiefluss wieder in Gang zu bringen.

5.2

Individualität = Einmaligkeit und Unverwechselbarkeit der Person

Kein Mensch reagiert gleich wie ein anderer. Die prägenden Erlebnisse und die individuellen Erfahrungen waren für jeden Menschen einmalig. Die Entwicklung und die Art der Begegnung mit der Welt führten in Verbindung mit den individuellen Anlagen zur einer einzigartigen, ganz spezifischen Ausprägung der Persönlichkeit, die sie unverwechselbar macht. Es gilt herauszufinden, wo jemand ansprechbar ist und zu erkennen, wie jemand und von was eine Person bewegt wird.

Wir gehen davon aus, dass viele Antriebe im Menschen gelähmt worden sind, dass Kräfte und Energien in ihnen blockiert und unterdrückt worden sind. Es hat mit der ganz persönlichen Lebens- und Lerngeschichte einer Person zu tun, was dazu geführt hat, dass jemand in die Passivität und Resignation getrieben wurde, und was passiert ist, dass es zu innerem Widerstand und zur Verweigerung gekommen ist.

Auf die persönliche Eigenart einzugehen, muss das Ziel im Führen von Mitarbeitern sein, wenn es darum geht, Arbeitsfreude und Einsatzbereitschaft zu wecken. Eine innere Beteiligung kann nur dann entstehen, wenn die seelische Energie im Mitarbeiter angesprochen wird.

Wichtig ist auch zu sehen, dass in Blockierungen und in den Verweigerungs- und Abwehrhaltungen, die oft unbewusst sind, Antriebskräfte gebunden sind, die wieder freigesetzt werden können.

Um solche «Knoten» lösen zu können und die verkrustete Energie wieder verfügbar zu machen, gibt es kein einfaches Rezept. Nur das wache Beobachten, das Ausprobieren und das Herausfinden des spezifischen Zuganges können hier weiterhelfen.

Das ist eine schwierige und oft grosse Geduld erfordernde Aufgabe. Der Psychotherapeut, der ebenfalls solche Blockierungen zu lösen hat, muss eine grosse Vielseitigkeit und Flexibilität entwickeln, um den Klienten aus seinen Verkrustungen zu lösen. Auf gleiche Art muss die Führungskraft methodische Kenntnisse, vor allem Einfallsreichtum und Flexibilität entwickeln, wenn sie Gleichgültigkeit und passives Verhalten bei ihren Mitarbeitern beseitigen will. Durch geschicktes Vorgehen kann es Führungskräften gelingen, ihre Partner auf neue Wege zu führen, ihr Selbstgefühl zu stärken und aus einer neuen inneren Einstellung heraus die seelische Energie für die Selbstentfaltung und für die Zusammenarbeit nutzbar zu machen.

5.3

Unvoreingenommenheit als Grundhaltung

Voreingenommenheit ist, nicht nur bei Führungskräften, eine weit verbreitete Erscheinung. Stellen wir uns folgende Situation vor: ein Mitarbeiter erhält von seinem Chef einen Auftrag – dieser reagiert darauf mit wenig Begeisterung, ja es sind deutliche Zeichen von Widerwillen und Verdrossenheit, sogar Ablehnung bei ihm zu erkennen, ohne dass der Betreffende sich dazu äussern würde.

Dieses wenig schmeichelhafte Verhalten macht vielen Führungskräften häufig das Leben schwer. Sie reagieren verärgert, weil der Mitarbeiter so wenig Einsicht zeigt, sie fühlen sich provoziert. Sie betrachten das nicht sehr bereitwillige Verhalten des Mitarbeiters als gegen sich gerichtet, oder sie interpretieren es zumindest als Gleichgültigkeit, Interesselosigkeit usw. Es werden die verschiedensten Annahmen über die Gründe einer solchen Verhaltensweise gemacht.

Schnell entsteht eine innere Haltung der Befremdung und Verletztheit: es wird nicht nach eventuellen Beweggründen gefragt, sondern es finden eine Bewertung und

eine innere Verurteilung statt. Es werden Vermutungen über mögliche Hintergründe für das abweisende Verhalten gemacht. Aufgrund von Vorurteilen und einer voreingenommenen Haltung hat man rasch eine abwertende, disqualifizierende Einschätzung vollzogen, mit der der andere auf der eigenen inneren Wertskala abgestempelt wird. Er wird vielleicht als böswillig, uninteressiert, unkooperativ oder als uneinsichtig und stur eingestuft.

Voreingenommenheit ist eine Haltung, die den Zugang zum anderen erschwert und den Kontakt verunmöglicht. Wer seine eigenen Beurteilungskriterien anwendet, wer es sich gestattet, fremdes Verhalten an seinem eigenen Wertsystem zu messen, kann nicht erfahren, was im anderen wirklich vorgeht und welches der wahre Hintergrund seines Verhaltens ist. Solche vorschnellen Bewertungen und «Diagnosen» sind überall rasch bei der Hand, ohne dass wir uns über die verheerenden Folgen Gedanken machen. Es ist z. B. ein bekanntes Phänomen, dass Schüler, die von ihrem Lehrer als sympathisch eingestuft werden, deutlich bessere Schulleistungen erbringen, als solche, denen er innerlich ablehnend gegenübersteht.

Führungskräfte sollten umlernen und ihre Voreingenommenheit ablegen, wenn es ihnen wirklich darum geht, motivierte und zur Zusammenarbeit bereite Mitarbeiter zu haben.

Selbst wenn die Voreingenommenheit nicht verbal zum Ausdruck gebracht wird, so merkt doch der andere sehr fein diese innere abwertende Einstellung. Menschen haben ein feines Sensorium dafür, ob man ihnen in einer Haltung von Offenheit und Unvoreingenommenheit gegenübertritt, oder ob man ihnen befangen in eigenen Wertvorstellungen und Beurteilungskriterien, d. h. Vorurteilen, entgegentritt.

5.4

Methodische Ansätze

Wie stellen wir es nun an, Zugang zum andern zu finden? Wie gelingt es uns, seine Energie zum Fliessen zu bringen? Wie müssen wir vorgehen, um beim andern ein Echo auszulösen, seine verborgenen Kräfte zu entfalten und seine Fähigkeiten einzusetzen?

5.4.1

Grundhaltung: Herausfordern

In einigen modernen psychotherapeutischen Richtungen wird dem Klienten in einer aktiven und herausfordernden Art begegnet. Man spricht von einer Haltung der «Pénétrance», womit angezeigt ist, dass sich der Therapeut oder Berater sehr eindringlich und aktiv auf den anderen zugehend um ihn kümmert. Es bezeichnet eine Art «Aufsässigkeit», die dem andern wie ein Soziusfahrer auf dem Rücksitz nahe ist und ihn in einer gewissen Tuchfühlung sehr intensiv begleitet. Es geht dabei nicht um Manipulation, sondern darum, die Eigenkräfte des andern zu wecken, seine Experimentierfreude anzuregen und ihm eine neue Orientierung und ungewohnte Wege aufzuzeigen, die er aber selber erkunden muss.

5.4.2

Kontakt

Voraussetzung dafür, dass beim andern etwas geschieht, dass er aktiv wird und etwas in Gang kommen kann bei ihm ist, dass ich mit ihm in gutem Kontakt bin. Im neurolinguistischen therapeutischen Sprachgebrauch wird dieser enge Kontakt mit «Rapport» bezeichnet. Damit ist ausgedrückt, dass mein Gegenüber wach und ansprechbar sein muss, dass er geistig präsent und in seiner Aufmerksamkeit dem Geschehen voll zugewandt ist. Es muss gesichert sein, dass eine gute Verständigung und ein gegenseitiges Mitgehen gewährleistet sind. Anders sind eine Beeinflussung und eine Aktivierung des andern unmöglich.

Man kann diesen Zustand des anderen – wie es die NLP-Leute tun – mit dem Ausdruck «Separator-state» bezeichnen, was ausdrücken will, dass im Wahrnehmen und im Verarbeiten von Informationen klar getrennt und unterschieden wird zwischen verschiedenen Inhalten. In diesem Zustand ist gesichert, dass die Bedeutung und der Sinn von Mitteilungen ankommen, dass ein klares Bewusstsein darüber herrscht über das, was im Moment geschieht.

Es ist wichtig, die Physiologie des anderen zu beobachten, d.h. aus seinen Körperreaktionen abzulesen, ob Energie vorhanden ist, ob der Zugang zu ihm gesichert ist und wie er innerlich mitgeht. Wichtig ist, festzustellen, in welchem Moment seelische Energie fliesst, d. h. der jeweils stattfindende physiologische Prozess (Atmung, Durchblutung, Haltung, Stimme, Tonlage usw.) kann darüber Auskunft geben, ob der andere «in Gang» ist oder ob Blockaden auftreten.

5.4.3

Ganzheitliches Ansprechen

Damit ist gemeint, nicht nur die bewussten Anteile einer Person anzusprechen, sondern seinen ganzen Erlebnisbereich, d. h. vermehrt auf die sinnlichen Qualitäten seiner Erfahrung einzugehen und ihn dazu zu führen, auch wahrzunehmen, was gefühlsmässig geschieht und im Hintergrund des Bewusstseins mitschwingt.

Es geht darum, die unbewussteren, tieferen, bisher wenig beachteten Vorgänge zu registrieren, d. h. sich den aus dem Unbewussten aufsteigenden Regungen zu öffnen, die Quellen ausfindig zu machen, in denen die Energie noch versteckt ist.

Schliesslich gilt es auch, die bisher nicht beachteten und nicht genutzten Teile und Fähigkeiten einer Person, v. a. die kreativen Seiten, zu wecken und zu aktivieren. Dabei ist es wichtig, die spezifische «Sprache» zu finden, d. h. den ganz spezifischen Weg zu entdecken, der speziell zu dieser einen Person Zugang verschafft.

5.4.4

Wahlmöglichkeiten

Soll es gelingen, den anderen aus festgefahrenen Geleisen zu befreien und ihm neue Anstösse und Mut zu mehr Entfaltung zu vermitteln, dann ist es hilfreich:

- ihm neue Sichtweisen und Ausblicke zu ermöglichen, d. h. sein Wahrnehmungsspektrum zu erweitern und neue Orientierungen anzubieten,
- sein Denken aus dem bisher einengenden, schematischen Ursache-Wirkungsprinzip zu befreien und in andere Bezüge zu lenken,
- aufzuzeigen, dass bei Schwierigkeiten und Problemen

Für jedes Problem gibt es mehrere Lösungen

häufig der bisher gesuchte Lösungsansatz eine wirkliche Veränderung und eine andere Sicht verhindert hat. Das Festhalten an bestimmten Lösungsvorstellungen engt das Problem ein, anstatt durch die Erweiterung von Gesichtspunkten neue Lösungsmöglichkeiten zu schaffen,

- aufzuzeigen, dass es für alle Problemstellungen viel mehr Lösungsmöglichkeiten und Alternativen gibt, als zunächst angenommen wird. Häufig geraten Menschen vor Entscheidungen in eine innere Zwickmühle, weil sie sich nur einer Entweder-oder-Lösung gegenübersehen. Gelingt es, diese Polarisierung aufzulösen und bisher nicht gesehene Wege aufzuzeigen, löst sich die innere Verkrampfung.

5.5

Praktische Handlungsanweisungen und Techniken

Hier werden einige praktische Vorgehensweisen aufgezeigt, die neben anderen Techniken aus dem Neurolinguistischen Programmieren angewendet werden könnten. Eine ausführlichere Beschreibung solcher Techniken findet sich in den Publikationen von Bandler und Grinder (1981), Dilts et al. (1985) und Marcus (1984).

5.5.1

Positive Zielformulierung

Die Fragestellung kann hier sein: wo könnte der andere etwas anders machen, welches Verhalten befriedigt ihn noch nicht, in welchen Situationen möchte er, dass es anders läuft? Folgende Fragen können ihn dabei leiten und ihn bewusst werden lassen, welchen Weg er dazu beschreiten kann:

- Wie fühlt er sich, wenn sein Verhalten so ist, wie er es sich wünscht?
- Was ist in seinem Erleben anders, wenn der gewünschte Zustand eingetreten ist?
- Kennt er diesen inneren Zustand von anderen Gelegenheiten und Erfahrungen her?
- Welche Fähigkeiten stehen ihm dann zur Verfügung?
- Wie sind diese Fähigkeiten bei anderen Gelegenheiten in Gang gekommen?
- Was sieht er, hört er, empfindet er anders, wenn der erwünschte Zustand eingetreten ist?
- Wie «weiss» er, dass der erwünschte Zustand bei ihm eingetreten sein wird?
- Welche äusseren und inneren Hilfen stünden ihm zur Verfügung, um sich auf diesen Zustand hin zu bewegen?

Nehmen wir als Beispiel den Leiter eines Projektteams, der in seinem Team mehr Offenheit und Beteiligung entwickeln möchte.
Manager: «Wie ist Ihre Vorstellung davon, wie Sie selbst

Ich fühle mich freier und unbefangener...

und die andern sich in der angestrebten Situation verhalten?»
Projektleiter: «Ich fühle mich freier und unbefangener, und auch die anderen sind lockerer und spontaner.»
Manager: «Wie fühlen Sie sich körperlich, wenn Sie lockerer und unbefangener sind, wie wissen Sie, dass Sie sich in diesem Zustand befinden?»
Projektleiter: «Ich fühle mich gelöster, mir ist ein Gefühl von Unbeschwertheit und Lebendigkeit eigen, das sich in meinem ganzen Körper ausbreitet.»
Manager: «Gibt es andere Situationen, in denen Sie dieses Gefühl haben und wo sie in einer ähnlich angenehmen körperlich-seelischen Verfassung sind?»
Projektleiter: «Ja, wenn ich mit Freunden zusammen bin und mit ihnen z. B. ein gemeinsames Fest vorbereite.»
Manager: «Gibt es einen Unterschied zwischen den Situa-

tionen mit ihren Freunden und der Situation mit ihrem Team?»
Projektleiter: «Ja, ich fühle mich dort nicht so verantwortlich und weniger unter Druck.»
Manager: «Haben Sie eine Vorstellung davon, wie Sie diesen Druck an Ihren Teamsitzungen loswerden könnten?»

Hier fallen dem Befragten vielleicht einige Möglichkeiten ein, z. B. könnte er erwähnen, dass er mit Ihnen einmal über diesen Druck spricht; dass er sich klar macht, dass die Verantwortung beim ganzen Team und nicht nur bei ihm liegt oder auch, dass es ihm gelingen kann, den Ausgang von Teamsitzungen nicht als persönlichen Erfolg oder Misserfolg zu erleben.

Sie könnten dann weiter fragen: «Gibt es noch andere Möglichkeiten wie Sie Ihren Druck und Ihre innere Spannung verringern könnten? Wie wissen Sie, wenn dieser Zustand erreicht ist?» usw.

Der so auf seine Zielformulierung hin Gefragte wird mehr und mehr Ideen entwickeln, wie er sich selbst in den gewünschten Zustand bringen kann, und er wird erkennen, dass ihm eine grosse Zahl von Hilfen und Erfahrungen zur Verfügung stehen, wie er den gewünschten Zustand erreichen kann.

5.5.2

Umdeuten

Mit dieser Technik ist der Versuch gemeint, ein Problem, eine negative Erfahrung oder eine konflikthafte Situation von einem ganz anderen Standort aus zu betrachten oder belastende, konflikthafte Ereignisse in einen anderen Rahmen zu stellen, sie also in einem anderen Zusammenhang zu sehen.

Umdeuten besteht im wesentlichen darin, diesen grösseren Zusammenhang aufzuzeigen, das Ereignis in einer neuen Sicht wahrzunehmen und damit eine Öffnung zu schaffen. Dadurch können bestehende Blockierungen aufgehoben werden und das eingleisige Denken kann neue Wege gehen.

Wenn jemand häufig zu spät zur Arbeit erscheint und Sie ihn deswegen zur Rede stellen wollen, können Sie anstatt des üblichen Vorwurfes vielleicht einmal versuchen, ihm die Frage zu stellen, welche Möglichkeiten es geben könnte, damit er seine individuelle Zeiteinteilung und die betrieblichen Gegebenheiten besser aufeinander abstimmen könne.

Oder Sie können ihn fragen, ob es nicht möglich wäre, sein Zuspätkommen jeweils einen Tag vorher anzumelden. Je nach Situation wäre es auch denkbar, dass Sie ihn fragen, wer von seinen Arbeitskollegen ihn per Telefon am Morgen wecken solle, damit er rechtzeitig zur Arbeit erscheinen könne.

Sie können auch äussern, dass Sie es zwar gut finden, dass er bei dieser Gelegenheit seinen persönlichen Stil und seine Selbstbestimmung zum Ausdruck bringe, dass es aber dafür vielleicht bessere Möglichkeiten gebe.

In der Umdeutungs-Technik wird versucht, den Akzent, den eine bestimmte Verhaltensweise hat, zu verschieben und anders zu setzen. Wenn jemand von einem Ereignis

Umdeuten = In einen anderen Rahmen stellen

bedrückt ist, kann man auch die positive Seite dieser Erfahrung deutlich machen.

Ein Beispiel aus der therapeutischen Erfahrung kann dies aufzeigen: der Patient spricht von einem Traum, in welchem seine Mutter zu ihm sagt: «Nimm Dir das Leben!» Aus dem Gesamtzusammenhang erfasst der Therapeut den Hintersinn dieser Aussage und gibt dem Patienten zurück: «Aha, auch Ihre Mutter meint also offenbar, Sie sollen sich für das Leben entscheiden.» Der verdutzte und konfuse Patient braucht einen Moment, bis er diesen neuen Rahmen sehen kann, macht aber dann grosse Augen und ist ausserordentlich erleichtert.

Umdeute-Technik kann auch angewendet werden, um bei negativen und störenden Verhaltensweisen danach zu fragen, was der letztlich positive Sinn und die gute Absicht in einem bestimmten Verhalten sein könnte. Mit vielen Schritten und in subtiler Auseinandersetzung mit dem unbewussten Wissen, das der andere über dieses Verhalten hat, kann es gelingen, den positiven Kern zu erfassen und auf neue Art zu sehen und einzusetzen.

Sie haben vielleicht Mühe, Ihren Schreibtisch aufzuräumen und in Ihren Sachen und Angelegenheiten fein säuberlich Ordnung zu halten? Finden Sie einmal heraus, wo in diesem Verhalten - wenn auch ganz winzig und scheinbar unbedeutend eine ursprünglich gute Absicht versteckt ist. Möglicherweise wehren Sie sich mit dieser «Unordnung» gegen Bevormundung und einschneidende Vorschriften, denen Sie sich früher widerwillig zu unterziehen hatten. Ihr Unbewusstes «weiss» besser, welches der geheime Grund und der «Sinn» Ihres Verhaltens ist, und wenn Sie diesem auf die Spur kommen können, können Sie Ihr Verhalten so akzeptieren, dass Sie sich wenigstens nicht mehr dauernd Vorwürfe machen müssen. Vielleicht gelingt es Ihnen mit der Zeit sogar, den ursprünglichen Sinn Ihres Verhaltens abzuändern und auf andere Weise zu seinem Recht kommen zu lassen. Das Schreibtischproblem kann so mit der Zeit «vom Tisch» kommen.

5.5.3

Metaphern

Eine ähnliche oder noch stärkere Wirkung wie mit Umdeute-Techniken kann man mit dem Verwenden von

Metaphern erzielen. Mit Metaphern bezeichnet man Umschreibungen und Darstellungen eines Sachverhalts in analoger Form, aber mit anderen Mitteln und auf einer ganz anderen Ebene.

Der Kern eines Problems, die spezielle Schwierigkeit eines Konfliktes, das Besondere an einer Situation etc. werden in der Metapher mit sinnesnahen Vorstellungen, mit bildhaften Vergleichen auf neuartige, ungewohnte Weise veranschaulicht.

Gemeinsam ist allen metaphorischen Umschreibungen und Vergleichen eine gewisse Verfremdung, gleichzeitig kann aber der hintergründige Sinn, das noch nicht Erfasste an einem Problem dadurch besser hervortreten, dass eben der Sachverhalt ganzheitlicher, vielschichtiger und damit auch mit mehr Gefühlsqualität in Erscheinung treten kann.

Was man sonst mit vielen Worten logisch zu erklären und verständlich zu machen versucht, kann oft sehr plötzlich auf verblüffende und elementare Art vom andern verstanden werden.

Als Metaphern in diesem Sinn eignen sich besonders:

Sprichwörter
Sprüche und Zitate
Aphorismen
Witze und Anekdoten
Fabeln und Märchen
Gleichnisse
Kalendergeschichten
Weisheiten aus der Bibel oder anderen religiösen oder philosophischen Büchern

Wer auf die faszinierende Wirkung von Metaphern aufmerksam geworden ist, wird in den verschiedensten literarischen Erzeugnissen eine Fülle von Anregungen finden.

Zur Illustration dieser nur kurzen Andeutungen eine Kalendergeschichte aus der NZZ vom 28./29. 8. 87:

Der Sinn des Lebens

Ein alter Mann spaziert durch einen Park. Der Mann ist müde. Seit seiner Schulzeit sucht er den Sinn des Lebens. Inzwischen kennt er sämtliche Werke sämtlicher Philosophen, inzwischen sind ihm alle Religionen vertraut, inzwischen verfügt er über ein unbegrenztes Wissen an Psychologie und Esoterik. Jahrzehnte hat der alte Mann mit Lesen verbracht, viele Jahre ist er in Indien einem Guru gefolgt, eine halbe Ewigkeit hat er in Japan hinter buddhistischen Klostermauern meditiert. Und trotz all diesen Anstrengungen konnte der Mann den Sinn des Lebens nicht finden.

Plötzlich fährt ein kleiner Junge mit seinem Kinderfahrrad in den alten Mann. «Was suchst Du hier?» fragt der Junge. «Ich suche den Sinn des Lebens», antwortete der Gelehrte. Bevor er sich abwenden kann, sagt das Kind: «In Deiner Hose hat's ein Loch. Das Loch in Deiner Hose ist der Sinn des Lebens.»

Der alte Mann begreift sofort, dass der kleine Junge die Wahrheit gesagt hat, und beginnt zu lachen. Sein heiteres Lachen ist so gross wie das ganze Universum.

III. Aus der Sackgasse

1

Karl Kälin

Mit Kreativem Visualisieren Ziele erreichen

1.1

Was heisst «Kreatives Visualisieren»?

Das kreative Visualisieren ist eine einfache und wirkungsvolle Methode, die eigenen psychischen Energien bewusster und zielgerichteter zu aktivieren. Beim kreativen Visualisieren benutzt man die eigene Vorstellungskraft, um ein klares Bild von etwas zu erzeugen, dessen Verwirklichung man sich wünscht (Gawain, 1985).

Die Biofeedback-Erfahrung zeigt uns (vergl. II/2), dass wir mit unseren Bildvorstellungen jede von uns gewünschte körperliche Veränderung hervorrufen können. Wir können also das bildhafte Vorstellungsvermögen der Psyche verwenden, um uns das anschaulich zu machen, was unser Körper tun soll. Die Wiederentdeckung der heilenden Kraft von Gedanken, Vorstellungen und inneren Bildern ist u. a. auch einer der wichtigsten Aspekte des heute stattfindenden Umbruchs im Bereich der Medizin und des Gesundheitswesens (Simonton, Simonton, Creighton, 1982; Achterberg, 1987).

1.2

Die «geistig-physikalischen» Voraussetzungen des Visualisierens

Alles, was wir lebendig vor uns sehen oder schöpferisch imaginieren, hat die Tendenz, Wirklichkeit zu werden. Man sagt ja auch, dass ein Mensch das ist, was er denkt. Was er fühlt und denkt, das wird er. Diese Zusammenhänge, die schon seit Jahrtausenden in den spirituellen Traditionen in Ost und West bekannt sind, werden seit einigen Jahren auch von der westlichen Wissenschaft, vor allem der Physik, entdeckt und diskutiert (Grof, 1986; Capra, 1982).

Physikalisch gesehen sind Geist und Materie so untrennbar miteinander verbunden wie die Vorder- und Rückseite einer Münze (Charon, 1979). Dinge, die wir als fest und voneinander getrennt wahrnehmen, sind in Wirklichkeit nur verschiedene Formen derselben Energie.

Energie einer bestimmten Qualität oder Schwingung hat die Neigung, Energie einer ähnlichen Qualität oder Schwingung anzuziehen. «Wir reagieren auf Schwingungen in unserer Umgebung, ob es sich nun um ‹Schwingungen› anderer Menschen oder durch elektrisches Licht hervorgerufene Schwingungen handelt.» (Pribram, 1986, S. 172). Dieses Prinzip haben Sie möglicherweise selber schon erlebt. Sie denken z. B. intensiv an einen Geschäftspartner, den Sie erreichen möchten. Nach kurzer Zeit läutet das Telefon und Ihr Geschäftspartner meldet sich.

Da Gedanken die leichtere und beweglichere Form von Energie darstellen, im Gegensatz zur dichteren Form von Materie, gehen Gedanken, Vorstellungen, Ideen der Verwirklichung immer voraus. «Es wurde noch nie etwas vollbracht, das nicht vorher im Geiste vorweggenommen war. Zuerst kommt die Idee, dann die Verwirklichung. Zunächst bauen wir ‹Luftschlösser›, wir ‹spielen mit Gedanken›, dann erst versuchen wir, unsere jeweilige Vorstellung in die Wirklichkeit zu übertragen.» (Tepperwein, 1986, S. 58). Die geistige Energie (Idee) tendiert also dazu, die dazugehörige Form auf der materiellen Ebene anzuziehen und zu realisieren. Wir finden diesen Zusammenhang bereits schon im Prolog des Johannesevangeliums (1. Kap., 1) «Am Anfang war das Wort...» oder anders übersetzt: «Am Anfang war die Idee...».

Denken Sie ständig an Misserfolg, werden Sie den Misserfolg anziehen. Denken Sie ständig an Erfolg, werden Sie auf Grund derselben Gesetzmässigkeit Erfolg haben (Murphy, 1979). Wir ziehen immer dasjenige im Leben an, worüber wir am meisten Nachdenken, was wir zutiefst erwarten und was wir uns am lebhaftesten vorstellen (Gawain, 1985). Oder mit den Worten des indischen Mönchs Muktananda (1986, S.44): «Ein Mensch erreicht immer das, worauf seine Kontemplation ständig gerichtet ist.»

1.3

Die sieben Schritte des Kreativen Visualisierens

1. Lehnen Sie sich bequem zurück, schliessen Sie Ihre Augen und entspannen Sie sich. Geniessen Sie für einige Momente diesen friedlichen, entspannten Zustand, in dem Sie frei sind von allen Sorgen des Tages.
2. Beginnen Sie nun, Ihren klar gewordenen Geist mit positiven Bildern Ihres angestrebten Zieles zu füllen. Stellen Sie sich das angestrebte Ziel so deutlich wie möglich vor.
3. Gestalten Sie diese Bilder so lebhaft und detailliert als möglich. Stellen Sie sich Körperbewegungen vor und Gespräche: wie Sie aussehen, fühlen, handeln und sprechen. Fügen Sie der Szene jedes Mal, wenn Sie sie spielen, weitere Einzelheiten hinzu. Verleihen Sie den Bildern Tiefe und Leben, indem Sie sich der Geräusche, Gerüche und Geschmäcke bewusst werden.
4. Vermeiden Sie es, sich zuviel zur gleichen Zeit vorstellen zu wollen. Der Schlüssel zum Erfolg liegt in der Konzentration auf ein einziges scharfes Bild, in dem sich das Gehirn ganz auf das angestrebte Ziel einstellen kann.
5. Haben Sie sich alles einige Minuten so eindrücklich wie möglich vorgestellt, danken Sie innerlich dafür, dass die phantasierte Szene bald zu einem wirklichen Teil Ihres Daseins werden wird. Wiederholen Sie diese Ge-danken immer wieder.
6. Machen Sie es sich zur Gewohnheit, nach jedem Visualisieren zu bekräftigen: «Dies oder etwas Besseres manifestiert sich nun für mich auf völlig befriedigende und harmonische Weise, zum Wohl aller Beteiligten.»
7. Nun entspannen Sie sich für einen kurzen Moment, holen ein paarmal tief Atem und öffnen die Augen. Nehmen Sie sich etwas Zeit, sich neu zu orientieren, und wenden Sie sich dann wieder alltäglichen Beschäftigungen zu.

   Machen Sie diese Visualisierungsübung täglich zwei bis dreimal oder so oft Sie mögen und so lange Sie wollen. In diesem Prozess werden Sie Ihre positiven geistigen und körperlichen Kräfte aktiv auf das angestrebte Ziel hin beeinflussen. Wenn Sie diese Technik täglich anwenden, werden Ihnen Körper und Psyche auf einer unbewussten

Ebene helfen, die Ziele zu erreichen, die Sie sich gesetzt haben.

Wir möchten im folgenden noch einige Aspekte des kreativen Visualisierens vertieft darstellen.

1.4

Ziele setzen

Die Ziele können auf verschiedenen Ebenen liegen:

- körperlich (z. B. Gesundheit, Wohlstand usw.)
- emotional (z. B. Lebensfreude, befriedigende Beziehungen usw.)
- geistig (z. B. inneren Frieden, Ausgeglichenheit, Harmonie usw.)

Für die meisten Menschen gibt es in der Regel mehrere Ziele, die man erreichen möchte. Beim kreativen Visualisieren ist es von Vorteil, sich auf ein Ziel zu beschränken und das Verfahren so lange fortzusetzen, bis das Ziel erreicht ist. Es lohnt sich auch, mit einfachen Zielen zu beginnen und sich nicht gleich anfangs auf die wichtigsten Lebensziele zu konzentrieren. Eine wirksame Zielerreichung erfolgt dann am schnellsten, wenn Sie sich aus eigenem Willen von «ganzem Herzen», mit Ihrem Bewusstsein und Unterbewusstsein, mit Ihrem Denken und Fühlen für ein Ziel entschieden haben.

Um herauszufinden, ob Sie etwas wirklich erreichen wollen, können Sie sich folgende Fragen stellen (Marcus, 1983):

- Was sind die Nachteile der jetzigen Situation?
- Was sind die Vorteile der neuen Situation, wenn ich das Ziel erreicht habe?
- Was sind die Vorteile der jetzigen Situation?
- Was werden mögliche Nachteile der neuen Situation nach der Zielerreichung sein?

Anstelle von Nachteilen können Sie bei diesen Fragen auch Mangel einsetzen. Und anstelle von Vorteilen auch Nutzen (siehe Abb. 1).

Überwiegen in der jetzigen Situation die Vorteile und/oder sind die Nachteile der neuen Situation grösser als deren Vorteile, wird die Zielerreichung blockiert.

Veränderungen

Jetzt Zukunft

Vorteile der jetzigen Situation

Nachteile der jetzigen Situation

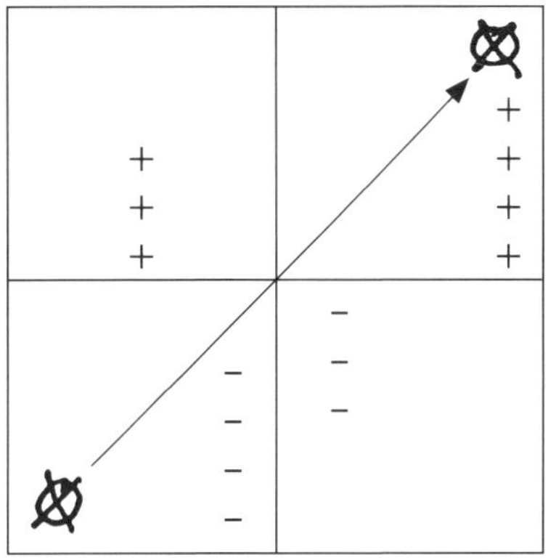

Vorteile der veränderten neuen Situation

Nachteile der veränderten neuen Situation

Abb. 1

1.4.1

Fragen zur Zielbestimmung

1. Was will ich erreichen?
2. Bis wann will ich das Ziel erreichen?
3. Was steht mir im Wege?
   - ein Gefühl? (z. B. Angst, Misstrauen, Enttäuschung, usw.)
   - eine Überzeugung? (z. B. «Du bist und bleibst ein Versager», «Wenn das so einfach wäre...» usw.)
   - eine Erinnerung? (z. B. «Damals ging es auch nicht...» usw.)
   - ein Bild? (z. B. ein Misserfolg usw.)
   - ein Entschluss? (z. B. «Das ist der letzte Versuch...» usw.)
   - innere Gebote und Verbote (z. B. «Ich muss», «Ich darf nicht», «Ich sollte» usw.)
   - sonst etwas?
4. Steht das zu erreichende Ziel möglicherweise mit anderen Zielen in Widerspruch?
5. Füge ich mit meiner Zielerreichung niemandem Schaden zu?
6. Ist das Ziel präzis, vollständig, unmissverständlich?
7. Was kann ***ich*** zur Zielerreichung beitragen? (Nehmen und Geben)
8. Welche Hilfe brauche ich?
   - welche Informationen?
   - welche Erfahrungen?

- welche Erinnerungen?
- welche Überzeugungen?
- welche Entscheidungen?
- was sonst?

9. Welche Veränderungen werden eintreten, wenn ich das Ziel erreicht habe? Was fühle ich? Was sehe ich? Was höre ich?
10. Stimme ich den Folgen der Zielerreichung zu?
11. Warum habe ich die Zielsetzung bis jetzt noch nicht erreicht? (Hier auftauchende Hindernisse können möglicherweise zu einer neuen Formulierung von 1. Was will ich erreichen? oder 2. Was steht mir im Wege? führen).

Beim kreativen Visualisieren können Sie Ihre Ziele visuell (mit Bildern) oder verbal (mit Affirmationen) setzen. Sie können auch beides miteinander kombinieren (vgl. auch II/1).

1.4.2

Ziele setzen mit Bildern

Stellen Sie sich Ihr Ziel, das Sie erreichen möchten, als bereits erreicht vor und zwar bildlich, in Geräuschen, Tönen und in Gefühlen, die diesen Zustand begleiten, wenn das Ziel erreicht ist.

Dazu ein Beispiel (Akesson, 1987):

- Sie möchten einen Wunschtraum erfüllen und mit einem Segelboot den Atlantik überqueren. Stellen Sie sich nun vor, was Sie dabei ***sehen*** werden. Ihre Mitsegler, Ihr Boot, das Wasser, in allen Grün- und Blautönen, einmal schwer in Bewegung, einmal lieblich gewellt und vielleicht auch spiegelglatt. Der Himmel, hellblau, dunkelgrau, schwarz, bewölkt oder klar und nachts mit Millionen Sternen übersät.

Lassen Sie das Gefühl zu, dass die bildhafte Vorstellung jetzt schon Wirklichkeit ist

- Versuchen Sie aber auch, sich vorzustellen, was Sie ***hören*** werden. Die Stimmen der Menschen an Bord, das Summen des Bootes, wenn es gut getrimmt mit Vollkraft durch das Wasser fährt. Aber auch die Wellen, die hart an die Bordwand knallen.

- Stellen Sie sich auch vor, was Sie ***riechen*** werden. Das nasse Ölzeug, den Duft aus der Bordküche, das ausgelaufene Dieselöl. Das Holzdeck, das unter der wärmenden Sonne dampft und riecht.
- Was werden Sie ***fühlen*** und ***spüren?*** Wenn Sie im Cockpit stehen und sich sagen: jetzt ziehen wir los von der Marina und wagen die Reise. Oder wenn das Boot mit Volldampf von einem Wellenkamm in das tiefe Wellental «hinuntersurft». Oder wenn Sie in der Flaute sitzen und das Boot wenig, aber hartnäckig schaukelt. Und was werden Sie fühlen, wenn Sie nach dreissig Tagen auf See erstmals wieder Land ausmachen?

Oder ein anderes Beispiel:

- Sie haben Schwierigkeiten mit einem Mitarbeiter. Sie sind aber an einer befriedigenden Beziehung interessiert. Stellen Sie sich nun bildlich vor, wie sie beide offen, ehrlich und harmonisch miteinander umgehen. Hören Sie, wie sie miteinander frei und entspannt sprechen. Lassen Sie das Gefühl zu, dass diese bildliche Vorstellung jetzt schon Wirklichkeit ist.

1.4.3

Ziele setzen mit Worten

Falls es Ihnen schwer fällt, ein inneres Bild zu sehen oder Sie Mühe haben, sich etwas vorzustellen, können Sie Ihr Ziel auch in Sätzen formulieren. Der französische Apotheker Emile Coué gelangte bei seiner beratenden Tätigkeit zur Erkenntnis, dass der Satz «Es geht mir von Tag zu Tag in jeder Hinsicht immer besser und besser» (Coué, 1961) einen äusserst positiven Einfluss auf die Gesundheit und die psychische Verfassung seiner Patienten hatte. Coué empfahl seinen Patienten, diesen Satz oder diese Formel täglich nach dem Aufstehen zwanzig- bis dreissigmal ganz bewusst zu wiederholen. Die «formelhafte Vorsatzbildung» oder die «Wandspruchartigen Leitsätze» im autogenen Training (Schultz, 1979; Langen, 1982) sind weitere Beispiele für die «Macht der Gedanken».

Diese Sätze oder Formeln werden häufig auch als Affirmationen bezeichnet. Affirmation bedeutet Bejahung, Bekräftigung, Bestätigung, Zustimmung, Versicherung. «Eine Affirmation sagt entschieden und unzweifelhaft aus, dass etwas schon jetzt so oder so ist.» (Gawain, 1985, S. 38).

Sie haben sicher auch schon erlebt, dass Sie irgend etwas *nicht* wollten, das dann doch geschah. Sie wollten bei einer wichtigen Rede jeden Versprecher vermeiden («Nur keinen Versprecher») und prompt versprachen Sie sich schon bei den ersten Sätzen. Eine mögliche Erklärung ist die folgende (Fink, 1988):

- ***Affirmationen stehen in der Gegenwart***
  Statt «Ich werde beim Vortrag ruhig sprechen»: «Ich bin ruhig, wenn ich vor andern spreche» oder «Ich spreche ruhig». Statt: «Ich werde bald gesund»: «Ich bin gesund und frei».
- ***Affirmationen sind positiv formuliert***
  Statt «Ich will nicht mehr rauchen»: «Ich lebe gesund» oder «Ich atme frei und tief» oder «Ich bin morgens so richtig munter».
  Statt «Meine Angst nimmt täglich ab»: «Mein Mut wächst von Tag zu Tag» oder «Ich fühle mich frei».
  Statt «Ich bin nicht mehr aufgeregt»: «Ich bin voll Sicherheit und Selbstvertrauen».

Verneinungen, Negationen sind etwas rein Sprachliches, ein Produkt nur unseres Denkens und damit gewissermassen unwirklich, nicht-wirklich, nicht konkret mit unseren Sinnesorganen wahrnehmbar. Verneinungen können auch kaum bildlich oder körperlich dargestellt werden.

Wahrscheinlich ist auch unser ganzes Unterbewusstsein nur darauf eingerichtet, konkret Erfassbares wahrzunehmen.

Stellen Sie einmal «nicht stolpern» vor. Oder «kein versprechen» oder «kein Fehler». Um das zu können, muss ich mindestens «stolpern», «versprechen» oder «Fehler» als etwas konkret Erfassbares kennen.

«Keine Angst haben» verstehen Sie nur, wenn Sie «Angst» kennen. «Keinen violetten Elefanten» nur, wenn Sie sich einen Elefanten vorstellen können.

Wenn immer Lernziele oder überhaupt Ziele im Leben erreicht werden sollen, bei denen auch das mächtigere Unterbewusste zur Erreichung mithelfen soll, führt die starke Konzentration auf etwas negativ, verneinend Formuliertes viel eher zum Erreichen des Nicht-Erwünschten.

Formulieren Sie Ihre Zukunft so konkret wie Sie es für nötig erachten. Wandeln Sie Ziele, die «nicht», «nicht

mehr» oder «kein» enthalten, in positive Ziele um. Beschreiben Sie, was in Zukunft sein soll und nicht, was nicht mehr sein soll. Das, was Sie möchten, und nicht das, was Sie nicht mehr möchten.
(Zur Zielimagination und zum kreativen Visualisieren beim Führen mit Zielen vergleiche S. 88).

Nach spätestens 40 Tagen kreativem Visualisieren zeigen sich Erfüllungsansätze, die Sie motivieren werden, weiterzumachen.

Wenn Sie die klare und feste Absicht haben, ein Ziel zu erreichen, wenn Sie dieses Ziel aus tiefstem Herzen wollen, wenn Sie das volle Vertrauen haben, dass Sie das Ziel erreichen werden und wenn Sie bereit sind, es anzunehmen, dann werden Sie Ihr Ziel erreichen.

1.5

Entspannen als Voraussetzung für das Kreative Visualisieren

Die Biofeedback-Forschung zeigt auf, dass sich die Gehirnwellenmuster verändern, wenn Körper und Psyche tief entspannt sind (vgl. II/2). Diese tiefere, langsamere Schwingungsebene wird als Alpha- und Theta-Bereich definiert. «Es hat sich herausgestellt, dass die Alpha-Ebene aufgrund ihrer entspannenden Wirkung auf Geist und Körper einen sehr heilsamen Bewusstseinszustand auslöst. Und ... sie hat sich auch um vieles wirkungsvoller als die aktivere Beta-Ebene erwiesen, wenn es darum geht, wirkliche Veränderungen durch Visualisieren in der sogenannten objektiven Welt herbeizuführen.» (Gawain, 1985, S. 28).

Im entspannten Zustand haben wir einen direkteren Zugang zum Unterbewusstsein. Im alltäglichen Wachzu-

stand stehen wir uns oft selbst mit unserer Skepsis im Wege, im Alpha- oder Theta-Zustand dagegen ist unser Unterbewusstsein eher bereit, positive Visualisierungen und Affirmationen aufzunehmen. Über Verfahren und Techniken zum Entspannen und Meditieren gibt es reichlich Literatur und Kursangebote. Entspannen können Sie mit Hilfe des Biofeedbacks (siehe S. 91), mit autogenem Training, mit Gebeten, rituellen Handlungen, Verweilen an geschützten Orten, mit bewusstem Atmen, Yoga, Muskelentspannungsverfahren, mit Musik hören, mit dem Wiederholen von Mantras, mit dem Betrachten eines Bildes, mit Meditation usw.

Sie finden im folgenden eine einfache Technik von K. Blöchliger, wie Sie Ihr inneres, intuitives Kräftepotential wieder in die tägliche Führung miteinbringen können.

Medizin Natur

Haben Sie sich auch schon längere Zeit mit einer schwierigen Entscheidungssituation (Reorganisation, Berufswechsel, Anstellung oder Beförderung eines Mitarbeiters, Lösung einer ernsthaften Konfliktsituation usw.) auseinandergesetzt, haben alle Vor- und Nachteile sachlich-rational abgewogen und doch keine klare und eindeutige Handlungsrichtung entdeckt? Dann versuchen Sie doch das nächste Mal, das Problem so zu «bearbeiten», indem Sie es nicht noch einmal und zum wiederholten Mal von der rationalen Seite her angehen, sondern Ihre intuitiven Kräfte zu Hilfe rufen. Allerdings: dieser Zugang zu den intuitiven Kräften ist nicht einfach durch Knopfdruck herzustellen; er kann nur durch innere und äussere Ruhe, durch geduldiges Warten und durch etwas Übung erreicht werden (vgl. II/2).

Schritt 1

Nehmen Sie sich Zeit für einen Spaziergang oder eine längere Wanderung. Im Winter eignet sich auch ein beschaulicher Raum wie etwa eine Kirche oder sonst ein stiller Raum. Setzen Sie sich an einer Stelle, die Ihnen besonders gefällt, nieder und lassen Sie für's erste einfach die Sie umgebende Natur auf sich einwirken. Legen Sie die ungelöste und schwierige Entscheidungssituation völlig zur Seite und öffnen Sie sich ganz den augenblicklichen Wahrnehmungen, dem Wind in den Bäumen, dem Singen der Vögel, dem wechselnden Licht, den ziehenden Wolken usw. Versuchen Sie dabei, sich innerlich weit zu öffnen und alle diese Wahrnehmungen ungefiltert und tief in sich hineinzulassen. Machen Sie dies so lange, bis Sie eine tiefe Ruhe und Zufriedenheit erfasst.

Schritt 2

Wenn Sie spüren, dass Sie zum hektischen Alltag etwas Distanz gewonnen haben und ruhig geworden sind, dann nehmen Sie Kontakt mit Ihrem inneren Kräftepotential auf. Das machen Sie am besten dadurch, indem Sie Ihre Wahrnehmung nun nach innen richten. Lassen Sie alle Bilder, Gestalten, Ereignisse, die vor Ihrem inneren Auge aufsteigen, einfach zu und begleiten Sie diese neugierig, aber ohne einzugreifen. Vielleicht führt Sie Ihre Intuition auf eine Reise oder Wanderung, vielleicht entsteht ein inneres Gemälde oder Sie befinden sich mitten in einer märchenhaften Welt. Lassen Sie alles geschehen und verfolgen Sie diese inneren Bilder, Reisen, Geschichten etc. mit liebevoller Aufmerksamkeit und Anteilnahme. Lassen Sie auch die Sie begleitenden Gefühle einfach zu! Versuchen Sie dabei zu spüren, in welchem Zeitpunkt es für Sie richtig ist, diesen zweiten Schritt der Übung abzubrechen!

Schritt 3

Sie haben jetzt gleichsam die Telefonverbindung zu Ihrem inneren, intuitiven Kräftepotential hergestellt. Kehren Sie erst jetzt wieder zurück zu Ihrer ungelösten Entscheidungssituation. Formulieren Sie so präzis und knapp wie möglich die Problemstellung und hören Sie dann auf Ihren inneren «Telefonpartner», was er Ihnen zur Lösung oder Bearbeitung der Problemsituation zu sagen hat. Stellen Sie diesem inneren Partner ruhig auch Fragen, wenn Sie Lust dazu haben. Sie werden möglicherweise nicht immer eine saubere und eindeutige Lösung präsentiert bekommen. Aber häufig ändert sich plötzlich die Problemsicht oder es wird ganz klar, was Sie bisher daran gehindert hat, eine Entscheidung zu treffen. Sie werden staunen über die Weisheit, Klarheit und Sicherheit, die Sie plötzlich in sich entdecken. Und eben diese Weisheit und Klarheit wurden nicht von Zauberhand herbeigeführt, sondern sind Elemente, die seit eh und je in Ihnen vorhanden waren, aber mangels Zeit, Ruhe und Geduld nicht zum Sprechen kommen konnten.

Wir sind, was wir denken.
Alles, was wir sind, ersteht mit unseren Gedanken.
Mit unseren Gedanken machen wir die Welt.

Gautama Buddha

2

Vom Faktendenken zum Wertedenken

Peter Müri

2.1

Faktendenken: Die *unbemerkt* gefärbten Brillen

Bauer (1987) hält in seiner scharfsinnigen Analyse dem eindimensional denkenden Manager einen unbequemen Spiegel hin: «Manager sind sicher Prototypen für das Verhalten, Wissen anzusammeln zum Zwecke des Weiterkommens. Wissen aber, das nur gesammelt und nicht im Wesen des Menschen integriert und nutzbar gemacht wird (d. h. einseitiges Faktendenken) führt zu Gefühls- und Gemütsdefiziten, unter denen die Träger zu leiden beginnen» (S. 47).

Den Manager drückt die Last der einseitigen Erziehung in den heutigen Bildungsanstalten zum Fakten-Denker. «Im Grunde erschöpft sich die Bildung unter der Herrschaft der Solo-ratio-Lehre in der Vermittlung von Wissen und sogenannten ‹Erkenntnissen› aus der Wissenschaft, mit Daten, Fakten und Zahlen untermauert.» (S. 46) Und diese Tradition setzt sich an den «grossartigen und teuren sogenannten Managerschulen» fort, an welchen den gläubigen Adepten «eine Bühne vorgegaukelt wird, auf der man im Geschwindeschritt ein paar Zauberformeln lernen kann, mit denen sie sich und ihr Wirken im Unternehmen verändern können.» (S. 56).

Die Folge ist eine Fakten-Denker-Lobby, hochgeachtet in den eigenen Reihen, aber schwankend in der Einschätzung ihrer eigenen Rolle: «Die Männer der «Technostruktur» stellen die moderne Form einer weltweit tätigen Priesterschaft dar. Ihre Religion heisst geschäftlicher Erfolg. Ihre Bibel ist das, was der Computer ausdruckt; ihre Kommunionsbank ist der Sitzungsraum.» (S. 55)

Dieses Bild des heutigen Managers mag pointiert sein. Es trifft aber zielsicher die Achillesferse des Managers, der mit Fakten, Zahlen und Statistiken arbeitet und sich auf diese absolut verlässt. In einer turbulenten Zeit kann man sich aber nur auf wenig Fakten verlassen, denn morgen schon sind sie veraltet. «Entscheidungen müssen mit einem Faktor «permanenter Korrektur» ausgestattet werden, sollen sie auf längere Zeit effektiv bleiben. Vorausschauen mit dem bisher dominierenden männlichen Kalküldenken kann nicht mehr funktionieren. Sonst wären Computer wirklich unsere besten Planer.» (S. 30)

Was ist zu tun, um die Einseitigkeit der Faktenoptik ins Bewusstsein zu bringen? Es sind vier Entwicklungsschritte überfällig:

1. Erkennen, dass die Sicherheit der Fakten und ihrer zugrundeliegenden Theorien, auch wenn sie das Markenzeichen der Wissenschaft tragen, begrenzt ist, heute mehr denn je.
   (Die Sünden und Fehlannahmen des Faktendenkers)

2. Dazu stehen, dass Manager auch nur Menschen sind, einseitig begabt, mit Teilwissen und Teilkönnen ausgestattet, unter Ängsten leidend, voller Vorurteile und Stereotypien wie alle anderen Menschen, und das heisst angefüllt mit Gefühlen und Stimmungen, die als Mantel jeden Gedanken, auch noch so reinen und abgesicherten, umhüllen.
   (Gefärbte Brillen sind menschlich)

3. Das Rollenspiel des Faktensammlers und des perfekten Entscheiders durchschauen und über sich und die Entstehung der eigenen Anschauung nachdenken, dabei zu den gefühlsbedingten Wertsetzungen (der gefärbten Brille) stehen und sie als Quelle neuer Informationen ausschöpfen.
   (Das Ziel: Echtes Reden und Entscheiden)

4. Nicht über Werte endlos diskutieren und sie zerreden, sondern mit Toleranz und Gspür einen praktikablen Konsens herstellen und statt schwätzen und planen, entscheiden und handeln und akzeptieren, dass jedes lebendige Tun einen Zickzackkurs hinterlässt.
   (Der Weg: Verhandeln und Handeln)

Der erste Schritt ist unbequem, denn der Blick in den Spiegel verleitet zum raschen Wegschauen. Halten Sie dem Blick stand! Es sollte Ihnen umso leichter fallen, als alle Manager dieser Welt durch ihren abendländischen Bildungsgang vom Faktendenken geprägt sind und somit an den Erbsünden unserer Faktenkultur teilhaben.

2.1.1

Die sieben Erbsünden des Faktendenkens

Da die negativen Folgen der Erziehung zum strikten Faktendenken jedem eingemeisselt sind, wird sie keiner leugnen können. Man sollte ihre Zeichen kennen, um sie gewahr zu werden, wenn sie im Alltag oft unter falscher Flagge dahersegeln. Die Liste der sieben Fehlhaltungen ist fragmentarisch, enthält aber die häufigsten Symptome.

1. Fehlerangst

In unserer Welt der objektiven Berechenbarkeit lässt sich richtig und falsch gesichert unterscheiden. Wer richtig urteilt, ist intelligent. Nur der Dumme macht Fehler. Also hat jeder Manager gelernt, nur abgesicherte Urteile zu äussern oder – zur Vermeidung eines Faux-Pas – sich in unverbindlichen Allgemeinplätzen zu äussern. Er hat zu wenig gelernt, sich ohne Wenn und Aber mit einem persönlich fundierten Werturteil der Sache zuliebe (und nicht seiner Profiliersucht zuliebe) zu exponieren.

2. Ja-Amen-Kultur

Da schweigt des Sängers Höflichkeit: Kopfnicken, wenn Autoritäten und Koryphäen zu Wort kommen. Denn der Mächtige verfügt über *das* Wissen und *die* Wahrheit. Was er sagt, hat den Charakter eines wissenschaftlichen Faktums. Der Faktengläubige kommt deshalb nicht in die Lage, Konflikte austragen zu müssen. Entweder er glaubt der Autorität, oder er schweigt.

3. Ordnungstreue

Der Faktendenker fühlt sich erst wohl, wenn die Sache stimmt. Diskrepanzen, Widersprüche, Ambitendenzen löst er sofort durch Einordnung in ein klärendes Gerüst auf, auch wenn dabei der Sinngehalt verändert wird. Mit dieser Prokrustes-Politik (man sägt die Beine ab, wenn das Bett zu kurz ist) lässt sich jedes schöpferische Chaos und damit die im Grunde unerwünschte Kreativität fernhalten.

4. Zufriedenheit

Unter den Faktendenkern finden sich viele Optimisten. Alle Probleme sind mit gutem Willen lösbar, behaupten sie und fegen über die Dinge mit stilvoller Hektik oberflächlich hinweg. Ihre Welt ist die des unterstellten «Mikrokosmos», in der sie als Vorgesetzte ausgeben, was gilt. Hier sorgen Sie für Harmonie, weil der Blick auf das Schöne und Angenehme verengt wird. Gegenüber sich selbst und dem, was jenseits des eigenen Gartenzauns geschieht, bleibt dieser Schrebergärtner unsensibel und unkritisch.

5. Hektik

Der Faktendenker sammelt fleissig Informationen als Entscheidungsgrundlage. Da er als Perfektionist nicht aufgibt, bis die Informationssammlung vollständig ist, kommt er dabei nie ans Ziel. Denn es gibt immer noch etwas, was zur Verbesserung der Entscheidungs-Sicherheit beitragen könnte, noch eine Analyse, noch eine Recherche. Vor lauter Hast in der Suche nach neuen Daten, rückt er den Problemen gar nicht auf den Leib, er bleibt an der unverbindlichen Oberfläche.

6. Kopflastigkeit

Dem wissenschaftsorientierten Faktendenken sind Begriffe wie «Herzensbildung», «Charakter» oder «Persönlichkeit» fremd. Management hat gradlinig (wie der Aufstiegsweg des Managers) zu verlaufen. Der Kopf ist bereits mit den Anforderungen des Faches überfordert, wie sollte er sich noch um Lebenswerte oder zwischenmenschliche Beziehung kümmern! Kein Wunder, wenn der Geist in dieser Einseitigkeit auch geistig verkrüppelt und wenn die verdrängten Ängste als wahre Dämonen (Fusshöller, 1984) wiederkehren und den menschenentfremdeten Funktionsträger in eine private Hölle stürzen!

7. Schwarz-Peter-Prinzip

Für den Faktendenker lässt sich die Ursache eines Fehlers immer festmachen. Der Sündenbock löst das Problem. Das Denken richtet sich rückwärts auf die Analyse des Abgelaufenen. Daraus wird ein Rezept destilliert, das – mit etwas neuen Garnituren gespickt – die Zukunft regelt. Wenn etwas schief läuft, tragen das Rezept und die bösen Umstände (Politiker, Medien, Gewerkschaften, Banken) die Schuld. Und für das Unberechenbare braucht niemand Verantwortung zu nehmen.

Prüfen Sie, ob in Entscheidungs- und Problemlöseprozessen nicht die eine oder andere Werthaltung unbemerkt richtungsweisend ist! Entlarven Sie die Tendenz und stehen Sie zur «Erbsünde»!

2.1.2

Die Fehlschlüsse des Faktendenkens über Unternehmensführung

Die jahrzehntelange Tradition des faktenorientierten Managements hat solide Fundamente gebaut für grundlegende Annahmen über die Art und Weise, wie ein Unternehmen funktioniert. Sie werden als vermeintlich bewiesene Selbstverständlichkeiten nicht mehr hinterfragt, obwohl jeder unvoreingenommene Blick in ein Unternehmen eines anderen belehrt wird. Wer sich zum Wertedenker entwickeln will, muss diese falschen Theorien erkennen und über Bord werfen, auch wenn sie bereits die Gestalt von Mythen angenommen haben (Westerlund, 1981).

Organisatorische Mythen (10+1 Praemissen)

1. Führungserfolge sind übertragbar, Führungsmisserfolge sind vermeidbar.
2. Unternehmungsführung lässt sich optimieren.
3. Eine Organisation kann ideal und optimal aufgebaut werden.
4. Aufgaben, Funktionen und Rollen lassen sich ein für alle Mal verbindlich definieren.
5. Grenzen und Schnittstellen können innerhalb eines Unternehmens klar definiert werden.
6. Es gibt allgemeine Ziele für ein Unternehmen. Alle Ziele können transparent gemacht werden.
7. Massnahmen lassen sich angemessen aus Zielen ableiten.
8. Entscheidungen lassen sich in einen systematischen Ablauf einbinden.
9. Der Manager kann als Steuerungsorgan die Prozesse in seinem Bereich im Griff haben.
10. Individuelle Freiheit ist in einer Organisation möglich.
11. Privat- und Geschäftsleben können getrennt werden.

Stellen Sie die Behauptungen auf Probe, indem Sie zu jedem Satz die Gegenthese formulieren! Sie werden se-

Management-Prozesse im Griff haben …

hen, dass beide Absolutsetzungen nicht zutreffen. Prüfen Sie in Ihren zukünftigen Entscheidungen, ob nicht unausgesprochen oder unbewusst einer der Sätze bei der Wahl der richtigen Lösung Pate gestanden ist!

2.2

Das Wertedenken: Die *bewusst* gefärbten Brillen

Faktendenken oder die rationale Intelligenz kann vom Menschen abgelöst und relativ unabhängig dargestellt werden. Die Computer haben diese Leistung vollbracht und längstens diese Fähigkeit des Menschen um ein Mehrfaches potenziert. Gleichzeitig ist dieser Boom zur Belastung geworden, denn allzuleicht wird Rationalität mit Vernunft, Erkenntisvermögen, Orientierung gleichgesetzt. Allein, die Fähigkeit in funktionalen Kategorien zu denken und nach ihnen zu handeln, ist nur eine Seite des Menschen. Wer alles unter den Gesichtspunkt der Planbarkeit und Lenkbarkeit stellt, wird die andere Seite übersehen und damit die Welt deformieren. Er huldigt einem nackten Funktionalismus und lässt die «Dämonen» draussen. «Die Dämonen kehren wieder» (Fusshoeller, 1984), das heisst, das Unberechenbare und Subjektive sind bei näherem Zusehen je schon da, sowohl in jedem einzelnen Menschen, als auch in jeder Organisation.

2.2.1

Das Wertedenken des Managers

Das Wertedenken kommt zum Tragen, wenn das Faktendenken ausgeblendet wird. Denn hinter der Maske der Scheinrationalität wartet das, was wofür wir keine Begriffe mehr besitzen, weil es uns fremd geworden ist: Natur, Geist, oder innere Stimme, Selbst, Substanz... Es braucht nur angetippt zu werden, um sich zu artikulieren. Es muss nur als Wirklichkeit akzeptiert werden, damit es gesehen wird.

Faktenwahrnehmung:	*Wertewahrnehmung:*
60% des Waldes ist krank. Der Nachweis ist problematisch.	Der Wald stirbt, die Natur leidet Schaden.
92 Aids-Tote in der Schweiz.	Epidemie, Strafe Gottes.

Tschernobyl ist in der Schweiz nur mit 0,01 % Wahrscheinlichkeit möglich.	Atomkraftwerke sind nicht absolut sicher und machen Angst.

Über Werte lässt sich ebenso tiefgründig diskutieren wie über Fakten, aber wegreden lassen sich Werte nicht. Man kann sie einbeziehen oder auslassen in unterschiedlicher Gewichtung, sie werden ihren Einfluss damit nicht auslöschen. Werte sind das einzige Faktum, von dem man sagen kann, dass es unwiderruflich existiert, solange Menschen atmen.

Wenn wir den Vorgang menschlicher Erkenntnis mit einfachster Selbsteinsicht untersuchen, stossen wir unweigerlich auf die Verschmelzung von Fakten und Werten in der Wahrnehmung und im Denken. Gehirnphysiologen (Bogen, 1969; Blakeslee, 1982; Ferguson, 1981) und Evolutionsforscher (Maturana, 1987; Riedl, 1987; Ditfurth, 1976) bestätigen von anderer Seite, was wir im Grunde längst wissen: Jedes Auge und jedes Ohr wertet beim Wahrnehmen. Jede Gedankenverbindung verknüpft Erlebnisse und Gefühle und nicht nur Gedanken-«Bytes». Jedes Urteil taucht eine Gegebenheit in das subjektive Fluidum einer Stimmung.

Man kann das Wertedenken neu entdecken, indem man seinen Spuren schrittweise folgt. Begriffe wie «Wald», «Leistung» oder «Manager» bringen wie ein Gongschlag ganze Reihen von Gefühlen zum Klingen. Je abstrakter der Begriff, das heisst je ferner von einer gegenständlichen Erfahrung, desto reicher ist das «Klangbild».

Ein emotionsgeladener Begriff wie «Leistung» löst sofort ein Erlebnis aus, das wiederum mit anderen Erlebnissen verkettet ist, die zum Teil gar nicht ins Bewusstsein gelangen, aber wie Oberton-Schwingungen die Vorstellung begleiten und deren Gestalt mitformen. Manchmal reichen diese Assoziationsketten bis zu alten Erfahrungen zurück, ja haben möglicherweise ihren Ursprung in einer überindividuellen Tradition (siehe Jung Archetypen und kollektives Unbewusstes, gesammelte Werke).

Die Erlebnis-Aura, die jeden Inhalt umschwebt, wird in zweiter Linie die Gewichtung des Inhaltes im Umfeld anderer Inhalte bestimmen (z. B. wie wichtig ist Leistung im Berufsleben?). Je nachdem erhält der Gedanke eine höhere oder geringere Bedeutsamkeit und wird weiter umkreist oder beiseite geschoben.

Gleichzeitig meldet die Gefühlslage die positive oder negative Tönung und gibt die Einstellung zur anstehenden Sache und den damit verbundenen Personen (z. B. wie ist die Einstellung zu leistungsschwachen Mitarbeitern?) Entweder erzeugt der Sachverhalt Wohlgefallen oder Ärger, Anziehung oder Ablehnung, Neugierde oder Verleugnung.

Schliesslich kann die ganze «kognitive» Landschaft, in der der erwähnte Begriff eingebettet ist, blitzlichtartig beleuchtet und damit das Theoriegebäude oder der Anschauungskomplex, in dem die Vorstellung archiviert ist, sichtbar werden (z. B. die Leistungstheorie, die jemand für sich entwickelt hat).

Auf eine Formel gebracht, gliedert sich der Wertevorgang somit in vier Stufen (E G E G, d. h. zweimal EG):

1. Einbettung in persönlichen Erfahrungen und Erlebnissen (Erlebnisbezug)
2. Prioritätensetzung (Gewichtung)
3. Positive oder negative Einfärbung (Einstellung)
4. Einordnung in eine Theorie oder Anschauung (Gerüst)

Wie Raum und Zeit im Faktendenken so ist das Gefühl eine kategoriale Erfahrungsvoraussetzung im Wertedenken. Da sich empirisch Fakten- und Wertedenken nicht trennen lässt, ist das Gefühl im Erlebnisbezug, in der Gewichtung, Einstellung und im Gerüst immer dabei. Denn für die menschliche Wahrnehmung gibt es imgrunde gar kein reines Faktum, sondern nur Annahmen, die nicht einmal immer in gesichertes Wissen umgewandelt werden können, sondern immer «Vermutungswissen» bleiben (Popper, 1984; Feyerabend, 1981; Maturana, 1987). Dieser Sachverhalt muss jedem einseitigen Manager-Technokrat, der sein Heil in der Intelligenz, Technik und Wissenschaft sucht, auf die Tagesordnung gesetzt werden.

Nach der gleichen Sequenz des Werteaufbaus lassen sich Fakten werteanalytisch aufschlüsseln:

Übung: ***Auf den Spuren des Wertevorganges***

Gehen Sie von einem schwer lösbaren oder von einem unerreichten Ziel aus! Oder suchen Sie nach einer beispielhaften Stress-Situation oder nach einem betrieblichen Engpass! Kristallisieren Sie die Wertedimension nach folgenden Schritten heraus!

1. Erlebnis (Was fühle ich?)

2. Gewichtung (Welchen Stellenwert hat das Ereignis für mich?)

3. Einstellung (Wie ist die Beziehung zum Problem und den Personen?)

4. Gerüst (Welche Philosophie oder Theorie steckt dahinter?)

2.2.2

Das Wertedenken in Organisationen

Wieviel mehr muss an einem Ort, wo hunderte von Menschen das gleiche Ziel verfolgen, die Kraft von Wertsetzungen wirken als beim einzelnen Menschen! Nur zu eindrücklich hat uns die Geschichte immer wieder gelehrt, wie die Wucht geballter Werte ganze Völker zum Heil und zum Verderben in Bewegung setzt. Nur zu eindringlich machen uns die Werbefachleute glauben, dass die nach aussen ausstrahlende Werte einer Organisation (corporate identity) deren Ansehen in der Öffentlichkeit prägen. Inzwischen ist auch kaum einer, der sich die Blösse leisten würde, Unternehmenskultur nicht als einen wichtigen Erfolgsfaktor zu bezeichnen. Allein diese Eingeständnisse sind oft Konstrukt eines klugen Verstandes und Ausgeburt eines eigennützigen Prestigestrebens und noch selten gelebte Führungskunst.

Der Wertdenker

Denn dann müssten Entscheidungen anders aufgezäunt und umgesetzt werden. Ihnen hätte eine Wertediskussion vorauszugehen, welche die persönlichen Wertvorstellungen einflussreicher Manager auf den Tisch brächten. Sie müssten die im Unternehmen in Gestalt versteckter Normen und Haltungen lebenden Werte als Voraussetzung einbeziehen. Sie hätten den Stil des Unternehmens als Grenzwerte einzukalkulieren und das Unternehmen da weiterzuführen, wo es gegenwärtig steht, und zu dem, was es vermag.

Die «harte» Faktenbetrachtung müsste also durch eine «weiche» Wertebetrachtung ergänzt werden, die sich leider nicht so vornehm auf absolute Grössen abstützen kann, sondern den Mut auf die Probe stellt, wie viele der praktischen Beispiele zeigen:

Faktenbetrachtung	***Wertebetrachtung***
Hamburger haben gemäss Marktforschung keine Chancen	Hamburger haben eine echte Chance in einer sich entwickelnden Fastfood-Kultur
Spezialisten für Grosscomputer werden nur zu ihrem Schaden Personal-Computer in ihr Sortiment aufnehmen	Personal-Computer ist die Leitwährung der Informatik der Zukunft. Keiner kommt daran vorbei.
Die Hardware bestimmt den Computerverkauf. Also Hardware entwickeln!	Software wird in Zukunft wichtiger als Hardware
= beweisbares Resultat (z. B. Marktforschung)	= wertorientierte Annahme (z. B. Introspektion)

Weder die eine Seite, noch die andere ist absolut wahr, beides ist richtig. Wertedenken vervollständigt jedoch die Realität und ermöglicht wahrzunehmen, was «in der Luft» liegt und sich noch nicht als Faktum auskristallisiert hat.

Wie jeder Mensch hat auch jede Organisation, verstanden als lebendiger Organismus seine Wertekultur, die sich zum besseren Verständnis in eine Ordnung auffächern lässt. Zunächst sind Werte im Unternehmen in Form von Ideen, Tendenzen, Plänen in den Köpfen einzelner vorhanden, bis sie sich zu einem Verhalten entwickeln, das automatisiert abläuft. Damit hat sich ein Wert in eine Norm verfestigt, die als Regel akzeptiert und befolgt wird. Ist diese Normausrichtung zur Selbstverständlichkeit geworden und wird sie intuitiv befolgt, so dass nur ein neuer Mitarbeiter sie noch als typisch erkennt, hat sich die Norm in das Kulturleben integriert und gehört zum «Stil» des Unternehmens. Dieser wirkt auf die Gesamtstimmung ein und gibt den herrschenden Grundton an.

In eine kurze Formel verpackt, entwickelt sich das Wertdenken in einer Organisation wie folgt.

Elemente der Wertwelt des Unternehmens
(Unternehmenskultur)

1. *Werte:* Verdichtung von Einzelwerten zu Gruppen- oder

Bereichs*werten,* die sich sichtbar auf das Verhalten auswirken (z. B. Umsetzung einer neuen Führungsstrategie)
2. *Normen:* Bildung einer Verhaltens- und Einstellungs*norm* (Gewohnheit), die allgemein akzeptiert wird
3. *Stil:* Entstehung eines Unternehmens-*Stils,* wenn die Einhaltung der Norm zur sozialen Selbstverständlichkeit geworden ist und nicht mehr registriert wird
4. *Stimmung:* Einfärbung der Grund*stimmung* im Sinne des selbstverständlichen Stils, Entstehung einer nicht mehr reflektierten «Atmosphäre» oder eines unbewussten «Erscheinungsbildes».

Faktendenken und Wertedenken ist Alltagsgut, jedem geläufig. Ebenso vertraut ist jedem, wie oft sich die beiden Betrachtungsweisen widersprechen. Hier stellt sich für den Manager die Kernfrage: Flüchtet er sich in ein zwiespältiges Doppelleben mit Doppelmoral oder gelingt es ihm, beide Seiten zu einem echten einheitlichen Reden und Entscheiden zu verbinden, so dass sich die Mitarbeiter an einer identischen Persönlichkeit orientieren können?

2.3

Das Ziel: Echtes und eindeutiges Reden und Entscheiden

Die Folgen einer nicht zur Deckung kommenden Fakten- und Wertebetrachtung sind für die Managementpraxis verheerend. «Das Doppelleben des Managers hat begonnen, längst bevor er den Rang eines Managers erreicht hat. Je tougher, energiegeladener und emotionsärmer der junge Anfänger in einem Unternehmen auftritt, desto mehr erwirkt er sich den Ruf eines Könners. Leidenschaften, Ängste, Sorgen, Lieblingsprojekte, Vorlieben für besondere Dinge, emotionelle Ambitionen hat ein Manager nicht zu haben, der in wirtschaftlichen Analysen und in Renditeberechnungen das Heil seines Unternehmenslebens sucht.» (Bauer, 1987, S. 38)

So schwankt der Manager zwischen erzwungenem Faktendenken und nicht zurückdrängbarem Wertedenken hin und her, lebt das Faktendenken bis zur eigenen Verunstaltung im Unternehmen, um im Privatleben ins andere

Extrem zu fallen. An beiden Orten spielt er Rollen, die ihn nur als halben Menschen leben lassen. Was Wunder, wenn er sich in diesem Maskeradenspiel nie zu einer echten Persönlichkeit entwickelt, zu der die Mitarbeiter aufschauen können.

Die Aufhellung des Wertedenkens soll diesen Zwiespalt des Managers nicht noch vergrössern, sondern ihn dazu zwingen, sich auf sich selbst zu besinnen und den Werte-Fakten-Streit mit sich selbst auszutragen, bevor er vor seine Mitarbeiter tritt. Nur so wird er die Echtheit und Eindeutigkeit im Entscheiden und Anweisen gewinnen, die er für seine Glaubwürdigkeit braucht. Wertedenken verschafft dem Manager wieder das, was ihm heute an vielen Orten und im Bild der Öffentlichkeit so mangelt: Untrüglichkeit, Handgreiflichkeit oder schlicht Überzeugungskraft.

Die Kraft echter Überzeugung ist aus zwei Quellen zu schöpfen:

1. Einfach denken und handeln!
   «Ein-Fältigkeit» entsteht durch inutitives Verdichten von Informationen aus der Fakten- und Wertewelt, ein Vorgang, der Reife und Reifezeit benötigt und ohne innere Auseinandersetzung nicht auskommt.
2. Gemeinsam denken und handeln!
   Überzeugung entsteht nicht durch Alleingang, sondern durch Wachsen im echten Werte-Austausch mit der Umwelt. Dazu muss der Manager zuerst seine Werte kennen und sich sein Urteil unbestechlich gebildet haben. Alsdann wird er aus der Wertediskussion mit seinen Mitarbeitern zusätzlich lernen.

Das Ziel ist einleuchtend, der Weg jedoch steinig und voller Hindernisse. Vor allem setzt er auch einige Kenntnisse der Werte-«Landschaft» und der Werte-Verhandlungsstrategie voraus.

2.4

Der Weg: Verhandeln und Handeln

Zunächst ist das Erkennungsorgan für Werte zu sensibilisieren. Trainingsgelegenheit dazu bietet jedes Führungsgespräch. Suchen Sie sich bei jeder Äusserung das

Wertgewebe, dessen Muster aus dem Zusammenfügen der Einzelgedanken ersichtlich wird. Vor allem sind die vorherrschenden Wertakzente an der Wiederholung und Emotionsgeladenheit von Aussagen erkennbar. (1. Werte klären)

Sodann sind Wertgleichheiten und Wertunterschiede festzuhalten und auf ihre Relevanz hinsichtlich der offenen Fragen zu untersuchen. Dabei müssen die Hintergründe der relevanten Wertinkongruenzen ausgeleuchtet werden. Unter Umständen ist eine regelrechte Wert-Erforschung anzulegen. Die Auslegeordnung erweitert das Verständnis und öffnet Türen zu möglichen Wertübereinstimmungen. Wo auf diesem Weg kein Konsens erzielt wird, sind Wertunterschiede auszuhandeln, bis ein Kontrakt geschlossen werden kann. (2. Werte verhandeln)

Schliesslich ist auf der Grundlage des Wertkonsens zur Tat zu schreiten. Wichtig ist hier das Probehandeln, das auch ohne perfekte Konzepte und Theoriegebäude einsetzen darf und seine Bewährungsprobe in der nicht vorwegnehmbaren Praxis zu leisten hat. Das Modell der Aktionsforschung in der Wissenschaftstheorie dient dabei als Vorbild. Die drei Schritte des Wertedenkens und Wertehandelns werden im Etikett «Value-Action-Leadership» zusammengefasst. (3. Wertorientiert Handeln)

2.4.1

Werte klären

Wer seine und fremde Wertelandschaften erkunden will, sollte vorerst die Wertelandkarte studieren. Wertelandschaften sind ohnehin Urwälder, unwegsam und voller Überraschungen, so dass mindestens einige Grundkategorien auf die Vielfalt vorbereiten können (Müri, 1985).

Karte der Wertelandschaft

1. biologische Antriebe
   (Nahrung, Fortpflanzung, Sicherheit)
2. menschliche Antriebe
   (Kontaktstreben, Anerkennungsstreben, Selbstverwirklichungsstreben)
3. epochaltypische Werte
   (Tapferkeit im Rittertum; Leistung in der Industriegesellschaft; Verstandesdenken seit der Aufklärung)
4. regionale Kulturwerte
   (kompetitive-individualistische Durchsetzung in den USA, konsensorientierte und kooperative in Japan)

5. sozialschichtspezifische Werte
(Gehorsam in der Grundschicht, Wissbegierde in der Oberschicht)
6. Gelernte Werte
(Wissen aus Schulbildung, Fortbildung, Lektüre, Gesprächen)
7. Werte des Umfeldes
(Wertsetzungen der Bezugsgruppen in Beruf und Freizeit, im Laufe des Lebens angenommen)
8. Erfahrungswerte
(stark erlebte und nachwirkende Berufs- und Lebenserfahrung)
9. Werte des Elternhauses
(Familientradition, übernommene Werte der Eltern aus der Kind- und Jugendzeit)
10. Lebenswerte
(Selbstwert, Beziehungs- und Zuwendungshaltung, Lebensgrundstimmung;
Ideale und Tabus und ihre Veränderung im Laufe des Lebens, Weltanschauung und Lebensziel; einverleibte Werte von lebenswichtigen Beziehungspersonen;

Erfahrungswerte

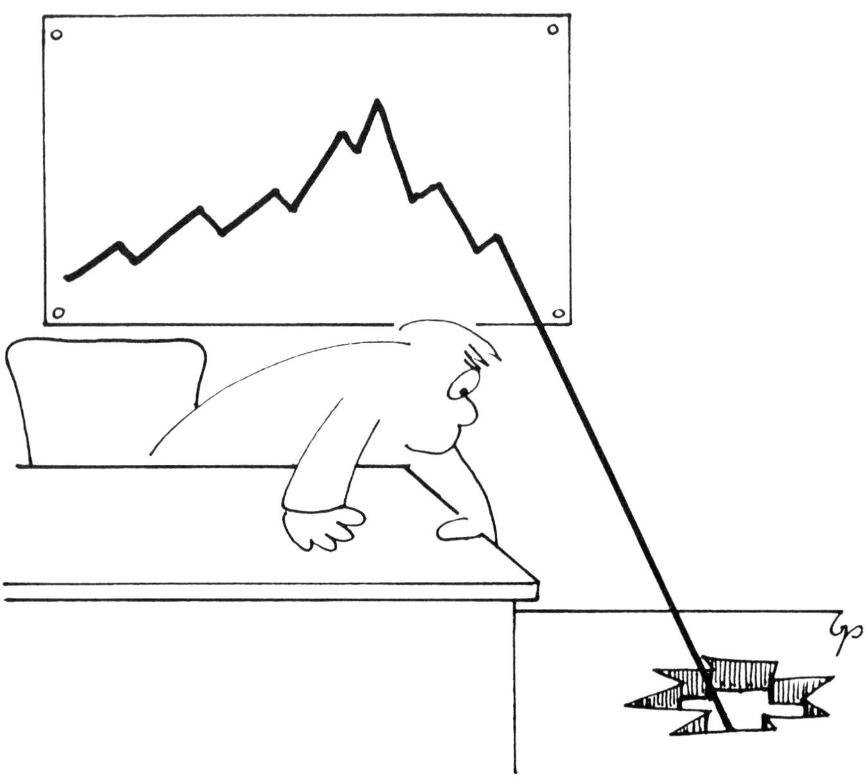

Am Kopf und am Fuss dieser Liste sind jene Werte zu finden, die sich am stärksten einer Veränderung widersetzen und gleichzeitig nicht an sich wahrgenommen werden. In der Werteverhandlung sind sie zu respektieren, da sie leicht Stoff für einen eskalierenden Wertekonflikt abgeben. Vor allem die gefestigten Lebenswerte gehören zu den resistenten Wertmustern, die nicht verhindert werden können und die aufzubrechen einer psychotherapeutischen Behandlung vorbehalten bleiben muss. (Beispiele dazu siehe «unlösbare Konflikte» I/2).

Möchten Sie Ihre eigene Wertelandkarte erforschen, nehmen Sie einige typische Wertbegriffe der Berufskultur und versuchen Sie zuerst eine Prioritätenordnung herzustellen (siehe nachfolgende Liste). Die Rangreihe vermittelt bereits ein Abbild Ihrer Lebenswerte. Gehen Sie nun den Wurzeln der Werte mit hoher Priorität und mit geringer Priorität nach und finden Sie Lebenssituationen und Personen, welche die Werte prägen halfen oder sie bestätigten.

Übung: ***Analyse der eigenen Wertekarte***

Rangieren Sie folgende Begriffe nach Ihrer Bedeutung für Sie in Ihrem Berufsleben! (Gewichtung 1 bis 10). Begründen Sie anschliessend die drei Begriffe mit den höchsten und kleinsten Punktzahl und tragen Sie das Ergebnis Ihrer Analyse einer Beziehungsperson vor, die Sie gut kennt.

	Gewicht:
Einflussreichtum	______
Fachwissen	______
Bekanntheitsgrad	______
Einkommen	______
Unabhängigkeit	______
Sicherheit	______
Selbstverwirklichung	______
Vergnügen	______
Kontakt	______
Pflichterfüllung	______

2.4.2

Werte verhandeln

Werthaltungen werden problematisch, wenn sie sich nicht mit dem Umfeld decken. Da jedes Unternehmensziel ausgesprochen stark mit Wertgehalten gefüllt ist, ergeben sich im Führen mit Zielen von selbst Wertediskussionen. Ziele vereinbaren bedeutet imgrunde Wertvorstellungen über geplante Ergebnisse zur Deckung zu bringen, so dass der deckungsgleiche Werthintergrund einen gemeinsam akzeptablen Weg und eine ähnliche Interpretation von Abweichungen garantiert.

Dazu muss die dialektische Verhandlungsführung (Fisher, 1984) erweitert werden. Zur Aufdeckung und Akzeptation der Gegensätze kommt die psychologische Analyse der persönlichen Hintergründe hinzu. Besonderes Gewicht fällt auf die Wahl einer Kontraktebene, auf der die Werte zur Übereinstimmung gebracht und zum Ausgangspunkt gemeinsamen Handelns erklärt werden.

Der Muster-Ablauf, der naturgemäss nur Richtwerte vermittelt, sieht folgendermassen aus:

Leitfaden für Werteverhandlung

1. Haltung (im voraus und laufend zu prüfen, Näheres siehe Kälin/Müri, 1985):

   1.1 Gewinner-Gewinner-Haltung, Partner akzeptieren
   1.2 Offen und direkt Werte ausdrücken
   1.3 Werte des Partners annehmen und ernst nehmen
   1.4 Aktiv zuhören und rückfragend Werte bestätigen

2. Analyse (jeweils die eine Partei, dann die andere):

   2.1 Zielvorstellung konkret als Ergebnis beschreiben
   2.2 Ziel von der Meinungsbildung her begründen
   2.3 Motivationen für das Ziel erforschen und deklarieren
   2.4 Zugrundeliegende Theorie entwickeln und verständlich machen
   2.5 Nach historischen Wurzeln von «Festgelegtheiten» suchen (Auslösesituation) und eröffnen
   2.6 Ähnliche Situationen mit gleichem Verlauf in der Lebensgeschichte suchen und Muster benennen

3. Verhandlung (nachdem beide Seiten Ziel ausgelegt haben):

   3.1 Gemeinsame Werte festhalten
   3.2 Wertunterschiede herausstellen
   3.3 Fixe Werte vor allem bei Wertunterschieden erkennen und wenn möglich relativieren
   3.4 Gemeinsamen Handlungs-Spielraum abstecken
   3.5 Mögliche Wertannäherungen erkennen und diskutieren
   3.6 Kontraktideen darauf basierend entwickeln

4. Kontrakt:

   4.1 Neue Übereinstimmung klar definieren (evtl. als Kontrakt schriftlich festhalten)
   4.2 Gültigkeitszone mehrfach abgrenzen
   4.3 Gegenseitig Hilfen bei Abweichungen vorsehen
   4.4 Sanktionen bei Nichterfüllung des Kontraktes vereinbaren

2.4.3

Wertorientiert handeln

Der Wertewandel in der Gesellschaft und dessen Bedeutung für die Erfassung von Marktbedürfnissen gehört längstens zur eisernen Wissensration des Managers. Allerdings meistern nur wenige Manager die echte Umstellung vom Faktendenken zum wertorientierten Handeln. Die klugen Bücher werden zwar gelesen, die Kurse eifrig konsumiert und der Unternehmenskultur durch symbolträchtige Zeichensetzung gehuldigt, aber darnach gehandelt und gelebt wird selten. Meist liegt es daran, dass die Werteklärung und Werteverhandlung nicht in die nötige Tiefe vorgetrieben werden, die ein entsprechendes Handeln von selbst einleiten. Dem wertorientierten Handeln muss also unbedingt ein vertieftes Wert-Denken in der Willensbildung vorausgehen (siehe II/1.).

Oft schleicht sich am Übergang vom Denken zum Handeln eine seltsame Hemmung ein, die letztlich wieder in den nicht zu bändigenden Impulsen des Faktendenkens beheimatet ist. Es sind die bereits früher genannten «Erbsünden des Managements» wie der Perfektionismus, der stets ein unrealistisches Maximum verlangt, die Ordnungstreue, die kein Handeln ausserhalb der bewährten Ordnung gestattet, die Ja-Amen-Kultur, die sich stets des Beifalls der vorgesetzten Instanzen versichern will usf.

Die Wertmuster des Faktendenkens halten den Tatwilligen zurück und fordern mehrfache Absicherung durch minutiöse Planung.

Wohl braucht es ein planendes Vorausschauen bei der Durchführung. Aber hier darf das Planen nicht nochmals auf der Stufe der Konzepterstellung gefordert werden, so dass die gefundene Wertkonstellation nochmals und nochmals durchleuchtet wird. Das Vertrauen in den eigenen Instinkt und in die eigene Intuition sollte nicht im letzten Augenblick den hoffnungsvollen Wertedenker verlassen, sondern ihm den ersten Schritt zum Handeln erleichtern.

Unter Umständen muss der Zögernde mit einem Stoss ins Wasser als Nichtschwimmer zum Schwimmen gebracht werden. Wer sich diesen Sprung nicht selbst zumutet, sollte sich im Kontrakt mit einem Kollegen einen Sachzwang schaffen. Denn wirkliches Lernen kann nicht durch Planung vorweg genommen werden. Nur im Tun werden die entscheidenden Erfahrungen gewonnen. Aus den Abweichungen und Störungen, also aus den Fehlern wird gelernt. Echte Innovation ist noch nie im Denklabor entstanden, sondern nur beim Probehandeln im Feld draussen.

Handeln heisst für die Führungskraft entscheiden, anregen, einweisen und Kommunikationskanäle aktiv unterhalten und vor allem Spielraum für Experimente und Fehler zulassen. Zum Ingangsetzen gehört das Begleiten und Betreuen der Aktion. Ein waches Auge soll auf den «inneren» Verlauf der Umsetzung geworfen werden. Welche Dynamik breitet sich aus? Wie und warum ändert sie sich? Welche neuen schöpferischen Ansatzpunkte melden sich unterschwellig? Und wo der Karren sich festfährt, setzen sofort neue Wertanalysen und neue Wertverhandlungen ein mit ebenso flottem Auftakt zum neuen Marsch.

Dieser Balanceakt ohne Netz, in den Sozialwissenschaften als Aktionsforschung bekannt (Horn, 1979), verwirrt den traditionellen Manager, der sich lieber auf die Wissensammlung und das sichere lineare Denken zurückzieht. Kennzeichnend für diese Vorgehensweise ist jedoch das zyklische Modell des Vorgehens mit rückkoppelndem Feedback und eine volle emotionale Beteiligung. Der Manager wechselt damit vom Begutachter und Richter zum Betroffenen und Engagierten (Moser, 1977).

Setzt man nun das Wertedenken und Wertehandeln zu einer Einheit zusammen, entsteht ein neues Management, das mit dem heute gepflegten Funktionalismus wenig Gemeinsames hat. Seine Stärke liegt in der intuitiven und gefühlshaften Orientierung und im entschlossenen Umsetzen des Wertekonsens in die Tat und schliesslich in einem laufenden, wachen Lernprozess während der faktischen Erprobung. Wir nennen es «Value-Action-Leadership».

Value	=	Orientierung an Werten: Wertehandlung als Basis für die Entwicklung
Action	=	Aktionsforschung: im Handeln, Forschen und Lernen
Leader-Ship	=	Haltung ist wichtiger als das Verhalten und das Machen

Die Orientierungshilfen, welche die Handlungsrichtung bestimmen, sind primär Wertvorstellungen. Der ganze Prozess wird nicht aus einer Management-Haltung, sondern aus einer *Leader*-Haltung gesteuert, welche die Unwägbarkeit und Vieldimensionalität des Menschen als Quelle für erneuernde Entwicklung nutzt. Der Prozess wird als Lernen aufgezogen, so dass rollend geplant und aus Fehlern laufend gelernt wird, nicht nur auf rationaler, sondern auch arationaler Ebene (siehe II/1).

2.5

Die Praxis des «Value-Action-Leadership»

2.5.1

Das Wertedenken bei der Definition von Zuständigkeiten

Das Value-Action-Leadership gestaltet eine Organisationsstruktur nach ganz anderen Kriterien, als dies die Organisationslehre vorschreibt. Dazu muss sich der Value-Action-Leader zuerst von der herrschenden Organisationslogik befreien.

Anforderung an eine Aufbaustruktur aufgrund der Organisationslehre	*Relativierung der Organisationslogik*
Eine Aufbauorganisation muss sein:	kann und darf sein:
zweckmässig und zielgerichtet	unzweckmässig, dafür sinnvoll
stabil und elastisch gleichzeitig	im Ungleichgewicht mit Spannungen
koordinierend und Kooperation fördernd	trennend, Grenzen betonend
wirtschaftlich zugunsten betriebswirtschaftlichem Output	unwirtschaftlich, zugunsten Potentialausschöpfung
einheitlich, nach sachlichen Kriterien	uneinheitlich, nach personellen Kriterien
organisationslogisch und konsequent	psychologisch und inkonsequent

Das Wertedenken kennt keine optimale, keine richtige Struktur. Die Regelung der Zuständigkeit entsteht durch Absprachen, die nur für die jeweilige Werthaltung und Wertorientierung der Beteiligten (und nicht von aussenstehenden Fachexperten) Gültigkeit hat. Die jeweils richtige

Zuständigkeitsordnung muss also interaktiv gesucht und gefunden werden. Da es dabei immer auch um Personen geht, spielen die persönlichen Möglichkeiten der Mitarbeitenden und die Beurteilung des Human-Potentials durch das Umfeld eine ebenso wichtige Rolle wie die Ablaufstruktur.

Für die Praxis der Reorganisation ergeben sich dadurch neue Vorgehensweisen:

1. Das Strukturprinzip lässt sich nicht logisch aus der Politik und der Strategie ableiten, sondern wird von Beteiligten selbst als Essenz aus der gelebten Wirklichkeit destilliert durch einen interaktiven Erarbeitungsprozess. Die Kernqualität der Strategie und deren Übersetzung in Organisationsleitwerte sieht oft in den Augen der Betroffenen und Verantwortlichen gänzlich anders aus als systematisch vorgehende Stabsfachleute ermitteln.

2. Eine Struktur hat gleichzeitig das aktuelle Kernproblem des Unternehmens zu lösen oder mindestens die Kernschwierigkeit zu berücksichtigen. Auch diese ist nicht von aussen ableitbar, sondern ergibt sich durch Zusammentragen von vielen subjektiven Wertvorstellungen und deren Garwerden in einem kreativen Austauschprozess (siehe Müri, 1984).

3. Eine Zuständigkeit ist interpretationswürdig. Erfahrungsgemäss verschiebt sich durch die Bekleidung der Funktion mit einem selbständig denkenden Menschen deren von oben oder aussen vorgegebene, ursprüngliche Bedeutung. Glücklicherweise, denn eine Stelle lebt und ist kein totes Kästchen auf einem Papier. Deshalb ist vor der definitiven Ordnung die Zuständigkeits-Interpretation des zukünftigen Stelleninhabers anzuhören.

4. Zuständigkeiten vereinbaren, setzt voraus, dass die Fach- und Führungskompetenz des zukünftigen Stelleninhabers an die Anforderungen der Stelle angepasst ist. Die Kompetenz einer Person ist kein wissenschaftliches Faktum, sondern das Ergebnis der Beurteilung durch das Umfeld. Deshalb ist die zugehörige Arbeitsgruppe darnach abzufragen und die Werturteile auf Echtheit abzuklopfen.

5. Jede Einordnung von Personen setzt Machtkämpfe in Gang. Diese zu verleugnen oder zu vertuschen, vertreibt sie nur in den Untergrund. Der Value-Action-Leader legt

sie offen und lässt sie austragen. Der Ehrgeizige soll zu seinem Macht- oder Statusbedürfnis stehen, seine Motive darlegen können und die Auseinandersetzung darüber nicht scheuen. Die Kür der Anwärter darf ein offener (aber kein Schau-) Prozess sein.

6. Jede Reorganisation weckt Erwartungen, Bedürfnisse und Hoffnungen. Die Faktendenker übergehen diese persönlichen Ambitionen, aus Angst, später enttäuschen zu müssen. Der wertorientierte Manager weiss, dass jeder Wandel irgendwo Frustrationen hinterlässt. Diese dürfen kein Hinderungsgrund sein, Selbstverwirklichungsbedürfnisse zu artikulieren. Sie müssen aber nicht zwingend erfüllt werden, wenn sie einmal geäussert sind. Der Value-Action-Leader kann nein sagen.

7. Eine neue Struktur muss wachsen, aber auch eines Tages verbindlich definiert werden. Andererseits soll sie jederzeit widerrufen werden können, wenn die Verhältnisse ändern. Deshalb kann eine neue Struktur nicht mit einem scharfen Schnitt für endgültig gestartet werden, sondern sie wird sich immer nur schleifend und schleppend einführen lassen, auch wenn das Änderungsdatum offiziell fixiert wird.

2.5.2

Das Wertedenken bei der Zielvereinbarung (MbO)

Vorweg gelten auch hier einige allgemeine Regeln, die helfen sollen, sich vom reinen Faktendenken im Führen mit Zielen zu befreien:

- Es gibt kein richtiges Ziel (und damit auch kein falsches), jedes Ziel ist das Konstrukt einer menschlichen Gruppierung
- Ein Ziel entsteht aufgrund von Wertsetzungen, die nicht beliebig verändert werden können, aber mindestens transparent sein müssen
- Eine hohe Zielidentifikation entsteht, wenn Sachinhalt und persönliche Werte möglichst zur Deckung kommen
- Ein gefühlsmässig negativ besetztes Ziel führt zu keinem positiven Ergebnis. Unerwünschte Ziele können jedoch durch Wertediskussionen positiv besetzt werden.
- Eine endgültige Lösung von Zielkonflikten ist selten

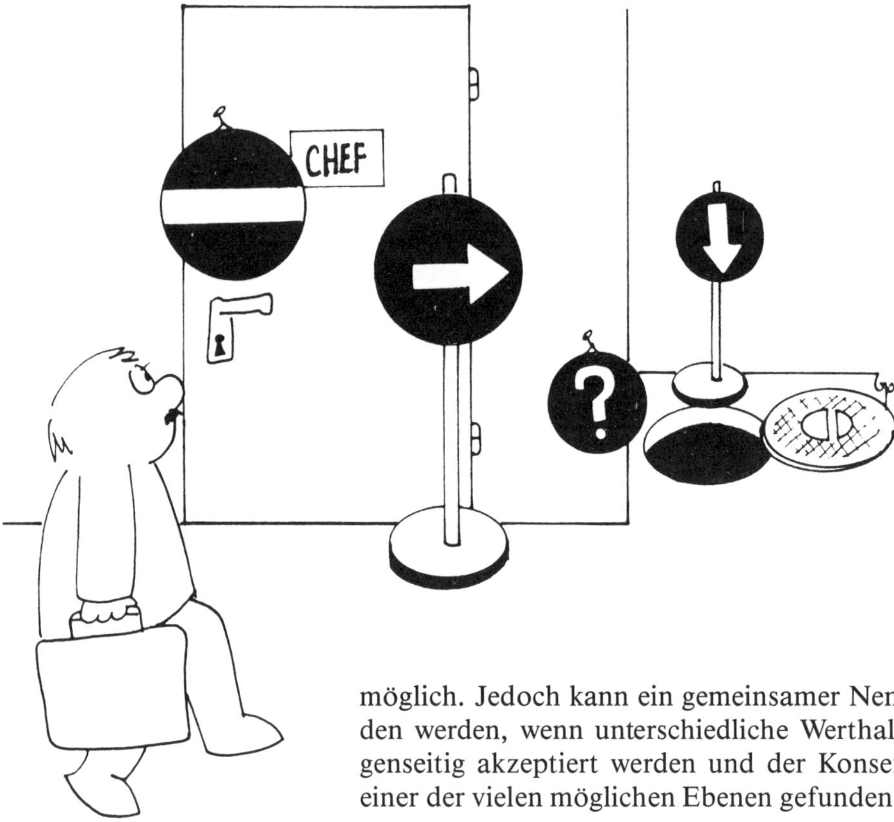

möglich. Jedoch kann ein gemeinsamer Nenner gefunden werden, wenn unterschiedliche Werthaltungen gegenseitig akzeptiert werden und der Konsens nur auf einer der vielen möglichen Ebenen gefunden wird.

Zielkonflikte

Der Wertehintergrund von Zielen kann ohne grosse Schwierigkeiten ausgeleuchtet werden, wenn die Betroffenen bereit sind, ihre Karten auf den Tisch zu legen. Vier Schichten sind dabei zwiebelartig abzulösen und mit folgenden Suchfeldern aufzuschliessen:

1. Psychologischer Hintergrund:
   - Ziele möglichst handgreiflich veranschaulichen, Ergebnis sich bildlich und praktisch vorstellen
   - positive und negative Gefühle, die von Zielvorstellungen begleitet sind, benennen und erkennen; dadurch auch Mass an Energiebesetzung erfassen
   - Motivation, die hinter der Zielvorstellung steht, erforschen; erkennen, welchen persönlichen oder anderen Bedürfnissen das Ziel auch noch dient

2. Sozialer Hintergrund:
   - Erfahrungen, welche das Ziel stützen, erkennen (Berufserfahrung wie Lebenserfahrung); Entlarven der sogenannten Lieblingsidee

- Haltungen, welche dem Ziel zugrunde liegen, erfassen, inkl. Einstellungen zu Personen und Sachen, die sich im Laufe der Zeit zu Selbstverständlichkeiten entwickelten
- Entstehungsgeschichte der auf diese Weise gefundenen Wertmuster erforschen und dabei bis zu den frühen Erfahrungen zurückgehen

3. Autodynamik der Sache und des sozialen Umfeldes:
   - Zwänge, welche das Umfeld setzt, als solche erkennen und auf ihre Motivation untersuchen
   - Sachdynamik, das heisst die der Sache innewohnende Zielrichtung erfassen und auf ihre Gangart untersuchen, abgelöst von den persönlichen Befürchtungen und Erwartungen
   - Organisationsdynamik, das heisst die der Organisation innewohnenden Kräfte erkennen und aus der Geschichte verstehen, unabhängig von den Zielsetzungen der Leitung; diese Kräfte aktivieren und nutzen.

4. Projektionshintergrund:
   - Erwartungen und Befürchtungen bei der Zielfindung abhören und auf eigene Anteile untersuchen
   - Muss- und Sollvorstellungen, die in den Zielideen vorhanden sind, herausschälen und als persönliche Anteile in Frage stellen (Mussvorstellungen = innere Gebote und Verbote, Sollvorstellungen = einverleibte Normen der Gesellschaft)
   - Idealbilder und Visionen auftauchen lassen, um zu erkennen, welche persönlichen Wunschbilder darin enthalten sind

Die Enthüllung der hintergründigen Werte dient nicht - das sei nochmals betont - dazu, subjektive Anteile an den Pranger zu stellen. Die subjektiven Anteile sind im Gegenteil in den Zielvorgang einzubeziehen. Der Anspruch, der sich damit häufig verbindet, wird im Regelfall nicht gänzlich erfüllt werden können. Die daraus folgende Verzichtleistung ist sowohl vom Betroffenen wie vom verursachenden Vorgesetzten zu tragen.

Die Beispiele mögen den Anschein erwecken, dass das Faktendenken neben dem Wertedenken eine untergeordnete Rolle zugewiesen erhalten habe. Dem ist nicht so. Wir sind auf Facts und Figures als tragendes Gerüst angewiesen. Aber erst «Fleisch und Blut», das heisst die Werte, machen daraus etwas Vollständiges. Wenn Werte transparent sind, lässt sich auch klar ausmachen, welche Fakten wirklich Fakten sind und welche Fakten als solche ausgegeben, aber unbemerkt als Gefühle gehandelt werden.

Hier liegt die Krux unserer Zeit und der Ursprung unseres starken Bedürfnisses nach Glaubwürdigkeit: Fakten und Gefühle sind nicht mehr identisch und das eine wird als das andere verkauft. Das Wertedenken schafft hier Klarheit.

3

Komplexe Systeme einfach steuern

Klaus Geisshüsler

Immer mehr Manager kommen in eine persönliche Krise, weil sie kaum mehr verstehen, was ihre Mitarbeiter tun. Sie verstehen oft ebenso wenig, warum ihr Unternehmen Erfolg hat, oder warum es keinen Erfolg hat, obwohl sie alle Entscheide gewissenhaft vorbereitet, beurteilt und durchgesetzt haben. Die Grenzen der Vernunft werden sichtbarer denn je. Sind es die Grenzen des Möglichen, die Grenzen der menschlichen Kapazität oder nur die Grenzen eines Verhaltenskonzeptes, welches jahrzehntelang erfolgreich war?

Die Komplexität der Systeme, die wir managen, steigt mit jedem Tag. Die Entscheidungskriterien weiten sich aus ins Unermessliche und sind gleichzeitig miteinander auf eine Art vernetzt, die wir nie voll in den Griff bekommen werden:

- Zunehmende Ökologisierung. Umwelt als neue Systemvariable auf einer höheren Ebene.
- Konkurrenzdruck durch Ausnivellierung der Produkte und Internationalisierung der Märkte.
- Schnellere und vernetztere Informationssysteme.
- Politisierung der Wirtschaft durch Gesetze, Vorschriften und Einflüsse aus dem staatlichen Bereich.
- Emanzipierung der Arbeitnehmer, kombiniert mit erhöhter Mobilität, neuen sozialen Lebensformen und individuellen Zielen, die über den materiellen Wohlstand hinausgehen.

Die Veränderungsgeschwindigkeit in all diesen Punkten nimmt laufend zu. Als Manager stehen Sie dieser Beschleunigung gegenüber, ob Sie wollen oder nicht! Ein Unternehmen kann deshalb nicht mehr gleich geführt werden wie vor 10 Jahren. Wenn sich die Zeit verändert, müssen sich auch die Manager verändern.

Welche Fähigkeiten sind morgen gefragt?

Ich werde versuchen, in 9 Grundsätzen einige «Führungsweisheiten» darzulegen, von denen wir heute wissen, dass sie helfen, komplexe Systeme zu managen. Ihnen allen liegt eine gemeinsame Philosophie zugrunde:

Der zunehmenden Komplexität mit Vereinfachung begegnen.
Der zunehmenden Veränderungsgeschwindigkeit mit Ruhe entgegentreten.

Der neue Manager wird nicht mit immer mehr Hektik immer ausgefeiltere Systeme erarbeiten und überwachen, sondern er wird immer mehr «in sich horchen» und vereinfacht planen und steuern.

3.1

Grundsatz 1: Impulse setzen durch klare Ziele

Am Anfang jeder Tat steht die Energie. Energie ist der Motor für jede Handlung und jede Arbeit. Es ist eine irrige Annahme, Energie sei einfach da, sie müsse nur in die richtigen Bahnen gelenkt werden. Energie in den Menschen muss aufgebaut werden.

Wie können Sie menschliches Verhalten beeinflussen?

1. Durch Einsicht: es gelingt, den eigenen Willen des Mitarbciters zu mobilisieren.
2. Durch Belohnung: Sie setzen eine so hohe Belohnung, dass das Ziel attraktiv wird.
3. Durch Zwang: Sie haben die Mittel, das Verhalten zu erzwingen.
4. Durch Angst: Voraussetzung, die Sanktionsmöglichkeiten, die zur Verfügung stehen, sind genügend hoch.
5. Durch Manipulation: der Mitarbeiter wird über ein verdecktes Ziel zum Verhalten gebracht.

In komplexen Systemen werden alle Beeinflussungs-Strategien versagen, bei denen der Motor zu einem aktiven Handeln nicht im Mitarbeiter selbst liegt. Das langfristig erfolgsversprechendste Mittel ist die Einsicht. Wenn der Mitarbeiter einsieht, worum es geht, wenn er das Ziel

Am Anfang jeder Tat steht die Energie

verstanden hat, baut er Energie auf, d.h., es entsteht der eigene Wille zur Handlung. Das beste Führungsmittel dazu ist das Vereinbaren von klaren und konkreten Zielen. Je klarer Ihr Mitarbeiter weiss, was Sie von ihm verlangen und je besser er sich mit diesem Ziel identifizieren kann, desto höher liegt Ihre Chance, das Ergebnis zu erreichen.

Wie muss ein Ziel gestaltet sein, mit dem Sie Ihre Umgebung in Bewegung setzen können?

- Das gesetzte Ziel muss attraktiv sein. Es muss dem Mitarbeiter gelingen, darin auch eigene Bedürfnisse zu realisieren.
- Es muss klar, konkret und verständlich formuliert sein. Jedes Ziel muss unmissverständlich eindeutig sein.
- Es muss den Endzustand definieren bezüglich Quantität, Qualität und Zeit.
- Das Ziel muss einfach sein. Je komplexer die zu lösende Problematik ist, umso eindimensionaler müssen die Zielvorstellungen sein.

- Das Ziel muss für den Mitarbeiter hochgesteckt, aber erreichbar sein.
- Das Ziel muss schriftlich fixiert sein. Der Mitarbeiter muss es immer wieder durchlesen, vor Augen halten können.

Suchen Sie als Manager Ziele, welche diese Bedingungen erfüllen. Verwenden Sie Ihre Energie auf das Finden und Formulieren von Zielen! Sparen Sie Ihre Energie bei der laufenden Aufsicht! Zerbrechen Sie sich nicht den

Hochgesteckte, aber erreichbare Ziele

Kopf über das Wie der Zielerreichung! Halten Sie sich bereit für Hilfeleistungen auf dem Weg zur Zielerreichung, wann immer diese von Ihren Mitarbeitern gefragt werden! Denken Sie jedoch daran: sich helfen lassen, braucht Vertrauen! Nur die Tatsache, dass Ihre Türe offensteht, heisst noch nicht, dass die Mitarbeiter mit ihren Anliegen zu Ihnen kommen (eine offene Tür erleichtert ja auch die Kontrolle)!

3.2

Grundsatz 2: Eindeutige Rückmeldungen, nicht vage Echos

Beurteilen Sie jedes Ziel im Detail. Jeder Mensch braucht Rückmeldungen, anhand derer er den Kurs des eigenen Verhaltens feststellen und gegebenenfalls korrigieren kann. Je eindeutiger diese Rückmeldungen sind, desto mehr geben sie Sicherheit und Klarheit. Eine Grundsicherheit ist absolute Voraussetzung für das Mobilisieren von Energien in uns. Vage Echos erschweren unser Bedürfnis nach dieser Grundsicherheit. Jeder Mensch ist anfällig auf Echos, solange er keine klaren und präzisen Rückmeldungen hat.

Falls Sie sich als Vorgesetzter entschliessen, durch klare und eindeutige Rückmeldungen Potentiale zu aktivieren, dann beachten Sie die folgenden Regeln:

1. Teilen Sie Ihrem Mitarbeiter im voraus mit, dass Sie jedes Ziel klar und eindeutig beurteilen und ihm darüber Rückmeldung erstatten werden.
2. Beurteilen und besprechen Sie jedes Ziel. Wenn Sie die Zeit nicht finden, um jedes Ziel zu beurteilen, dann haben Sie entweder zu viele Ziele gesetzt oder Sie tun die strategisch falschen Dinge.
3. Beurteilen Sie vorrangig das Positive.
   - Seien Sie konkret, gehen Sie ins Detail. Begründen Sie, warum ein Ziel gut erreicht worden ist, warum Sie eine Arbeit als gut beurteilen.
   - Drücken Sie Ihre Freude aus darüber und sagen Sie, wie wichtig dies für Sie selbst und für die ganze Firma ist!

- Decken Sie ein Lob nicht mit einer Kritik zu. Sie nehmen dem Lob damit die mobilisierende Wirkung und sabotieren sich längerfristig selbst damit!
- Lassen Sie die positive Rückmeldung wirken! Freuen auch Sie sich selbst darüber, dass Sie loben konnten!

4. Beurteilen Sie klar und konkret die Fehler.
   - Sagen Sie Ihren Mitarbeitern, was sie falsch gemacht haben! Gehen Sie ins Detail! Sagen Sie konkret, was das gefühlsmässig für Sie heisst, wenn Fehler in Ihrem Unternehmen passieren!
   - Beurteilen Sie das beobachtete Verhalten, und nicht die Person als Ganzes!
   - Eine Kritik soll höchstens eine Minute dauern. Zerreden Sie diese Kritik nicht, lassen Sie sie wirken!
   - Betonen Sie, dass Sie viel von Ihrem Mitarbeiter halten, nicht aber von seiner Leistung in dieser speziellen Situation!
   - Vorbei ist vorbei: Seien Sie nie nachtragend!

Manche Menschen sehen aus wie Versager

*Jeder Mensch ist potentiell ein Könner.
Manche Menschen sehen aus wie Versager.
Lass Dich durch ihr Aussehen nicht täuschen!*
(Blanchard/Johnson)

3.3

Grundsatz 3: Eigendynamik provozieren

Komplexe Systeme müssen einfach gestaltet sein. Dem widerspricht leider oft die Realität. Firmen, die wachsen und komplexer werden, haben die Tendenz, sich immer komplizierter zu organisieren. Sie bauen Systeme und gegenseitige Verknüpfungen auf und werden damit immer weniger transparent. Dies gilt nicht nur für den Mitarbeiter an der Maschine, sondern auch für das Top-Management. Strukturen mit mehrdimensionalen Abhängigkeiten (z. B. Matrix-Organisationen) benötigen einen hohen Formalisierungsgrad und viel Verwaltungsaufwand. Da Koordination letztlich immer von den Menschen geleistet werden muss, steigt die Fehlerhäufigkeit, was wiederum nach komplexeren Kontroll- und Aufsichtssystemen ruft. Der Teufelskreis zum Organisations-Moloch und zur «Beamten-Mentalität» (im negativen Sinne) beginnt sich zu drehen.

Die Dinge werden immer verknüpfter

Die Lösung heisst Dezentralisierung und Schaffung von autonomen Arbeitseinheiten. Manager sind heute mehr und mehr aufgerufen, ihre Unternehmen so zu organisieren, dass Führungseinheiten selbst für ihr Ergebnis verantwortlich sind, selbst den Weg der Zielerreichung bestimmen. Damit bilden sie wieder ein transparentes System im komplexen Ganzen. Voraussetzung dazu ist eine extensive Informationspolitik. Um im Sinne des Ganzen handeln zu können, braucht eine solche «autonome» Einheit viel Information. Wer Informationen zurückhält, demotiviert, auch wenn er es selbst meist nicht merkt.

Eigendynamik ist nur in einfachen Systemeinheiten und mit genügend Handlungsspielräumen möglich.

Macht sich der Manager damit überflüssig?

Die Antwort ist JA und NEIN zugleich. Seine Aufgabe konzentriert sich darauf:

- für diese selbständigen Organisationseinheiten klare Ziele zu setzen
- durch die Koordination dieser Ziele das gesamte Unternehmen in die richtige Richtung zu steuern
- aktiv zu gewährleisten, dass diese Organisationseinheiten autonom handeln können.

3.4

Grundsatz 4: Kontrolle ist gut, Vertrauen ist besser

Nichts zeigt besser die Neuorientierung des Managers, als die Umkehrung solch traditioneller Führungslehrsätze. Die Kontrolle ist zwar nicht überflüssig, aber sie hat sich gewandelt in

- eine Kontrolle von vereinbarten Zielsetzungen
- gemeinsame Standortbestimmungen, ob die Zielrichtung noch stimmt, ob die Handlungsspielräume gewährleistet sind.

Die Überwachungsaufgabe des Managers ist damit keine Ausführungskontrolle mehr, sondern eine strategische Fernüberwachung. Systeme, welche ich nicht mehr «verstehe», kann ich nicht kontrollieren. Komplexe Systeme können nur noch mit einem grossen Mass an Vertrauen und Risikobereitschaft gesteuert werden. Es braucht Vertrauen in die Menschen, welche kleine transparente Teilsysteme lenken.

Kontrollieren kann ich nur, was ich selbst verstehe und beherrsche!

Diese tiefe Grundwahrheit macht heute manchem Vorgesetzten grosse Mühe. Das krampfhafte Bemühen, immer noch besser zu sein als die eigenen Mitarbeiter, zeugt von diesem Kampffeld. Nur – es handelt sich dabei um einen vergeblichen Kampf. Die Anstrengung ist umsonst, weil sie in die falsche Richtung geht. Letztlich ist es ein Kampf gegen sich selbst: Nicht zugeben können, dass andere ebenso fähig sind, Angst vor Verlust an Einfluss und Macht.

Versicherungsmentalität bei Managern ist nicht gefragt!

Die Tendenz weiter Kreise unserer Gesellschaft, alles abzusichern, läuft dem Führungsanspruch im Neuen Zeitalter entgegen.

Führung ohne Risikobereitschaft wird unmöglich. Führungsentscheide sind nicht versicherbar!

Wer glaubt, alle Entscheide durch sorgfältigste Analysen absichern zu können, der irrt. Je komplexer die Systeme, umso weniger werden Entscheide rational fällbar. Hier brauchen Sie als Manager neue Fähigkeiten und neue Einstellungen:

Akzeptieren Sie, dass

- Analysen und Machbarkeitsstudien höchstens Entscheidungshinweise sind, keinesfalls determinierende Handlungsaxiome;
- die meisten Managemententscheide Ermessensentscheide sind;
- Sie als Manager die Verantwortung tragen, auch wenn Sie nicht alles im Griff haben.

3.5

Grundsatz 5: Zum Kernproblem vorstossen

Im Neuen Zeitalter sind Probleme nicht mehr tabu. Aussprüche wie: «Probleme haben wir keine», «Wenn ein Problem auftaucht, schaffen wir das sofort aus der Welt» oder «Alle Probleme sind lösbar», zeigen eine antiquierte Einstellung von Management, welche am real Machbaren vorbeischaut, meist gekoppelt mit einer Portion Selbstüberschätzung. Wir müssen versuchen, eine neue Einstellung zu finden:

- Probleme darf man haben, auch als Vorgesetzter.
- Oberstes Ziel ist nicht, Probleme aus der Welt zu schaffen, sondern Probleme transparent zu machen. Damit verlieren diese ihre nervenverzehrende Energie.
- Es wird immer unlösbare Probleme geben. Wir werden lernen, bewusst mit diesen Dilemmas zu leben.

Als Führungskraft müssen Sie in der Lage sein, bis zum Kern eines Problems vorzudringen und die Tiefendimension zu verstehen. Jedes Problem ist vergleichbar mit einer Zwiebel, es baut sich in Schichten auf. Erst nachdem die äusseren Schichten abgeschält sind, stösst man auf das eigentliche Kernproblem. Oft wissen Ihre Mitarbeiter, wel-

Probleme darf man haben, auch als Vorgesetzter

ches das Kernproblem ist. Sie haben jedoch Angst, es anzuschneiden. Häufiger aber sind sie sich gar nicht bewusst, was hinter dem äusseren Problem verborgen liegt. Wenn ein Mitarbeiter über irgend ein störendes Problem zu sprechen beginnt, hören Sie im allgemeinen nur das vordergründige Problem. Gezieltes Analysieren führt Schale um Schale Richtung Kern. Erst wenn der Kern auf dem Tisch liegt und akzeptiert ist, besteht eine echte Chance, das Problem zu lösen und damit aus der Welt zu schaffen – oder eben, das Problem als Dilemma zu akzeptieren und stehen zu lassen.

Techniken zum Abschälen der Zwiebel
(Kommunikationsförderer)

- Aktives Zuhören
- Hinterfragen des jeweils Gesagten mit offenen Fragestellungen
- Nichtverbales Signalisieren, dass ich voll präsent bin
- Immer wieder sagen, was und wie ich etwas verstanden habe
- Die emotionale Dimension des Problems ansprechen
- Abwerfen eigener, einengender Hypothesen

Was hindert das Abschälen der Zwiebel?
(Kommunikationsblockierer)

- Selber reden; zeigen, dass man sich etwas gedacht hat
- Warnen, drohen und den Teufel an die Wand malen

- Überzeugen, überreden, Vorträge halten
- Urteile abgeben, den andern kritisieren, ihm widersprechen
- Ausfragen, ein Verhör veranstalten
- Gleichzeitig Post sortieren oder zum Fenster hinausschauen

Indem Sie bei einem Problem aktiv zuhören und hinterfragen, schaffen Sie die Voraussetzungen, um verborgene Ursachen sehen zu können und um Zusammenhänge akzeptieren zu können. Sie signalisieren Ihrem Mitarbeiter:

- Ich höre, was Du sagst und fühlst
- Ich verstehe, wie Du die Dinge im Moment siehst
- Mich interessiert, wie Du das Problem erlebst
- Ich fälle kein Urteil über Dich
- Wir wollen gemeinsam den besten Weg finden

Ihr Mitarbeiter kann nun sein kreatives Potential aktivieren, kann selbständiger denken und handeln. Erst wenn Chef und Mitarbeiter ein Problem voll verstanden haben, können sie beurteilen, welche Teile gelöst werden müssen und welche weiter als Problem bestehen sollen. Energie in unlösbare Probleme zu investieren ist frustrierend und absorbiert fruchtbare Kräfte. Es wird immer Probleme geben, die Sie stehen lassen können, sie sind erkannt, als Problem akzeptiert und verlieren damit ihre magischen Kräfte.

3.6

Grundsatz 6: Konflikte konfrontieren

Auch die Konfliktauffassung hat sich verändert (Delhees, 1979):

Früher	*Heute*
1. Konflikte sind grundsätzlich vermeidbar. Sie müssen nur frühzeitig erkannt werden.	Belastungssituationen sind unvermeidbar. Innovations-, Wandlungs- und Anpassungsprozesse sind ausgesprochen konfliktträchtig.

2. Konflikte sind eine destruktive Macht. Sie stören die normale Entwicklung.	Konflikte sind produktiv nutzbar. Sie sind für die Persönlichkeits- und Organisationsentwicklung notwendig.
3. Konflikte sind grundsätzlich hemmend.	Konflikte können die Lösung von Problemen motivieren.
4. Konflikte lassen sich immer auf Störenfriede, Aufwiegler und schwierige Personen zurückführen. Sie sind pathologische Erscheinungen.	Konflikte sind durch persönliche und strukturelle Faktoren bedingt, die sich nur teilweise aufheben lassen.

Konflikte verzehren Energie

Unzufriedenheit schlägt auf den Magen, Ärger spürt man im Kopf: Klare Anzeichen dafür, dass hier Energien am Werk sind, die statt nach aussen produktiv eingesetzt, innerlich verheizt werden.

Konflikte sind menschlich, sagt man. Dies ist zum Teil richtig: Es wird nie eine Zusammenarbeit geben ohne Konflikte; wo mehrere Menschen versuchen, gemeinsam ein Ziel zu erreichen, wird es immer Reibungen geben. Aber ist es noch menschlich, wenn ein grosser Teil der zur Verfügung stehenden Engergie verwendet wird

- um sich intern gegenüber andern zu profilieren,
- um Informationen zu holen oder zu erarbeiten, weil die Informationswege blockiert sind,
- um auf der Sachebene Beweise zu führen, wo das Problem auf der zwischenmenschlichen Ebene liegt?

Wer kennt nicht all die verpufften Energien, den Teufelskreis der Ineffizienz, bei dem sich Probleme, Ärger, Konflikte und Taktieren gegenseitig verursachen und bedingen? Kostbare Energie wird unproduktiv eingesetzt.

4 psychologische Grundprinzipien der Konfliktlösung:

1. Die Zeit löst keine Konflikte, sie lässt sie höchstens einschlafen. Zu einer konstruktiven Konfliktlösung muss aktiv etwas unternommen werden.

2. Konflikte lösen heisst Verhalten ändern. Änderungen von Wahrnehmungen (Feindbildern), Einstellungen und Verhaltensweisen erfordern Zeit. Es handelt sich um Lernprozesse, die nicht einfach beschlossen werden können.
3. Bei Konflikten im zwischenmenschlichen Bereich ist nicht das Herausfinden der Ursache wichtig, entscheidend ist einzig und allein das Ausmass der Bereitschaft jedes Betroffenen, an der gemeinsamen Lösung zu arbeiten. Das heisst: Konflikte lösen braucht nicht nur analytische, sondern prospektive, integrierende Fähigkeiten.
4. Der Ertrinkende kann sich meist nicht selbst aus dem Sumpf ziehen. Wer Betroffener, resp. Partei ist, wird nicht akzeptiert in der Rolle als Vermittler.

In vielen Unternehmen geht bis zu 50% der menschlichen Energie durch heisse oder kalte Konflikte verloren. Es wird zum Überlebensrezept werden, diese Reserven zu mobilisieren. Überprüfen Sie deshalb, ob Sie als Manager den hier aufgelisteten Hinweisen nachkommen:

- Packen Sie Konflikte aktiv an!
- Gehen Sie den Dingen auf den Grund: Analysieren, hinterfragen, zuhören! (vgl. Grundsatz 5)
- Polarisieren Sie die Fronten nicht zusätzlich!
- Schaffen Sie Rückzugsmöglichkeiten ohne Gesichtsverlust!
- Zeigen Sie Gewinnmöglichkeiten auf!
- Erwirken Sie Bereitschaft, an einer gemeinsamen Lösung zu arbeiten!
- Signalisieren Sie den Konfliktparteien, dass Sie sie als Menschen trotzdem schätzen und akzeptieren!
- Wenn Sie selbst betroffen sind, holen Sie «neutrale» Hilfe!

3.7

Grundsatz 7: Auf sich selbst hören

Die Mehrzahl der Menschen setzt ihre rationalen Denkfunktionen zur Absicherung des eigenen Ichs ein. Über das kausale Denkmuster versuchen wir uns gegen das

Konflikte aktiv anpacken

Schicksal, gegen das Unvorhergesehene immer besser abzusichern. Ein solches Unternehmen ist letztlich zum Scheitern verurteilt. Es führt wie der Turmbau zu Babel bestenfalls zu Selbsttäuschung und in die Verwirrung. Der Kopf darf sich nicht selbständig machen und den Weg ohne das Herz und die Gefühle gehen. Kopf und Herz lassen sich nur theoretisch trennen. Wenn das Denken vom Gefühl sich abtrennt, löst es sich von den Wurzeln. Der Mensch, der nur seinem Kopf folgt, erklimmt schwindelnde Höhen, ohne im Urgrund verankert zu sein. Kein Wunder also, wenn es einem solchen Menschen in den Kopf steigt.

Zum Rationalen muss das Intuitive, Emotionale hinzukommen.

Datenlogik muss erweitert werden durch Ahnung, Gefühl, nicht linearen Sinn für Strukturen. Die grossen Dinge schwimmen nicht an der Oberfläche. Sie zu entdecken, braucht Zeit und Musse. Ebenso sind wichtige Entscheide keine Angelegenheit von Sekunden, sie müssen reifen und sich entwickeln. Genau genommen ist es nicht der Entscheid, der reifen muss. Es ist der Mensch, der reifen muss bis zum Entscheid. Der Mensch mit Kopf und Gefühl muss wachsen bis zu einer klaren Erkenntnis, dann ergibt sich der notwendige Entscheid meist von selbst.

Die folgenden Stichworte halten zunehmend auch ins Repertoire des europäischen Managers Einzug:

- Abstand nehmen, die Dinge von aussen betrachten.
- Meditativer Rückzug und Reflektieren in Musse.
- Entspannung und Energieregeneration auch am Arbeitstisch.
- Regelmässige Klausur.
- In sich hören und Gefühle wahrnehmen.
- Signale des Körpers wahrnehmen und akzeptieren.
- Wichtige Entscheide erspüren und in sich reifen lassen (vergl. Kap. II/1, II/2, II/4, III/4).

3.8

Grundsatz 8: Reifen lassen bis zum Konsens

Ob grosse oder kleine Veränderungen: für alle bringen sie irgendwelche Probleme mit sich, die gemeistert werden müssen. Oft sind es gerade die kleinen Veränderungen, welche die grössten Aufregungen mit sich bringen.

- *Widerstand gegen Veränderungen gehört zum Alltag des Praktikers.*
- *Der Widerstand muss frühzeitig und aktiv miteinbezogen werden.*

Jede neue Lösung ist nur gut, wenn sie zwei Bedingungen erfüllt:

1. sachlich richtig ist,
2. von den Betroffenen akzeptiert und getragen wird.

Für die sachliche Richtigkeit braucht es Expertenwissen; für die Akzeptanz braucht es psychologisches Wissen. Veränderungen, die den betroffenen Mitarbeitern als fertige Beschlüsse über die Ohren gezogen werden (meist schöner benannt: man muss die Mitarbeiter davon überzeugen!), haben wenig Chance, ohne Widerstand akzeptiert zu werden. Lösungen, die von Experten oder Chefs im stillen Kämmerlein fabriziert und anschliessend den Mitarbeitern «präsentiert» werden, können nur Angst und Widerstand auslösen.

Vorbereitungs- und Realisierungszeit umkehren

Bei uns wird immer noch häufig praktiziert: Wenig Leute (Chef, Experten) erarbeiten in kurzer Zeit gute Lösungen. Die Realisierungszeit dauert sehr lange, weil die Betroffenen erst mit der fertigen (und beschlossenen?) Lösung konfrontiert werden. Widerstand ist normal, die Realisierung oft nach hinten offen, Versanden fast die Regel.

Also: Für die Vorbereitung 80% der Zeit verwenden! Früher Einbezug der späteren Träger! Widerstand ernstnehmen in der Vorbereitungszeit! Gemeinsame Lösungssuche innerhalb klarer Zielsetzungen und Rahmenbedingungen! Dafür: kurze Realisierungszeit, breite Akzeptanz der Lösung!

Alleinentscheid, Mehrheit oder Konsens?

- Wann immer Sie Entscheide zu fällen haben, bei denen das Mittragen Ihrer Mitarbeiter wichtig ist, streben Sie Konsens an.

- Mehrheitsentscheide sind nur geeignet für grosse Gruppen, mit denen eine Konsensfindung praktisch nicht möglich ist.
- Mehrheitsentscheide, Abstimmungen und ähnliche sog. demokratische Verfahren stabilisieren das Gewinner/Verlierer-Prinzip.
- Sparen Sie Alleinentscheide für das laufende Tagesgeschäft und für Notstandsmassnahmen.
- Konsensfindung braucht Zeit und den Mut, offen in eine Situation hineinzugehen.
- Konsensfindung braucht grosses Vertrauen in die Mitarbeiter, dass jeder das gemeinsame Ziel anstreben will, auch wenn in der Diskussion oft Widerstand, Konflikte und gegenteilige Meinungen auftreten.
- Konsens heisst, dass alle, einschliesslich der Vorgesetzte, bereit sind, die Lösung zu akzeptieren. Damit ist nicht gesagt, dass alle Mitglieder mit der Entscheidung einverstanden sind. Manchmal sind Menschen nämlich bereit, eine Lösung zu bejahen, ohne mit ihr einverstanden zu sein - oder zumindest ohne mit ihr in jedem Punkt einverstanden zu sein.

3.9

Gehen Sie Risiken ein?

Wenn Sie auf einen neuzeitlichen Führungsstil setzen, dann gehen Sie einige Risiken ein:

- das Risiko, nicht mehr die alleinige Anerkennung zu geniessen,
- das Risiko, dass Fehler und Unvollkommenheiten von Ihnen ans Licht treten, weil andere Ihrer Mitarbeiter in einzelnen Punkten besser sind,
- das Risiko, dass Sie durch Zuhören und Hinterfragen zu neuen Erkenntnissen kommen und man Ihnen in der Folge Inkonsequenz vorwirft,
- das Risiko, dass Sie nicht mehr alles im Griff haben und auf die gemeinsame Kraft der Gruppe angewiesen sind, um aus einer Sackgasse herauszukommen,
- das Risiko, dass Sie durch Offenheit, Klarheit und Transparenz für viele Leute eine Gefahr werden: Leute, denen

das weite Feld des Unklaren, des Diplomatierens Schutz gewährt vor dem Eingestehen eigener Schwächen und Unsicherheit.

Auch der Mensch im Manager wird sich wandeln müssen, wenn sich das Management wandelt.

Gerd Gerken

4

Kathrin Aemisegger

Märchen für Manager?

4.1

Vom Fisch zum Wassermann

Die Astrologie ging von jeher davon aus, dass alle 2000 Jahre ein neues Weltzeitalter anbricht, und zwar analog dem Frühlingspunkt, der sich in diesen Zeitabständen von einem Sternbild ins nächste verschiebt. Man spricht dabei von einer Wendezeit.

Danach sind wir eben im Begriff, vom Fischezeitalter, dem Zeitalter des Christentums und zugleich jenem der Kriege und Ängste, ins Wassermannzeitalter zu wechseln, das sich durch Werte wie Brüderlichkeit, Frieden, Einheit und Ganzheit auszeichnen soll. Viele Menschen verbinden diese Wende mit dem positiven Glauben an einen bevorstehenden, tiefgreifenden geistigen Entwicklungsschritt des Menschen, hin zu einem ganzheitlichen Leben, zur Einheit von Mensch und Natur, zur Vereinigung des individuellen Ichs mit dem höheren kosmischen Sein.

Die Sehnsucht nach einem neuen Zeitalter, in dem das isolierte, einseitige Ich mit der Natur und einer grösseren Ganzheit verbunden und in einen übergeordneten Zusammenhang gestellt wird, ist in vielen Menschen. Sie wurzelt im Empfinden, dass etwas grundsätzlich nicht mehr stimmt.

Die Beschreibung des anbrechenden Zeitalters erinnert an eine Weltschau, die schon einmal – unter anderen menschheitsgeschichtlichen Bedingungen – ähnlich da gewesen ist. In der Zeit nämlich, als auch in unserer Kultur noch die grossen Natur- und Muttergöttinnen Bedeutung hatten. Diese Göttinnen waren die Verkörperung der Natur an sich. Sie repräsentierten die Erde, das Wachstum, die Erneuerung, aber auch die grausamen Seiten der verschlingenden und zerstörenden Natur. Damals bestand durch diese Gottheiten eine enge Beziehung zwischen Mensch und Natur, zwischen Ich und Göttlichem. Das ist verständlich, denn sowohl die äussere Natur, als auch die körperliche und seelische Natur des Menschen sind Realitäten, die sich nicht im Himmel, sondern in unserer konkreten Alltagswelt befinden.

4.2

Die Natur in und um uns

Ich möchte noch ein Stück weit der Spur der verlorenen Naturgöttinnen nachgehen. Im Laufe der letzten 2000 Jahre hat sich das Göttliche im offiziellen Christentum von Natur, Erde und dem Weiblichen getrennt. Vereinfacht gesagt ist das Göttliche in den Himmel erhöht, und das Teuflische, d.h. unter anderem «unpassende» Seiten unserer menschlichen Naturhaftigkeit, unter die Erde verbannt und verdrängt worden. Unsere Religion wurde somit zu einer fast ausschliesslich geistigen und zum Teil intellektuellen Angelegenheit mit ausgesprochen «männlichen» Aspekten.

Analog dazu hat sich unsere Kultur auch immer einseitiger – ohne den Naturaspekt – entwickelt. Intellekt und Technik haben sie bestimmt, und sie hat in diesen Gebieten hoch differenzierte Leistungen hervorgebracht. Zurück und wenig geachtet geblieben sind aber die Bereiche der Natur im weitesten Sinne.

Diese Tatsache beginnen viele Menschen seit einiger Zeit schmerzlich zu realisieren. Manchmal scheint es so, wie wenn unsere Kultur sich so weit vom Strom des Lebens und der Natur entfernt hätte, dass sie gar nicht mehr wüsste oder spürte, wo er durchfliesst. Das zeigt sich im zwischenmenschlichen Bereich wie auch gleichzeitig in der sichtbaren äusseren Natur, die im Begriffe ist, zugrunde zu gehen. Kürzlich hat das ein mir bekannter Forstingenieur so formuliert: «Wer seinen innern Baum nicht pflegt oder pflegen kann, kann nicht erwarten, dass aussen der Wald gedeiht.» Es könnte durchaus sein, dass die lange verbannte Natur anfängt, Rache zu nehmen.

Was haben wir denn mit der Natur in unserem praktischen Alltagsleben getan?

Was die äussere Natur um uns anbelangt, war sie zwar immer da, aber sie wurde mehr benützt und ausgenützt und zu wenig als Teil unseres Lebens geachtet oder – wie beispielsweise bei den Indianern – als geheimnisvolle, mächtige Mutter allen Lebens verehrt.

Der inneren seelischen Natur ging es vielfach ähnlich. Gefühle, Intuition, Irrationales, Psychologisches waren bis vor kurzer Zeit eher im Hintergrund und allenfalls noch als Attribute der Frau geduldet und akzeptiert: Ver-

Wer seinen innern Baum nicht pflegt...

bannung also der Natur in den Hinterhof der Kultur. Das hatte zur Folge, dass wir zwar wissenschaftlich-technisch Siebenmeilen-Schritte gemacht haben, aber zwischenmenschlich und emotional zum Teil auf einem unterentwickelten Niveau stehengeblieben sind. Beziehungen und Gefühle machen uns Mühe, und wir beginnen erst in den letzten Jahrzehnten mühsam, auf diesem Gebiet eine Entwicklung in Gang zu bringen.

Allerdings häufig mit wenig Erfolg, denn auch hier versuchen wir, wiederum Techniken anzuwenden. Techniken, wie Konfliktlösungsstrategien, Führungsmodelle, Antistress-Techniken, Erziehungsstrategien usf., sind zwar logisch vermittelbar und einsichtig, aber wir stolpern laufend über die Gefühlsaspekte jener Probleme, die wir damit lösen wollen. Denn was kann man mit dem ausgefeiltesten Konfliktlösungsmodell anfangen, solange man innerlich lähmende Angst oder rasende Wut vor dem Konfliktpartner empfindet? Wie kann ich gelöst ein Arbeitsteam führen, wenn ich unter der leisesten Kritik der Mitarbeiter zutiefst leide? Oder wie gehe ich technisch mit einem innern Konflikt um, der mich in grösste Gewissensnot bringt? Und wie wende ich eine Erziehungsstrategie an, wenn mich Auflehnung und Widerstand des Kindes völlig ausser mich bringen? Da reichen gewöhnlich intellektuelle Techniken und Strategien nicht mehr aus.

Es gibt Menschen, die in solchen Situationen nach ihrem Gefühl oder ihrer Intuition handeln können oder auch die Gnade haben, zu warten, um dann plötzlich von tief innen her zu wissen, was zu tun ist. Das sind Menschen, welche den Kontakt mit ihrer innerseelischen Natur pflegen und welche die leisen Manifestationen der Seele trotz des viel stärkeren «Aussenlärms» beachten. Viele von uns sind aber wie vom eigenen Natur- und Lebensgrund abgeschnitten und völlig auf den intellektuellen Ausweg konzentriert, der – allein angewendet – in tief menschlichen Fragen vielfach versagt.

4.3

Der Zugang zur «anderen Welt» durch das Märchen

Wo kann der Anschluss an diese Weisheit der Natur gefunden werden? Wo finden wir den Zugang zur «anderen Welt», die unsere rationale Welt ergänzt? Wo finden wir die Spuren der alten Naturgöttinnen?

C.G. Jung hat schon vor Jahrzehnten Märchen, Mythen, Träume und Phantasien als symbolischen Ausdruck der innerseelischen Natur bezeichnet. Er hat damit gemeint, dass z.B. die Ereignisse im Märchen eine Spiegelung der Vorgänge in der menschlichen Seele darstellen. In jedem Menschen sind also – nach Jungs Theorie – die Märchen verborgen.

Ich möchte mich dem Märchen zuwenden als einem Ausdruck der «anderen Welt», jener Welt, der wir im Privat- und Berufsleben, vor allem im Managementbereich so wenig Beachtung schenken.

«Märchen sind für Kinder gedacht!» Diese häufige Aussage sollte Erwachsene nicht davon abhalten, sich mit Märchen auseinanderzusetzen. Wir alle haben ein Kind in uns, das nach «Märchen-Realitäten» verlangt, weil sie lebendige Natur sind. Da das Kind in uns die schöpferische Seite darstellt und somit Veränderung, Wachstum und neue Zukunftsmöglichkeiten beinhaltet, lohnt es sich wohl, seine Bedürfnisse zu beachten.

Märchen enthalten – in Symbole gekleidet – Grundkonflikte menschlichen Daseins, die sich in abgewandelter Form im Leben jedes einzelnen Menschen wieder finden lassen. Da Symbole sehr vielschichtige Bedeutung haben, können Märchen auch auf verschiedenen Ebenen verstanden werden:

- Die Märchenwelt kann beispielsweise der Ort sein, wo wir ein reales Problem, das uns beschäftigt, plötzlich aus

einem anderen Blickwinkel sehen können, so wie das z. B. in einem kreativen Verfremdungsprozess geschehen kann.

- Ein Märchen – sehr oft ist es das in der Kindheit am eindrücklichsten erlebte und als Erwachsener noch erinnerte – kann als modellhafte Skizze der eigenen Lebensgeschichte entdeckt werden (z. B. Dornröschen-Dasein, Hans-im-Glück-Haltung usw.). Es ist möglich zu erkennen, warum man immer wieder in bestimmte schwierige Situationen gerät und vielleicht auch, wo die Chance zur Änderung liegt.
- In vielen Märchenmotiven ist ein Erleben symbolisch nachgezeichnet, das die Menschheit von jeher gekannt hat, und das uns über Rassen und Völker hinweg verbindet. Als Beispiele wären der Umgang mit dem Bösen, der Weg zur persönlichen Eigenständigkeit, die Entwicklung der schöpferischen Seite in der eigenen Seele, das Erleben und Durchleben von Krisen und Notsituationen und das Ergriffensein vom Göttlichen zu nennen.
- Märchen haben einen ganz tiefen naturreligiösen Gehalt. Es ist die Welt der «verlorenen» Naturgöttinnen, die neben dem offiziellen Christentum – wie eine Art Kompensation – immer in den Sagen, Mythen und Märchen weitergelebt haben. Frau Holle, das alte Mütterchen in der «Gänsehirtin am Brunnen», die bösen Hexen: sie alle sind Beispiele für die helle und dunkle Seite der Erd- und Muttergöttinnen oder eben für die Weisheit und den Reichtum der seelischen Natur, beziehungsweise ihrer bösen und destruktiven Seiten. Märchen zeigen aber nicht nur eine weibliche Welt auf, sondern vielmehr eine ganzheitliche. Da muss sich Männliches und Weibliches finden, da steht sich Gutes und Böses gegenüber, oder da beeinflussen gerade beide Gegensätze die Entwicklung des Helden oder der Heldin.

Wir haben gesagt, dass Märchen symbolisch dargestellte seelische Natur sind. Die Natur aber ist der eigentliche Ort der Erneuerung. Diesen ewigen Erneuerungsprozess können wir in der äussern Natur anschaulich beobachten. Die Beschäftigung mit dem Phantasiematerial der Seele, also mit Märchen, Mythen, Sagen, Imaginationen ist eine mögliche Quelle kreativer seelischer Erneuerung auf ganz verschiedenen Gebieten, unter anderem auch in der Arbeitswelt.

4.4

Die weise Führung durch das «Selbst»

Wahrscheinlich – um auf die heutige Wendezeit zurückzukommen – ist die Zeit günstig, sich mit der «anderen» Welt neu auseinanderzusetzen. Nur müssen wir aufpassen, dass wir nicht in Versuchung geraten, einfach ein gewisses Quantum der «anderen Welt» den momentan herrschenden Werten beizufügen, in der Hoffnung, so zu einem ganzheitlichen Leben zu kommen. Ganzheit ist nicht machbar.

Hier ist nochmals C. G. Jung zu erwähnen, der den Ausdruck «Selbst» für jene unbewusste Instanz in uns geprägt hat, die uns letztlich leitet und deren Wirken wir auch im Märchen erkennen können. Das «Selbst» kann vielleicht am besten als göttlicher Funke beschrieben werden, der in jedem Menschen steckt und sich in ihm verwirklichen will, wo immer er steht. Es ist dieses «Selbst», das die Weiterentwicklung alles Bestehenden, des Gelebten und des Ungelebten in unserer Kultur, des Männlichen und des Weiblichen, der Technik und der Natur, der Gefühle und der Vernunft und auch des Christentums und der Naturhaftigkeit zur Ganzheit hin bewirken kann. Das kann aber nur geschehen, wenn wir uns seiner Führung anvertrauen, was natürlich ganz im Gegensatz zu unseren heutigen Machbarkeitsidealen steht.

Es kann sich in solch tiefen menschlichen Fragen und Entwicklungen auch nie um eine Massenbewegung oder eine «Welle» handeln, auf der das einzelne Individuum bequem mitreiten kann. Eine Wende kann nur eintreten, wenn sehr viele einzelne Menschen sich ernsthaft einlassen mit der «anderen» Welt und mutig neben ihrem äussern Weg auch den Pfad der innern Natur gehen. So könnte manche Organisation die so viel besprochene Humanisierung der Arbeitswelt zum mindesten teilweise Realität werden lassen, und zwar über ihre Manager und Mitarbeiter und deren innere Auseinandersetzung mit sich selbst.

4.5

Der praktische Umgang mit Märchen

Für die konkrete Anwendung des Folgenden sollten Sie sich Märchenbücher zurechtlegen. Am besten eignet sich eine Gesamtausgabe der Grimmschen Märchen (1984), weil diese unserem kulturellen Hintergrund am nächsten stehen. Halten Sie aber auch - sofern noch vorhanden - andere Märchenbücher ihrer Kindheit bereit.

Ich möchte im folgenden auf zwei Möglichkeiten hinweisen, über die Manager und Führungspersönlichkeiten Zugang zu Märchen finden können:

- Die Arbeit an sich selbst
- Der «Kulturvergleich» der eigenen Organisation oder der Arbeitsgruppe mit Märchen.

4.5.1

Die Arbeit an der eigenen Persönlichkeit mit Hilfe von Märchen

Im theoretischen Teil wurde darauf hingewiesen, dass das Geschehen im Märchen als Spiegelung von Vorgängen in der menschlichen Seele gesehen werden kann, und dass Märchenfiguren hilfreiche oder negative Seiten unserer Psyche symbolisch darstellen können. Die folgenden Übungen dienen dazu, über die Beschäftigung mit Märchen Kontakt zur eigenen innerseelischen Natur und deren Wissen aufzunehmen. Damit verbunden ist im glücklichen Fall ein Stück Selbsterkenntnis oder eine tiefe Erfahrung. Beides birgt die Chance zur Weiterentwicklung als Mensch und Führungspersönlichkeit in sich.

Übungen

Generelle Einleitung:

- Nehmen Sie sich mindestens 90 Minuten Zeit.
- Setzen Sie sich mit Block und Bleistift in eine gemütliche Ecke oder an einen Ort, wo es Ihnen wohl ist.
- Überlegen und formulieren Sie so genau wie möglich, was Sie jetzt persönlich im Berufs- und Privatleben am

meisten beschäftigt (z. B. eine schwierige Situation, ein Konflikt, Ungewissheit, Depression, Schuldgefühl, der ewig gleiche Stolperdraht, Unbehagen über etwas, Angst usw.).

- Nehmen Sie eine für Sie bequeme Stellung ein.
- Geben Sie möglichst viel Körpergewicht bewusst auf die Unterlage ab.
- Erlauben Sie sich, für einmal nichts tun zu müssen.
- Lesen Sie nun ganz langsam und mit Genuss Ihr «Lieblingsmärchen», d. h. das Märchen, das Ihnen früher am meisten gefallen hat oder
- Das Märchen, auf das Sie jetzt gerade Lust haben.
- Schliessen Sie Ihre Augen und versuchen Sie, gefühlsmässig zu spüren, welche Szene oder welche Figur Sie am meisten beschäftigt. Versuchen Sie dabei Ihr logisches Denken möglichst auszuschalten.

Nun können Sie auf drei verschiedene Arten weiterfahren:

A. Assoziieren und einen Text schreiben

Benutzen Sie die «Cluster»-Methode (Rico, 1984), indem Sie folgendermassen vorgehen (Abb. 1):

1. Fassen Sie die Szene, die Sie am meisten beschäftigt, in einem Wort oder kurzen Satz zusammen. Schreiben Sie dies in die Mitte des leeren Blattes und rahmen es viereckig ein. Das ist der Kern.
2. Jeden Einfall, den Sie dazu haben, schreiben Sie in einen eigenen Kreis und verbinden ihn mit dem Kern.
3. Jede neue Assoziation (Wort, Wendung) verbinden Sie durch einen Strich mit dem vorherigen Wort.
4. Andersartige Ideen verbinden Sie direkt mit dem Kern in Form einer neuen Assoziationskette.
5. Legen Sie das Blatt einige Minuten weg und entspannen Sie sich, indem Sie etwas anderes oder nichts tun.
6. Nehmen Sie das Blatt wieder zur Hand und versuchen Sie, die Hauptthemen, um welche Ihre Einfälle kreisen, zu erkennen.
7. Schreiben Sie spontan einen zusammenhängenden Text zu den Hauptthemen, lassen Sie dabei die für Sie weniger wichtigen Elemente weg. Der Text sollte ½ bis 1 Seite lang sein. Nehmen Sie sich 10 Minuten Zeit.
8. Lesen Sie sich das Geschriebene laut vor.
   In Ihrem Text finden sich mit grosser Wahrscheinlich-

Abb. 1

keit Gedanken oder Lösungsansätze zu den Fragen oder Problemen, die für Sie im Moment oder generell im Leben von Wichtigkeit sind. Wenn es Ihnen gelungen ist, unvoreingenommen auf Ihre Einfälle zu hören und sie zu verarbeiten, so ist Ihr Werk ein Produkt des Unbewussten, teilweise durch Ihr Denken gestaltet.

9. Lesen Sie den Text einige Male durch und stellen Sie seine Aussagen in Beziehung zu Ihren anfangs der Übung formulierten Problemen und Fragen.
10. Wenn Sie den Text jetzt nicht völlig verstehen, legen Sie ihn zur Seite und lesen ihn in einem späteren Zeitpunkt wieder, bis er sich Ihnen zu erschliessen beginnt. Unbewusste Inhalte haben oft vielschichtigen Gehalt, der dem Bewusstsein nicht sofort zugänglich ist. Achten Sie darauf, ob vielleicht ein Traum Ihr Thema aufnimmt und es erhellt.
11. Versuchen Sie Ihre Erkenntnisse womöglich im praktischen Leben anzuwenden.

B. Märchen weiterdichten

1. Versetzen Sie sich in Ihrer Phantasie in die für Sie wichtigste Szene.
2. Versuchen Sie, sich diese Situation ganz realistisch vor-

zustellen, wie wenn Sie ein Teil der Szene wären. Wo stehen Sie? Wo sitzen Sie? Was tun Sie? (Die Szene kann von Ihnen auch gezeichnet oder gemalt oder skizziert werden.)

3. Achten Sie dabei auf Ihre Gefühle und versuchen Sie, diese so klar wie möglich zu formulieren (Angst, Wut, Ratlosigkeit, Zweifel, Scham usw.). Versuchen Sie, auch zu erfassen, warum diese Gefühle in Ihnen hochkommen.
4. Überlegen Sie sich jetzt, was Sie in dieser Situation am liebsten tun würden (z. B. davonlaufen, den Gegenspieler ganz anders anfassen, genau so handeln wie es im Märchen geschieht, ganz anders handeln als im Märchen).
5. Wenn Ihnen klar ist, was Sie am liebsten tun würden, nehmen Sie Block und Bleistift und schreiben Sie das Märchen ab dieser Szene so fertig, wie es für Sie am besten wäre (z. B. Dornröschen wartet nicht auf den Prinzen, sondern befreit sich selbst; Hans im Glück zähmt das Pferd, anstatt es gegen die alte Kuh einzutauschen usw.) oder lesen Sie - wenn die Originalfassung für Sie am besten ist - den Ausgang des Märchens ab dieser Szene nochmals genau durch.
6. Lassen Sie das neu gedichtete oder das ursprüngliche Ende des Märchens in seinem Gehalt und seiner Konsequenz auf sich wirken.
7. Vielleicht gelingt es Ihnen, Zusammenhänge zu Ihren anfangs formulierten Fragen oder Problemen zu finden. Vielleicht werden neue Lösungswege sichtbar, die sich von den bisherigen Mustern und «Lieblingslösungen» unterscheiden.
8. Setzen Sie Ihre neu gewonnene Erkenntnis ins Leben um, probieren Sie aus.

C. Gespräch mit einer Märchenfigur

1. Vergegenwärtigen Sie sich ganz genau die Märchenfigur, die Sie am positivsten beeindruckt hat. Wie ist sie? Was zeichnet sie aus? Wie handelt sie? Was ist typisch? Warum gefällt sie Ihnen?
2. Versuchen Sie, in der Phantasie mit der Figur in ein Gespräch zu kommen, indem Sie sie beispielsweise fragen:
   - Was hast Du mir zu sagen?
   - Was hast Du mir zu meinen Fragen, Problemen, Anliegen zu sagen (diese jeweils genau formulieren)?

Gespräch mit einer Märchenfigur

Schalten Sie möglichst die Denkkontrolle aus und versuchen Sie innerlich zu «hören» oder zu «sehen», wie die Figur reagiert. Schreiben Sie alle «Antworten» (Worte, Bilder, Reaktionen) auf, ohne sie zu zensurieren. Fragen Sie nach, wenn Sie etwas nicht verstehen. Das «Gespräch» sollte nicht länger als eine Stunde dauern, vielleicht genügen auch nur 10 Minuten. Das Gespräch ist ja nichts anderes als die innere Auseinandersetzung mit einem hilfreichen Teil Ihrer eigenen Seele, der in der Märchenfigur verkörpert ist. Verabschieden Sie sich klar und deutlich von diesem andern «Ich» und danken Sie ihm.

3. «Schalten» Sie nun den Kopf wieder «ein». Lesen Sie die «Antworten» durch. Vielleicht sind wichtige, ungewöhnliche, unkonventionelle Botschaften darunter. Gehen Sie ihnen nach, indem Sie sie in Gedanken als Lösungsideen zu Ihren Fragen und Anliegen im beruflichen und privaten Bereich umsetzen.
4. Wenn es Ihnen realistisch erscheint, versuchen Sie konkret so zu handeln.

4.5.2

Der «Kulturvergleich» der eigenen Organisation oder Arbeitsgruppe mit Märchen

Die Kultur, Atmosphäre oder Grundhaltung einer Organisation oder Arbeitsgruppe kann oft sehr einleuchtend mit bestimmten Märchen oder einzelnen Märchensituationen verglichen werden. Über solche Vergleiche können neue, unkonventionelle und originelle Zugänge zu Konflikten, Problemen und Fragen des Managements und der Führung gefunden werden.

Es würde sich beispielsweise lohnen, Märchenmotiven nachzugehen, wie sie in folgenden, zufällig geäusserten Sätzen verborgen sind:

- «In unserer Firma ist seit einiger Zeit alles wie verwünscht.» (Wie entstehen Verwünschungen im Märchen? Wie werden sie wieder aufgelöst? Ist es entschlossenes Handeln? Muss man den richtigen Zeitpunkt abwarten?) (z. B. Dornröschen).
- «Unsere Atmosphäre ist vergiftet.» (Wer vergiftet wen? Welche Mittel werden gebraucht? Werden wir vergiftet, ohne dass wir es merken?) (z. B. Schneewittchen).
- «Bei uns sollten endlich die ‹alten Herrscher› abgelöst werden, damit neue Ideen in den Laden kommen.» (Viele Märchen zeigen den Generationenwechsel zwischen altem König und jungem Prinzen auf. Der junge Prinz steht symbolisch für eine neue Geisteshaltung, die vielleicht auch in Ihrer Organisation nötig ist. Was ist denn typisch am neuen Herrscher im Märchen?)
- «Bei uns schaut man ständig auf die Fähigkeiten und das Glück der andern. Unser eigenes Potential hingegen wird nicht ausgeschöpft.» (Hans im Glück zeigt mögliche Folgen der Aussenorientierung und der Geringschätzung der eigenen Werte auf.)

Übungen

A. Märchenparallelen zu Organisationssituationen finden

Die hier beschriebene Übung kann mit jeder Organisationseinheit oder Projektgruppe durchgeführt werden. Die ideale Gruppengrösse liegt zwischen 6 und 9 Mitgliedern. Ich gehe von einem Arbeitsteam aus, das sich über seine wichtigsten ungelösten Fragen und Probleme klar werden will, und diese in einer neuen, ungewöhnlichen Art angehen möchte.

Einleitung:

1. Sie sitzen mit Ihrem Team zusammen. Sie und die Gruppenmitglieder beschreiben das für jeden/jede im Moment wichtigste anstehende Problem dieses Teams (Konflikt, ungenügende Leistung, schlechte Stimmung, Entwicklungswunsch, Rivalitäten usw.).
2. Sammeln Sie die Resultate.
3. Aus dieser Sammlung wählen Sie das für die meisten Teammitglieder als vordringlichst erachtete Problem. Formulieren Sie dieses gemeinsam so klar wie möglich, halten Sie es schriftlich und für alle sichtbar fest und legen Sie es dann beiseite.
4. Entspannen Sie sich nun einen Moment und lösen Sie sich innerlich vom Problem.

Einzelarbeit: (ca. 30 Minuten)

5. Geben Sie jedem Gruppenmitglied ungefähr 30 Minuten Zeit, sich mit folgenden Fragen auseinanderzusetzen:
   - Kommt Ihnen ein Märchen in den Sinn, das eine mit dem eben formulierten Problem vergleichbare Situation enthält?

   Wenn ja,
   - Wie entstand dort die Situation?
   - Wie wurde sie angegangen, beziehungsweise gelöst, oder durch Fehlverhalten nicht gelöst?
   - Wie verlief der Entwicklungsweg?

   Lesen Sie das Orginal nach!

   Wenn nein,
   - Lassen Sie Ihren Erinnerungen an Märchen freien Lauf. Malen Sie sich beispielsweise aus, wie das formulierte Problem im Märchen gelöst würde.
   - Oder überlegen Sie sich, welche Art von Märchenheld oder Märchenheldin am ehesten befähigt wäre, das Problem zu lösen, und auf welche Weise er/sie es tun würde.

Gruppenarbeit:

Nehmen Sie sich nun zur Diskussion der Einzelarbeit genügend Zeit. Beschäftigung mit Märchen regt die kreativen Assoziationen an, und es wäre schade, sie nicht zu nützen:

6. Lassen Sie unbedingt alle Gruppenmitglieder zu Worte kommen. Schreiben Sie jeweils die Kernideen auf.
7. Lassen Sie den Assoziationen freien Lauf, aber halten Sie sie immer wieder schriftlich fest.
8. Strukturieren Sie das Ideenmaterial gemeinsam zu Hauptgedanken, die Sie wiederum aufschreiben.
9. Nehmen Sie nun das zu Beginn notierte Problem wieder zur Hand. Hängen Sie es sichtbar auf, und lassen Sie der Gruppe Zeit.
10. Es ist wahrscheinlich, dass die Gruppe über die symbolischen Figuren oder Märchenhandlungen das Problem in der Arbeitsgruppe in neuem Licht sieht, und dass somit mögliche neue Problemlösungsansätze plötzlich auftauchen.
11. Sammeln Sie die Ideen und prüfen Sie sie auf ihre Realisierbarkeit in Ihrem Arbeitsalltag. Gehen Sie dabei so realitätsbezogen wie nötig und so phantasievoll wie möglich vor.
12. Wenn sich realisierbare Lösungen zeigen, erstellen Sie einen konkreten Aktionsplan. Scheuen Sie sich aber auch nicht, das Gespräch einen oder zwei Tage ruhen zu lassen, um dann den Problemlösungsprozess zu einem konkreten Abschluss zu bringen.

B. Ein Organisations- oder Arbeitsgruppenmärchen dichten

Diese Übung kann für Fragen und Problemstellungen der gesamten Organisation oder für einzelne Abteilungen oder Arbeitsgruppen angewendet werden (Idealgrösse 6–9 Leute).

Ich gehe hier vom Beispiel eines Arbeitsteams aus, das Schwierigkeiten bei sich feststellt und sich nun über seine Stärken und Schwächen Klarheit verschaffen will, um miteinander Probleme zu lösen und nächste Entwicklungsschritte zu suchen.

Einleitung:

1. Sitzen Sie mit Ihrem Arbeitsteam zusammen. Beauftragen Sie die einzelnen Mitarbeiter(innen), die positiven und die fehlerhaften Seiten dieses Teams aus ihrer Sicht so klar wie möglich zu beschreiben (Fragen der Zusammenarbeit, der Kommunikation, der Führung, der Zukunftsplanung, der Arbeitsverteilung, der Leistungs-

fähigkeit, der Stimmung usw.). Tun Sie dasselbe auch aus Ihrem Blickwinkel.

2. Sammeln Sie die Antworten und halten Sie sie schriftlich fest.
3. Definieren Sie gemeinsam die wichtigsten Punkte, die bearbeitet werden müssen und schreiben Sie sie sichtbar auf. Legen Sie dann das Blatt weg.
4. Entspannen Sie sich bewusst durch eine Entspannungsübung oder eine Pause, während welcher Sie etwas ganz anderes tun. Dieses Lösen von der aktuellen Arbeitsrealität dient als wichtiger Übergang zur nachfolgenden Phantasiephase der Übung.

Einzelarbeit: (ca. 30 Minuten)

5. Teammitglieder und Vorgesetzte schreiben nun je ein Märchen über die Situation dieses Teams.
   Beginnen Sie mit «Es war einmal...» und erzählen Sie dann in Märchenform, wie es war, heute ist und nach Ihren persönlichen Vorstellungen weitergehen sollte. Be-

rücksichtigen Sie dabei die guten und schlechten Seiten des Teams, die möglichen Helden und deren Gegenspieler, die Konflikte und Gegensätze, die typischen Handlungsweisen, Ihre eigene Position im Geschehen usw. Verwenden Sie dabei Märchenelemente, die Ihnen spontan einfallen oder dichten Sie Neues. Eine Möglichkeit unter vielen ist, das Team in Tiermärchenform darzustellen.

Gruppenarbeit:

6. Nun erzählt jeder Teilnehmer sein Märchen. Die übrigen Teammitglieder achten auf die Haupthandlungen, die wichtigsten Symbole und die aufgezeigten Lösungsansätze. Diese drei Kategorien bilden den Raster für die Zusammenfassung.
7. Versuchen Sie, aus diesen Ergebnissen Zentrales und Gemeinsames herauszukristallisieren und schriftlich festzuhalten. Diskutieren Sie zuerst über die Bedeutung der einzelnen Handlungen und Symbole. Schauen Sie sich dann die «märchenhaften» Zukunftsschritte an.
   Symbole und symbolische Handlungen sind vielschichtig. Es ist wichtig, dass Sie nicht einfach interpretieren, sondern auch die für den jeweiligen «Schriftsteller» wichtigen Bedeutungen berücksichtigen. Umkreisen Sie die Ergebnisse in spielerischer Art, bis deren Inhalt beginnt, sich der Gruppe zu erschliessen. Vielleicht müssen Sie die Gespräche auch ruhen lassen und am nächsten oder übernächsten Tag wieder aufgreifen, um so eine kreative Pause einzuschalten.
   Solche Diskussionen sind auf Umwegen zielführend. Diese Umwege sind lohnend, weil sie erfrischend und anregend im weitestens Sinne sind und zur schöpferischen Seite der menschlichen Seele führen.
8. Nehmen Sie nun das Blatt mit den wichtigsten zu bearbeitenden Punkten (siehe Punkt 3).
9. Bringen Sie die möglichen neuen Lösungswege und Entwicklungsschritte aus der Märchenwelt mit der Realität Ihres Teams zusammen, indem Sie beides auf sich wirken lassen. Es wird meistens so sein, dass die Gruppe spontan und rasch eine Beziehung zwischen beidem herstellen kann und mögliche Schritte für das Team sichtbar werden.
10. Seien Sie bei der Konkretisierung dieser Schritte und Problemlösungsansätze so realistisch wie nötig und so innovativ und risikofreudig wie möglich.

5

Ausbildung in der neuzeitlichen Führung

Karl Blöchliger

5.1

Die ganzheitliche Persönlichkeit in der Führung

In vielen Büchern über Management kommen Begriffe wie «Selbstreflexion», «inneres Kräftepotential», «arationale Bewusstseinsebenen», «Träume», «Mythen und Märchen» nicht vor; d. h. es wird von einem traditionellen, rationalen Denkansatz ausgegangen, der beinhaltet, dass die unternehmerische Wirklichkeit objektiv beschreibbar ist. Dass dabei wichtige Elemente des Lebens (und damit auch der Führung in Unternehmungen) unausgeschöpft bleiben, Elemente, die erst mithelfen würden, die Wirklichkeit tatsächlich umfassend zu sehen und zu erkennen – diese Tatsache bleibt meistens unerwähnt.

Es besteht eine gewisse Tragik, dass diese umfassende Wirklichkeit aber nur von jenen Managern gesehen werden kann, die diese nicht-objektivierbare Wirklichkeit in ihrer eigenen Person sehen und akzeptieren können. Konkret wären das Managerpersönlichkeiten, die z. B. ihre eigene Lebensgeschichte offen und neugierig betrachten können, für die Träume, Phantasien und Gefühle nicht Schreckgespenste, sondern ernstzunehmende Realitäten sind, die weiter wissen, dass Unsicherheiten, Ängste, Ohnmachtsgefühle natürliche Phasen im Leben jeder Managerpersönlichkeit sind, und die auch sehen können, dass in solchen schwierigen Phasen innovative und kreative Potentiale stecken, wenn man sie nicht nur als nutzlosen psychischen Abfall und als störende Nebensächlichkeiten darstellt.

Eine Managerpersönlichkeit, die dazu fähig ist, ist eine ganzheitliche Persönlichkeit. Ganzheitliche Persönlichkeiten werden selten so einfach geboren. In der Regel ist es für die meisten Menschen ein lebenslanger Prozess, auf diese ganzheitliche Persönlichkeit hinzuarbeiten, die eigenen Möglichkeiten, Fähigkeiten und Potentiale zu entdecken und zu entfalten und sie ins reale Leben, also auch in die Führung, einzubringen.

Veränderbares verändern und Unveränderbares akzeptieren

Eine ganzheitliche, entfaltete Persönlichkeit wäre demnach jemand:

- der bewusst lebt und sich von den vielen Zwängen, die uns umgeben, nicht einengen lässt; der, wo immer es möglich und anderen Menschen gegenüber verantwortbar ist, eigenständig sein Leben und sein Handeln bestimmt,
- der seine verschiedenen Lebensbereiche wie Beruf, Führung, Partnerschaft, Erziehung, Freizeit usw. als Chancen und Herausforderung für die Entwicklung zu einer ganzheitlichen Persönlichkeit erlebt und versteht,
- der offen ist für seine eigenen Gefühle und die Gefühle anderer Menschen,
- der Eigenschaften wie Klarheit, Bestimmtheit und Durchsetzungsvermögen mit anderen Eigenschaften wie

Wärme, Einfühlungsvermögen und Zuneigung zu Menschen verbinden kann,
- der Neuem und Veränderungen gegenüber offen und tolerant ist und von daher die Fähigkeit mitbringt, sich und seine Umgebung immer wieder in Frage zu stellen und zu lernen,
- der seine Fähigkeiten und Möglichkeiten kennt und auch seine inneren, intuitiven Energien in seiner Arbeitswelt, in der Führungsaufgabe und im privaten Leben zur Geltung bringen kann,
- der mit schwierigen Lebenssituationen so umgehen kann, dass er Veränderbares verändern und Unveränderbares akzeptieren lernt.

Neuzeitliche Führung, wie sie im vorliegenden Buch aufgezeigt wird, ist nur möglich, wenn mehr und mehr solche ganzheitlichen Persönlichkeiten auf allen Managementstufen die Führung übernehmen. Dies im Auge zu behalten und entsprechende Anstrengungen zu unternehmen, ist eine der wichtigsten Aufgaben der Managementausbildung.

5.2

Persönlichkeitsentfaltung in der Managementausbildung

Führungsausbildung ist gleichzeitig immer auch Persönlichkeitsentfaltung. Wenn man sich aber im Praxisfeld der Führungsausbildung und Organisationsentwicklung umschaut, dann entdeckt man oft Versuche, die Persönlichkeitsentfaltung in der Ausbildung zu umgehen oder zu verschleiern, d.h. den Bären zu waschen, ohne ihm das Fell nass zu machen.

Wenn wir davon ausgehen, dass die Managementausbildung etwas vereinfacht drei Bereiche umfasst, nämlich:

1. das Lernen von unternehmerischen Zusammenhängen und Grundlagen,
2. das Üben und Anwenden von Managementtechniken und Führungsinstrumenten,
3. die kritische Reflexion und Überprüfung der eigenen Person und des eigenen Führungsverhaltens,

dann stellt man nach Durchsicht vieler Managementausbildungsprogramme schnell fest, dass die beiden ersten Bereiche sehr gut und umfassend ausgebaut sind, dass hingegen der dritte Bereich, eben die Persönlichkeitsbildung, eher ein Mauerblümchendasein fristet.

Dieser Sachverhalt lässt sich allerdings nicht nur im Bereich der Managementausbildung finden. Viel wichtiger und folgenschwerer ist es, dass sich schon die tägliche Führungsarbeit in der Regel auf der Ebene von Zielen, Fakten, Zahlen und instrumentellen Grundlagen abspielt, und dass die Ebene der Persönlichkeitsentwicklung und -förderung, die ein wesentlicher Bestandteil jeder Führung sein müsste, vernachlässigt oder völlig ausser acht gelassen wird.

Wir stossen hier auf ein Hauptproblem in der Führung: viele Manager wüssten zwar sehr genau, dass der leistungs- und persönlichkeitsbezogene Erfolg der Führung im wesentlichen von der inneren Klarheit und der Wirkung einer Führungspersönlichkeit abhängt. Trotzdem machen viele Manager und Ausbildungsleiter noch immer einen grossen Bogen um die Persönlichkeitsentfaltung in der Managementausbildung.

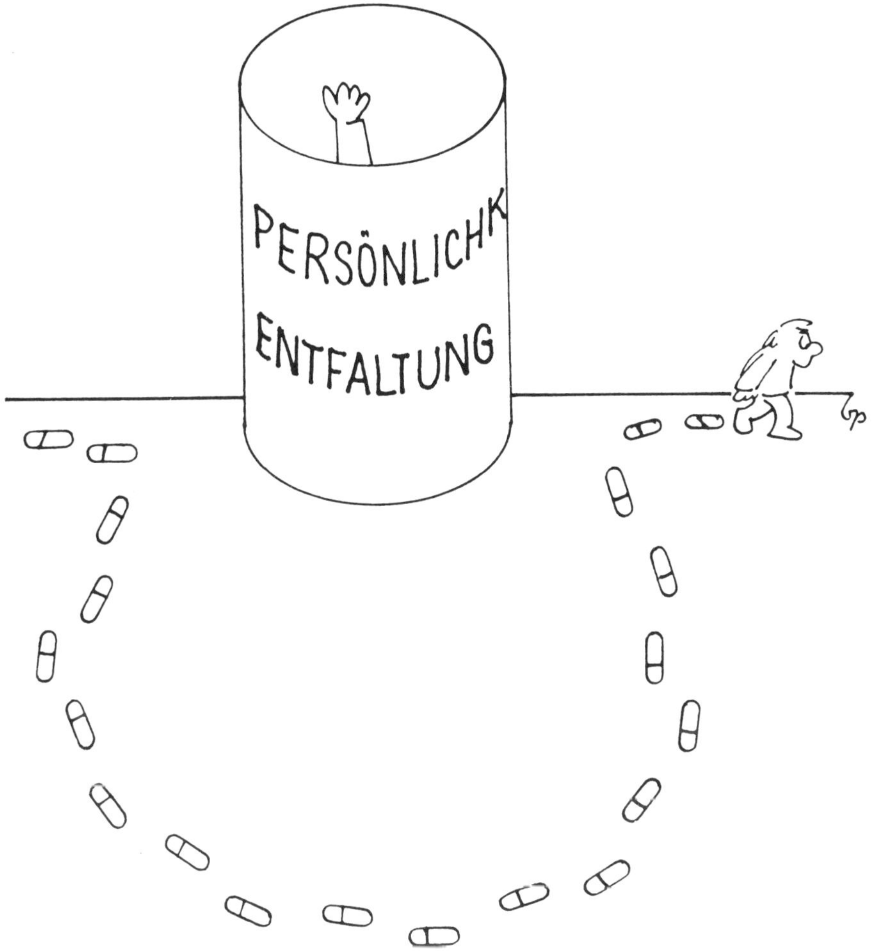

Um Missverständnissen vorzubeugen: wir gehen nicht davon aus, dass in der Führungsausbildung jedem Manager das gleiche, uniforme Konzept einer bestimmten Persönlichkeitsstruktur aufgestülpt werden soll. Persönlichkeit ist letztlich immer eine individuelle, eben persönliche Angelegenheit. Deshalb können Untersuchungen nur teilweise und in Ansätzen darüber Auskunft geben, was denn eigentlich den Erfolg einer Führungspersönlichkeit ausmacht.

Persönlichkeitsentfaltung bedeutet vielmehr, dass jeder, der in irgendeiner Führungsverantwortung steht, damit auch die Verantwortung übernommen hat, zu lernen und über seine eigene Person und deren Wirkung nach aussen nachzudenken. Dieses Lernen über die eigene Persönlichkeit ist in der Regel ein Lernen, das Unsicherheit und

Widerstand auslöst. Trotzdem müssen noch vermehrt geeignete Formen und Instrumente bereitgestellt werden, die es Managern möglich machen, im Rahmen von Lernveranstaltungen etwas über ihre eigene Persönlichkeit zu lernen und zu erkennen, dass Manager sowohl das systematische Analysieren und leistungsorientierte Handeln wie auch die Gefühle und die Intuition in der Führung zur Geltung bringen können.

5.3

Folgerungen für die Management-ausbildung

Manager müssen lernen, ihre Person und ihre konkrete Führungsaufgabe im Spannungsfeld von verschiedenen Rollen, Erwartungen und Zielen zu reflektieren.

Gerade die Ausbildung bietet Gelegenheit, fern von Arbeitsdruck und Terminzwängen, die eigene Person im Netz von verschiedenen Aufgaben, Abhängigkeiten, Erwartungen usw. zu reflektieren. Manager sind gerne bereit, Rollen zu übernehmen, die nicht auf ihre Klarheit, Wirksamkeit und potentiellen Probleme hin untersucht und überprüft worden sind. Viele Führungsschwierigkeiten ergeben sich aus solchen nicht ausdiskutierten Differenzen zwischen Anspruch und Wirklichkeit, zwischen Erwartungen und Ergebnissen. Es geht dabei keineswegs darum, Rollendifferenzen und Unklarheiten völlig zu beseitigen. Das dürfte auch kaum je möglich sein. Manager sollen vielmehr lernen, in solchen Differenzen auszuharren, im Wissen und Vertrauen darauf, dass gerade aus solchen Unterschieden neue, fruchtbare Entwicklungen und Veränderungen entstehen können. Was Manager in den Kursen brauchen, sind Hinweise, WIE man mit solchen Diskrepanzen auf eine gute und kreative Art und Weise in der täglichen Führungsarbeit umgehen kann.

Für Manager, die sich gewohnt sind, linear-logisch und polar zu denken und zu arbeiten, ist es nicht einfach, diese widersprüchlichen und gegensätzlichen Kräfte, die oft in ihrer Führungsaufgabe versteckt sind, zu erkennen und zu diskutieren. Es ist deshalb eine der wichtigen Aufgaben der Managementausbildung, Gelegenheiten und Instrumente zu schaffen, mit denen zukünftige, aber auch bereits erfahrene Manager anhand der eigenen konkreten Führungssituation das komplexe Netz von Aufgaben, Anforderungen, Strukturen und den daraus folgenden Fragen und möglichen Problemen im offenen und intensiven Gespräch mit anderen Kursteilnehmern diskutieren und reflektieren können.

Manager müssen lernen, sowohl die rational-logische wie auch die arational-intuitive Ebene in ihrer eigenen Person zu erkennen und beide ins tägliche Entscheiden und Handeln zu integrieren.

Ausbildungsprogramme laufen häufig Gefahr, einseitig die rational-logische Ebene zu betonen, indem sie ausschliesslich den Einsatz systematischer Entscheidungshilfen, Problemlösungstechniken und Konfliktsteuerungsstrategien in den Vordergrund stellen. Indirekt wird dem Manager damit vorgespiegelt, dass der Erfolg seiner Führung letztlich auf dem lückenlosen Gebrauch solcher systematischer Techniken beruhe. Dabei wäre es mindestens ebenso wichtig, dass Manager in Ausbildungskursen lernen, die andere, zweite Dimension des Menschen als permanent wirkende und wirkungsvolle Realität zu erkennnen. Viele Manager haben unter dem Druck des logischen Denkens und Arbeitens verlernt, diese andere Seite des Menschen in die Führung miteinzubeziehen. Die Managementschulung hat somit die Aufgabe, die weitverbreitete Angst und Hemmung vor der intuitiven, emotionalen Ebene des Menschen abzubauen und den Managern zu zeigen, wie sie diese Dimension erneut entdecken und für die Führung aktivieren können. In kleinen, nachvollziehbaren Lernschritten sollen die Kursteilnehmer an die Bedeutung intuitiven Wahrnehmens, Erlebens und Handelns herangeführt werden. Dies kann über die Bearbeitung von gruppendynamischen Übungen, die Reflexion von Kleingruppenprozessen, oder auch über die Information der verschiedenen Arten des Wahrnehmens und Denkens geschehen.

Wichtig ist dabei, dass die Trainer und Kursleiter jederzeit sichtbar machen können, dass die beiden Bereiche (Denken und Intuition) sich gegenseitig nicht ausschliessen, sondern miteinander in einem ständigen Austausch und Wechsel verbunden sind. Intuitives Handeln braucht als ordnende Kraft und Begrenzung das logische Systematisieren; andererseits wirkt das logisch-systematische Arbei-

Entdeckung der persönlichen Wurzel

ten halbherzig und schal, wenn es nicht durch die emotional-intuitive Grundlage im Menschen abgestützt wird.

Manager müssen lernen, aus der Analyse und Interpretation der persönlichen Lebensgeschichte die Wurzeln und Ursachen ihres heutigen Denkens und Verhaltens zu verstehen.

Wer in einer Unternehmung Veränderungen in Gang setzen möchte, der kann dies nur tun, wenn sein äusseres Verhalten mit seiner inneren Grundlage übereinstimmt. Die Persönlichkeiten vieler Manager sind so sehr von Angelerntem und Eintrainiertem überdeckt, dass der eigene Boden und die ursprünglichen Wurzeln der Persönlichkeit verloren gegangen sind. Ohne Einbezug dieser Persönlichkeits-Grundlagen ist es kaum möglich, zu neuen, in der eigenen Persönlichkeit verankerten Denk- und Verhaltensmustern zu gelangen.

An diese Thematik müssen die Teilnehmer einer Managementweiterbildung sorgfältig und allmählich herangeführt werden. Ein psychotripähnlicher Überfall wird nur die ohnehin schon vorhandenen Bedenken der Kursteilnehmer verstärken. Methodische Hilfsmittel zu dieser Art von Lernen gibt es genügend: es können Malübungen oder Märchen eingesetzt werden; die Transaktionsanalyse bietet Übungen zur Analyse der persönlichen Rollen- und Verhaltensmuster (Skripts) an; die Teilnehmer können Geschichten aus ihrem eigenen Leben formulieren und diese miteinander auf bestimmte Merkmale und Eigenheiten untersuchen; aktuelle Konflikte in der Führung lassen sich mit früheren Lebenssituationen vergleichen und auf Gemeinsamkeiten hin betrachten. Es ist letztlich nicht ausschlaggebend, mit welchem Instrument ein solcher Nachdenkprozess ausgelöst wird; wichtig ist die Arbeit selber und innerhalb dieser Arbeit das Entdecken kritischer Stellen innerhalb der eigenen Persönlichkeit und Geschichte, aber auch das Entdecken brachliegender, unausgeschöpfter Potentiale in der eigenen Person.

Bei der Arbeit an der eigenen Lebensgeschichte geht es im weiteren auch darum, dass Manager lernen, sich mit Fragen des Lebenssinnes und der zukünftigen Lebensgestaltung auseinanderzusetzen. Dies geschieht relativ leicht, wenn Manager in Kursen Gelegenheit erhalten, die eigene Person in ihren Lebensbezügen (Beruf, Führung, Familie, Partnerschaft, Freizeitgestaltung usw.) zu überprüfen und eine Standortbestimmung vorzunehmen, um dann nachher im Gespräch mit Kollegen und Kolleginnen nach Neuorientierungen und Veränderungsschritten zu suchen.

Manager müssen lernen, in übergreifenden Zusammenhängen zu denken und zu handeln.

Das Denken in systemübergreifenden Zusammenhängen und der Einbezug möglichst vieler, auch ungewohnter Rahmenbedingungen in das unternehmerische

In übergreifenden Zusammenhängen denken und handeln

Handeln, sind die Eckpfeiler des neuzeitlichen Führungsstils. Die Managementausbildung hat die Aufgabe, bei jeder sich bietenden Gelegenheit auf diesen Sachverhalt hinzuweisen. Das fängt schon damit an, dass ein Ausbildungskurs nicht einfach eine statische Aneinanderreihung verschiedener, voneinander isolierten Themenkreisen sein darf. Immer muss für die Kursteilnehmer der verbindende «rote Faden» sichtbar werden. Darüber hinaus müssen neue Themen in die Managementschulung miteinbezogen werden, z.B. «übergreifende Zusammenhänge im Unternehmen», «Beziehungen Stammhaus-Aussenstellen», «Arbeitsbeziehungen zwischen verschiedenen Bereichen eines Unternehmens wie Forschung, Marketing und Produktion» oder «Zusammenhänge zwischen Unternehmenszielen und gesellschaftspolitischen Entwicklungen».

Die Arbeit an solchen Kursthemen wird Manager mehr und mehr veranlassen, sich vom isolierten Denken und Bewegen in begrenzten, abgeteilten und voneinander unabhängigen Räumen und Mustern wegzubewegen und den äusseren wie den inneren Blick auf neue und umfassende unternehmerische Perspektiven zu richten. Wichtig ist noch anzumerken, dass auch der zunehmende Gebrauch komplexer Führungsinstrumente wie EDV-Systeme, Controlling-Instrumente, Planungsgrundlagen, Management-Informationssysteme usw. das Erkennen von gegenseitigen Wechselwirkungen und Abhängigkeiten notwendig macht. Die Managementschulung hat hier die Aufgabe, in einem grösstmöglichen Mass integrierend zu wirken und den Managern zu zeigen, wie sie diese Integration auch in ihrer täglichen Führungsarbeit bewerkstelligen können.

Manager müssen lernen, bisherige Erfahrungen und Gewohnheiten in Frage zu stellen und sich in völlig neuen Denk- und Erlebensmustern zu bewegen.

Für viele Manager ist es noch immer sehr bedrohend, aus der bekannten und gewohnten Ordnung, Sprache oder Aufgabenstellung hinauszutreten und mit neuen Möglichkeiten des Arbeitens, Führens und Entscheidens zu experimentieren. Ebenso ist es für viele Manager auch unvorstellbar, vorhandene Führungsinstrumente zwar zur Erarbeitung von Problemen und Lösungen zu gebrauchen, unmittelbar danach aber diese Instrumente auch wieder in Frage zu stellen und «wegzuwerfen» (siehe I/1.). Es geht hier um alle organisatorischen Hilfsmittel wie Erfolgsrezepte, Organigramme, Strukturen, Projektmanagementabläufe, Problemlösezyklen usw. Mehr und mehr sind Manager gefragt, die sich nicht im Abgrenzen und Fixieren verlieren, sondern die Fähigkeit besitzen, Bestehendes immer wieder aufzulösen, in neue Räume vorzutasten, in zusätzliche Richtungen zu blicken, neue Perspektiven ins Gespräch zu bringen.

Es geht im wesentlichen darum, Manager damit vertraut zu machen und sie anzuleiten, wie sie an Grenzen vorstossen, diese in Frage stellen und zu neuen Perspektiven gelangen können. Den Managern muss auch bewusst werden, dass jede derartige Grenzüberschreitung ein unternehmerisches Risiko beinhaltet, dass solche Risiken aber unerlässlich sind, wenn wirklich neue Wege der Unternehmensführung und -gestaltung gefunden werden sollen.

Manager brauchen auch konkrete Hilfen und Hinweise, wie sie mit jenen höchst kritischen Fragen, die heute gegenüber Industrie, Banken oder Chemiefirmen verbreitet vorhanden sind, konstruktiv umgehen können. Hier muss die Managementausbildung aktiv beitragen, damit Manager und Unternehmungen neue Formen der Bewältigung solcher Kritiken finden können. Gelingt dies nicht, dann laufen die Unternehmungen Gefahr, dass sie von einer derart massiven Kritikwelle überrollt werden, die kaum mehr konstruktiv zu bewältigen ist und für das Unternehmen erhebliche negative Auswirkungen mit sich bringt. Wie destruktiv solche Auseinandersetzungen dann werden können, zeigten der Chemiebrand vom 1. November 1986 von Basel und seine Folgeerscheinungen sehr deutlich auf.

Manager müssen lernen, dass Veränderungs- und Lernschritte bei Einzelnen wie Organisationen in der Regel langsam, wenig spektakulär und oft im Verborgenen ablaufen.

Die moderne Managementschulung vermittelt oft genug den Eindruck, dass im Führungsbereich, vor allem in den psychologischen Themen wie «Motivation», «Konfliktsteuerung» oder «Organisationsentwicklung», Veränderungen mit relativ leichter Hand machbar seien. Häufig wird dieser Eindruck nicht so sehr durch die Wahl der Themen, sondern viel mehr durch die Art und Weise der Präsentation weitergegeben. Die Schulung in neuzeitlicher Führung muss darauf achten, dass sie die weit verbreitete Machbarkeitsgläubigkeit nicht noch verstärkt und fördert, sondern dass sie Führungssituationen und -probleme schlicht und unspektakulär so darstellt, wie sie in der Praxis tatsächlich vorhanden sind.

Kritische Vorsicht ist gegenüber allen Modeströmungen in der Managementausbildung angebracht: sie wirken oft aufgepflanzt und können nicht in das tatsächliche Leben und Lernen einer Organisation integriert werden. Die Kursteilnehmer lassen solche Modeströmungen geduldig über sich ergehen, weil sie intuitiv spüren, dass es sich hier um Eintagsfliegen handelt, die keinen echten Lerngewinn für den Einzelnen wie für die Organisation bringen. Humor und Witz, Abwechslungen und Neuheiten in der Ausbildung dürfen durchaus sein: sie können das Lernen erheblich anheben. Wenn ein Ausbildungsprogramm jedoch aus lauter Gags und Witzen besteht, finden keine echten Lernprozesse mehr statt.

Zu den audiovisuellen und elektronisch gesteuerten Unterrichtsmedien wäre anzumerken, dass ihr Einsatz nicht unproblematisch ist, weil ein solcher Kurs sehr bald einer raffinierten Zirkusvorstellung gleicht, die allenfalls Bewunderung, aber wiederum keine tieferen Lernprozesse auslöst.

Lernen im Sinne einer tiefergehenden Persönlichkeitsentfaltung braucht ein hohes Mass an Zeitaufwand und Sorgfalt. Kurzzeitige, punktuelle oder aufwendige Versuche bleiben oft folgenlos und vergrössern das Misstrauen der Kursteilnehmer gegenüber Managementkursen und gegenüber Führungspsychologen.

Manager müssen lernen, dass Managementausbildungsmassnahmen und OE-Projekte Bewegungen in Gang bringen, die mit unserem unmittelbaren Kosten-Nutzen-Denken nicht erfassbar sind.

Lernschritte und Veränderungsprozesse entziehen sich grossenteils rationaler Programmierbarkeit, Kontrolle und Messbarkeit; sie sind weder in Beurteilungsbogen noch in Erfolgsskalen abzulesen. Das ist ein beträchtliches Problem für all jene in einer Unternehmung, die für Lernen und Ausbildung verantwortlich sind: der Erfolg ihrer Arbeit lässt sich fast nicht messen. Auch für viele Manager ist es eine schwer zu akzeptierende Tatsache, dass Lernschritte vor allem im Bereich der Persönlichkeitsentfaltung selten sofort sichtbar und wirksam werden, sondern oft ein geduldiges Warten nötig machen. Konkret bedeutet dies, dass «Lerninvestitionen» bezüglich Kadernachwuchs unbedingt notwendig sind, aber Geduld und viel Zeit zum Reifen brauchen, ja noch «schlimmer»: weil Persönlichkeiten in ihrem Denken und Verhalten nur begrenzt beeinflusst und verändert werden können, sind Ausbildungsmassnahmen oft Investitionen, deren Erfolgsrichtung nicht exakt absehbar ist. Auch alle Veränderungsprozesse in der Unternehmenskultur unterliegen denselben Gesetzmässigkeiten. Individuelle und organisatorische Entfaltung braucht viel Zeit, erfordert geduldiges Begleiten und Warten. Jeder Versuch, die Öffnung einer Blütenknospe durch Gewaltanwendung zu beschleunigen, wird unweigerlich mit der Zerstörung dieser Knospe bezahlt werden müssen.

Manager müssen lernen, dass Widerstand und Konflikte natürliche Begleiter aller echten Lern- und Veränderungsprozessen sind.

Menschen neigen im allgemeinen dazu, am Gewohnten und Bekannten festzuhalten. Die Aussicht, sich mit Neuem und Unbekanntem einlassen zu müssen, hat schon immer Abwehr und Rückbesinnung auf das sogenannte Bewährte und Bestehende ausgelöst. Skepsis, Widerstände, Zweifel und Ängste gegenüber Veränderung: das sind Zustände, die jedem Manager begegnen, der in seinem Führungsbereich oder Unternehmen Lern- und Veränderungsprozesse in Gang bringen möchte. Auch durch noch so sorgfältige Planung, umfassende Information und rechtzeitige Motivation lassen sich solche Widerstandsphänomene nicht aus der Welt schaffen. Wenn Lernprozesse erfolgreich verlaufen sollen, so ist eine der wesentlichen Voraussetzungen, dass Widerstandserscheinungen bei den Lernenden sehr ernst genommen und im offenen Gespräch bearbeitet werden müssen. Häufig ist es sogar so, dass die Arbeit an auftauchenden Widerständen der wichtigste Teil innerhalb eines Lern- und Veränderungsprozesses darstellt.

Jede Form von Managementschulung, die die Notwendigkeit der Persönlichkeitsentfaltung betont, wird natürlicherweise Bedenken, Zweifel und Ängste bei den Betroffenen auslösen. Lernschritte im Bereich der Persönlichkeitsenfaltung brauchen dementsprechend ein hohes Mass an Zeitaufwand und geduldige, sorgfältige Arbeit. Sonst sind übermässige Widerstände nicht zu vermeiden. Ausbildungsverantwortliche in Unternehmungen laufen manchmal Gefahr, Widerstände nicht aufkommen zu lassen. Ein solches Lernen wird jedoch unweigerlich an der Oberfläche bleiben und keine wirkliche Veränderung oder Verbesserung im Verhalten bringen. Jedes Lernen über die Persönlichkeit, vor allem auch über die eigene Persönlichkeit, ist mit Risiken behaftet, sowohl für den Lernenden wie auch für den Trainer und Ausbildungsleiter. Managementausbildungskurse sind demzufolge nie reine Schönwetterprogramme und harmonische Gruppenmeetings, sondern oft ein hartes Stück Arbeit.

Manager müssen lernen, dass wesentliche Fähigkeiten des Menschen wie intuitive Wahrnehmung oder kreative Spontaneität nur aus einer Haltung von Stille, Gelassenheit und Beschränkung heraus aktiv werden können.

Unserer Zeit fehlt das beschauliche, meditative Element, der Boden also, auf dem Dinge in Ruhe wachsen und sich entfalten können. Entsprechend dazu verkümmern immer mehr wichtige Grundlagen der menschlichen Psyche. Viele Manager können sich zum Beispiel nicht mehr vorstellen, dass sie gelassen und in Ruhe Entwicklungen abwarten; ja sie finden ein solches Verhalten unproduktiv oder gar lächerlich. Was zählt, sind die grossen, markanten Entwicklungsschritte; für die kleinen und unscheinbaren Veränderungsschritte haben manche Manager den Sinn und das Auge verloren. Dabei liegt sehr oft gerade im kleinen Ereignis die wirkliche Welt und Realität verborgen, so wie im Sandkorn oder im Atom der Kosmos enthalten ist.

Manager laufen Gefahr, unmerklich in einen Sog zu geraten, in dem plötzlich alles grösste Wichtigkeit erhält und demzufolge nie genug getan werden kann, um all das Viele zu bewältigen und in den Griff zu bekommen. Die innere und äussere Hektik bemächtigt sich des Managements, mit der meditativen und gelassenen Ruhe ist es vorbei. Weil alles von höchster Dringlichkeit ist, kann nichts mehr sorgfältig und gründlich bearbeitet und durchdacht werden. Dabei sind es gerade die grossen unternehmenspolitischen Entscheide, die auf einem Boden von kreativer Stille und intuitiver Gelassenheit wachsen können sollten.

Für die Managementausbildung entsteht das Problem, dass echtes Lernen in einem Klima von Hektik, von Zeitdruck und von ständig höchsten Prioritäten nicht mehr möglich ist. Lernen braucht viele meditative Phasen, in denen die Kursteilnehmer das Gelernte reflektieren und verarbeiten können.

Die Schulung und Weiterbildung der Managerpersönlichkeit bezieht immer auch das intuitive Kräftefeld, die nichtrationalen Dimensionen der Psyche und das Unbewusste mit ein. Lernschritte in diesem Bereich brauchen in

der Regel eine bedeutend längere Verarbeitungszeit als Lernschritte im Bereich des intellektuellen Denkens. Auch dieser Gesetzmässigkeit muss in der Planung einer Managementausbildung Rechnung getragen werden.

Manager müssen lernen, dass die eigentlichen Lernschritte nicht im Managementseminar, sondern in der konkreten Auseinandersetzung im persönlichen Arbeits- und Führungsbereich gemacht werden.

Echtes Lernen kann nur im Gespräch und in enger Zusammenarbeit zwischen den Linienvorgesetzten und den in der Ausbildung stehenden Mitarbeitern erfolgen. Daraus folgt auch, dass die Managementausbildung im Grund genommen nicht einfach an eine Stabsstelle «Ausbildung» oder «Management Development» delegiert werden oder gar abgeschoben werden kann. Nur in einer engen Tuchfühlung zwischen Ausbildung und Betrieb können wirklich sinnvolle und realitätsbezogene Lern- und Entwicklungsschritte erreicht werden. Für alle Anstrengungen im Bereich der Managementausbildung gilt, dass Schulung und Persönlichkeitsentfaltung nicht dem Seminar oder der Ausbildungsabteilung, sondern in erster Linie dem Seminarteilnehmer etwas bringen soll, indem er befähigt wird, mit der komplexen und schwierigen Aufgabe der Führung fertig zu werden.

5.4

Perspektiven für die Managementausbildung

Das Überleben und der Erfolg unserer Unternehmungen in der nächsten Zukunft ist mit grosser Wahrscheinlichkeit von der Qualität des oberen und obersten Managements abhängig. Mit Qualität ist einerseits die Fähigkeit zum weitsichtigen und vorbehaltlosen Erfassen und Lösen der anstehenden Probleme gemeint; zu dieser Qualität gehört auch die Reife der Person und des Mensch-Seins. Beide Aspekte, der problemorientierte und der menschorientierte, müssen durch Ausbildung und Beratung entwickelt und gefördert werden. Und gerade hier werden in letzter Zeit mehr und mehr Stimmen laut, die zwar nicht die Notwendigkeit und den Erfolg der herkömmlichen Managementausbildung in Frage stellen, die aber unmissverständlich darauf hinweisen, dass diese Ausbildung dringend einer Ergänzung und Erweiterung bedarf. Diese Erweiterung zielt darauf ab, nicht die bestehende Ausbildung noch auszubauen, sondern neue Formen der zusätzlichen Begleitung und Beratung der Manager in der Praxis zu finden. Man kann diesen Sachverhalt auch noch anders formulieren: wenn wir davon ausgehen, dass Manager in Zukunft nicht nur im Rahmen von Ausbildungsveranstaltungen, sondern vor allem auch an Hand der täglichen Erfahrungen und Probleme in der Managementpraxis lernen müssen, dann wird bald deutlich, dass die bisherigen

Lernanstrengungen allein nicht mehr genügen. Darüber hinaus zeigt sich, dass diese Neuorientierung in der Managementausbildung nicht mehr ausschliesslich eine Aufgabe der zuständigen Stabsbereiche (Ausbildung, Management-Development usw.) sein kann, sondern das Management selber miteinbeziehen muss.

In vielen Unternehmungen durchlaufen Manager zu Beginn ihrer Karriere eine Reihe von Führungskursen. Nachher in der täglichen Führungsproblematik allerdings werden sie meistens allein gelassen. Das kann im Extremfall dazu führen, dass Manager, die dann schlussendlich im oberen und obersten Managementbereich ankommen, verlernt haben, wie man über Management lernt. Die Folge ist, dass sich viele Manager mit ihrer Situation, ihren Fragen und Problemen allein gelassen vorkommen; sie haben auch nie gelernt, mit der vorhandenen Isolation, Einsamkeit und Unsicherheit gerade auf der obersten Managementstufe auf eine gute Art umzugehen. Diese Einsamkeit wird in der Regel noch durch den zweifelhaften Normendruck verstärkt, dass nämlich Manager sich jederzeit sicher, überlegen, kraftvoll, dynamisch und fast unfehlbar erweisen müssten. Auf diese Art und Weise finden viele den Weg aus dem einseitigen, linear-logischen Denken und Wahrnehmen hinaus zu ihrem intuitiv-kreativen, inneren Kräftepotential nicht mehr. Oft gelingt es erst nach langen und geduldigen Gesprächen, zur eigentlichen, persönlichen Realität der Manager vorzustossen: und da werden dann eben persönliche Probleme, Einsamkeitsängste und Überforderungen sichtbar. Oft ist schon hilfreich, wenn man Managern klar machen kann, dass solche Gefühle durchaus natürlich und normal sind, dass es aber wichtig ist, über solche «inneren Dinge» reden zu können. Und gerade die dazu geeigneten Gesprächspartner fehlen in der Regel.

Diesem Missstand abzuhelfen, sind Ausbildungsabteilungen und Management-Development, Unternehmensleiter und externe Organisationspsychologen und Berater aufgerufen. Es gilt, zusätzliche und neue Formen der Begleitung und Beratung zu finden, damit das einmal in Kaderkursen Gelernte nicht verkümmert und gleichzeitig Manager in dem so dringend notwendigen, permanenten Lern- und Entwicklungsprozess gehalten werden können. Über die in diesem Buch bereits erwähnten Lernformen der Team- und Organisationsentwicklung (siehe S. 61) hinaus, drängen sich vor allem zwei gezielte Arten der Managementbegleitung und -beratung auf:

5.4.1

Erweiterung des Aufgabenbereiches des unternehmensinternen Management-Development

Über ihre angestammten Aufgabenbereiche der Nachwuchsplanung und Managementschulung hinaus werden sich die MD-Einheiten überlegen müssen, wie sie Mittel, Instrumente und vor allem Persönlichkeiten zur Verfügung stellen können, die nebst ihrer eigenen Tätigkeit als Linienmanager andere Manager im Unternehmen in regelmässigen Gesprächen begleiten und beraten. Diese Beratungsgespräche haben die Aufgabe:

- eine Standortbestimmung bezüglich Aufgabe, Rolle und Führungssituation, aber auch bezüglich der eigenen Person vorzunehmen,
- die von der Managementaufgabe bedingten Prioritäten herauszuarbeiten und zu überprüfen,
- im offenen Gespräch die eigene Persönlichkeit (privater Bereich, Freizeit und Ausgleich usw.) in Beziehung zum Beruf und zur Managementaufgabe zu setzen,
- Mängel, unbewältigte Konflikte und Unstimmigkeiten aufzudecken,
- konkrete Massnahmen zur Verbesserung und Veränderung in allen hier erwähnten Bereichen zu definieren und den Erfolg solcher Massnahmen zu überprüfen.

Von grosser Wichtigkeit ist, dass diese Beratungsgespräche nicht von Mitarbeitern aus den Stabsbereichen, sondern von erfahrenen Linienmanagern geführt werden, von Leuten also, die selber in einer Managementaufgabe stehen und aus einem persönlich erlebten Erfahrungspotential schöpfen können. Für diese zusätzliche Aufgabe der Tutor-ähnlichen Begleitung sind diese Linienmanager erstens einmal zeitlich in einem genügenden Masse freizustellen; sie müssen auch durch umfassende und gezielte Weiterbildungsaktivitäten auf ihre neue und zunächst ungewohnte Aufgabe vorbereitet werden. Dass für solche Beratungsaufgaben nur die besten, erfahrensten und ganzheitlichsten Persönlichkeiten in Frage kommen, das versteht sich von selber.

5.4.2

Beizug von externen Organisationspsychologen und Beratern

Für die Beratung in bestimmten Phasen oder Problemsituationen dürfte der Beizug eines externen Beraters angezeigt sein. Gerade auf der oberen und obersten Kaderstufe sind die Probleme der Diskretion, die Angst vor Offenheit und das Festhalten an unausgesprochenen Manager-Klichees besonders stark. Der externe Berater kann hier dank seiner neutralen Stellung wohl am ehesten diese Mauer durchbrechen und auch heikle Fragen ansprechen.

Viele Manager spüren innerlich deutlich, dass zwischen den verschiedenen Lebensbereichen (Beruf, Freizeit, Familie) ein enger Zusammenhang besteht, und dass die Trennung zwischen beruflicher Arbeit und Privatleben eine künstliche ist. Es ist ferner eine Tatsache, dass mehr Manager als bei oberflächlicher Betrachtung angenommen unter Problemen in ihrem privaten Leben leiden (Ehe- und Familienkrisen, Scheidung, Depressionen usw.), über diese Probleme aber kaum zu sprechen wagen. An diesem Punkt kann die begleitende Beratung des externen Beraters ansetzen: als vertrauensvoller Gesprächspartner, als kritischer Befrager, als «Management-Trainer-on-the-job», als Berufs- und Lebensberater, als Persönlichkeitsentwickler und Krisenbewältiger, kurz als «Manager-Seelsorger» im weitesten und positivsten Sinne des Wortes.

Wichtig bei dieser Art der Management-Entwicklung ist, dass die obersten Führungskräfte und die internen Stabsstellen (wie Personalabteilung, Ausbildung und Management-Development) mit den externen Beratern und Partnern in einem offenen, vertrauensvollen, aber auch klar abgesprochenen Rahmen zusammenarbeiten, d. h. die Ziele und Rahmenbedingungen für alle Beteiligten deutlich festlegen und abgrenzen.

REZ
EPTE

Literaturverzeichnis

Achterberg, J., Die heilende Kraft der Imagination. Bern: 1987

Agor, W., Intuitive Management. New York: Englewood Cliffs, 1984

Akesson, Ch., Prime Time. Eine Einladung, die Verwendung Ihrer Zeit zu gestalten. IBM-Seminarunterlage, 1986

Alt, F., Das C. G. Jung Lesebuch. Zürich: Ex Libris, 1985

Bandler, R. und Grinder, J., Neue Wege der Kurzzeit-Therapie. Paderborn: Junfermann, 1981

Bandler, R. und Grinder, J., Kommunikation und Veränderung. Die Struktur der Magie I und II. Paderborn: Junfermann, 1984

Bateson, G., Ökologie des Geistes. Frankfurt a. M.: Suhrkamp-Verlag, 1981

Bateson, G., Geist und Natur. Frankfurt a. M.: Suhrkamp-Verlag, 1982

Bauer, W. M., Manager unter der Lupe. Egg-Zürich: Kreativ-Verlag, 1987

Beckhard, R., Organisationsentwicklung: Strategien und Modelle. Baden-Baden: Gehlen, 1972

Bennis, W. und Nanus, B., Führungskräfte – die vier Schlüsselstrategien. Frankfurt a. M.: Campus Verlag, 1985

Bermann, M., Wiederverzauberung der Welt. München: Dianus-Trikont, 1983

Berne, E., Spiele der Erwachsenen. Psychologie der menschlichen Beziehungen. Hamburg: Rowohlt, 1967

Berne, E., Was sagen Sie, nachdem Sie guten Tag gesagt haben?. München: Kindler, 1975

Biäsch, H., Homo faber – homo divinans. Zürich: Schweiz. Bauzeitung 73, 1955

Blake, R. R. und Mouton, J. S., Verhaltenspsychologie im Betrieb. Düsseldorf: Econ, 1968

Blake, R. R. und Mouton, J. S., Führungsstrategien. Landsberg: Moderne Industrie, 1986

Blakeslee, T. R., Das rechte Gehirn. Freiburg i. Br.: Aurum Verlag, 1982

Blofeld, J., (Hrsg.), I Ging: Das Buch der Wandlung. Bern: Scherz, 1985

Bogen, J., The Other Side of the Brain I, II, III. Los Angeles: Bulletin of Neurol. Soc's, 1969

Bohm, D., Die implizite Ordnung. München: Dianus-Trikont-Verlag, 1985

de Bono, E., Konflikte, Düsseldorf: Econ, 1987

Brauchlin, E., Brevier der betriebswirtschaftlichen Entscheidungslehre. Bern: Haupt, 1977

Brendl, E., Kompetenz - die innere Stärke des Unternehmens. Landsberg a. L.: Verlag moderne Industrie, 1985

Brooks, C. V. W., Erleben durch die Sinne (Sensory Awarness). Paderborn: Junfermann, 1979

Capra, F., Wendezeit. Bern: Scherz-Verlag, 1982

Capra, F., Das Tao der Physik. Bern: Scherz-Verlag, 1983

Capra, F., Das neue Denken. Bern: Scherz, 1987

Charon, J. E., Der Geist der Materie. Wien: Zsolnay, 1979

Checkland, P., Weiches Systemdenken. Bern: Haupt: Die Unternehmung 2, 1987

Coué, E., Selbstbemeisterung durch bewusste Autosuggestion. Basel: Schwabe, 1961

Cooper, K., Interpersonelle Konflikte und Konflikthandhabung in Organisationen. Bern: Haupt, 1979

Deal T. E. and Kennedy A. A., Corporate Culture. Reading MA USA: Addison-Wesley, 1982

Delhees, K., Interpersonelle Konflikte und Konflikthandhabung in Organisationen. Bern: Haupt, 1979

Dilts R., Bandler, R. und Grinder, J., Strukturen subjektiver Erfahrung. Paderborn: Junfermann, 1985

Ditfurth von, H., Der Geist fiel nicht vom Himmel. Hamburg: Hoffmann und Campe, 1976

Doucet, F. W., Intuitionstraining. München: 1978

Dress, A. und Hendrichs, H., (Hrsg.), Selbstorganisation. München: Piper, 1986

Dürr, H., Physik und Transzendenz. Bern: Scherz, 1986

Eco, U., Der Name der Rose. München: Hanser, 1983

Fahrenberg, J., Selg, H. und Hampel, R., Das Freiburger Persönlichkeitsinventar. Göttingen: Hogrefe, 1973

Ferguson, M., Die sanfte Verschwörung. Basel: Sphinx-Verlag, 1980

Ferguson, M., Die Revolution der Gehirnforschung. Olten: Walter Verlag, 1981

Ferguson, M., Geist und Evolution. München: Goldmann, 1986

Feyerabend, P., Wider den Methodenzwang. Frankfurt a. M.: Suhrkamp-Verlag, 1976
Feyerabend, P. K., Probleme des Empirismus. Braunschweig: Vieweg, 1981
Fink, R., Der Lernbaum. Pers. Manuskript, 1988
Fisher, R. und Ury, W., Das Harvard-Konzept: sachgerecht verhandeln. Frankfurt a. M.: Campus Verlag, 1984
French, W. L. und Bell, C. H. jr., Organisationsentwicklung, sozialwiss. Strategien zur Org.veränd. Bern: UTB Haupt, 1977
Fritsch, B., Das Prinzip Offenheit. München: Olzog, 1985
Fusshoeller, L., Die Dämonen kehren wieder. Der Mensch im Banne anonymer Mächte. München: Langen-Müller-Herbig, 1984
Gawain, S., Kreativ Visualisieren. Basel: Sphinx, 1985
Gerken, G., Der neue Manager. Freiburg i. Br.: Rudolf-Haufe-Verlag, 1986
Goble, F., Die dritte Kraft. Olten: Walter Verlag, 1979
Goldberg, Ph., Die Kraft der Intuition. Bern: Scherz, 1985
Gomez, P. und Probst, G. J. B., Bern: Schweiz. Volksbank, 1987
Gordon, T., Managerkonferenz. Hamburg: Hoffmann und Campe, 1979
Green, E. und Green, A., Biofeedback – eine neue Möglichkeit zu heilen. Freiburg: Bauer, 1978
Green, E., Wissenschaft und Psychophysiologie, Psychophysik und Mythologie. In: Grof, S., Alte Weisheit und modernes Denken. München: Kösel, 1986, S. 236–249
Grimms Märchen. Ulm: Insel (3 Bde.), 1984
Grof, S., Alte Weisheit und modernes Denken. München: Kösel-Verlag, 1986
Haken, H., Erfolgsgeheimnisse der Natur. Stuttgart: Deutsche Verlagsanstalt, 1981
Halifax, J., Die andere Wirklichkeit der Schamanen. München: Goldmann, 1985
Harner, M., Der Weg des Schamanen. Hamburg: Rowohlt, 1986
Heider, J., The Tao of Leadership. Toronto: Bantam, 1986
Herzberg, F., et al. The motivation to work. New York: Harper, 1970 (2nd ed.)
Hickmann, C. R. und Silva, M. A., Der Weg zu Spitzenleistungen. München: Goldmann-Verlag, 1986
Horn, K., Aktionsforschung: Balanceakt ohne Netz? Frankfurt: Syndikat, 1979
Hume, W., Biofeedback. Bern: Huber, 1979

Jantsch, E., Die Selbstorganisation des Universums. München: Hanser, 1979

Joung, A., Der kreative Kosmos. München: Kösel, 1987

Jung, C. G., Psychologische Typen. Zürich: Rascher, 1950

Jung, C. G., Erinnerungen, Träume, Gedanken. Zürich: Ex Libris, 1961

Kakuska, R., Andere Wirklichkeiten. München: Dianus-Trikont-Verlag, 1984

Kälin, K. und Müri, P., Sich und andere führen. Thun: Ott-Verlag, 1985

Kalweit, H., Urheiler, Medizinleute und Schamanen. München: Kösel, 1987

Karlins, M. und Andrews, L. M., Biofeedback. Die Technik der Selbstkontrolle. Stuttgart: Dva, 1973

Kast, V., Der Teufel mit den drei goldenen Haaren, Zürich: Kreuz, 1984

Keller, H., Denken über die Zukunft. Ein Symposion. Zürich: Ringier, 1986

Kepner, C. H. und Tregoe, B. B., Management-Entscheidungen vorbereiten und richtig treffen. München: Moderne Industrie, 1970

Kniffki, C., Transzendentale Meditation und autogenes Training. München: Kindler, 1979

Knill, P. J., Ausdruckstherapie, künstlerischer Ausdruck als intermediale Methode. Halle: Ohlsen, 1979

Kobi, J. M. und Wüthrich, H. A., So beurteilen und gestalten wir die Unternehmenskultur. Management-Zeitschrift io, 54, 1985, 1, S. 9

Koch, U. und Meuers, H., (Hrsg.), Organisationsentwicklung in Theorie und Praxis. Zürich: Industrielle Organisation, 1980

Kurtz, H.-J., Konfliktbewältigung im Unternehmen. Köln: Deutsches Instituts-Verl., 1983

Langen, D., Autogenes Training für jeden. München: Gräfe und Unzer, 1982

Lattmann, C., Die verhaltenswissenschaftlichen Grundlagen der Führung des Mitarbeiters. Bern: Haupt, 1981

Lay, R., Die Macht der Wörter. München: Langen-Müller/Hertig, 1986

Leavitt, H. J., Der Manager als Pionier im Unternehmen. Landsberg: Moderne Industrie, 1986

Loye, D., Gehirn, Geist und Vision. Basel: Sphinx-Verlag, 1986

Luhmann, N., Soziale Systeme. Grundriss einer allgemeinen Theorie. Frankfurt: Suhrkamp, 1985

MacLean, P. D., A Triune Concept of the Brain and Behavior. Toronto: University Press, 1973

Malik, F., Die Managementlehre im Lichte moderner Evolutionstheorie, 4, 1979, S. 303

Malik, F., Strategie des Managements komplexer Systeme. Bern: Haupt-Verlag, 1984

Marcus, E., Mitteilung im Seminar: Die Logik des Unlogischen. 14.–19. Okt. 1983, Isko, Hamburg

Marcus, E., Die Logik des Unlogischen (NLP). Hamburg: ISKO Press, 1984

Marcus, J. B., Transcendental Meditation and Business. Personal and Corporate Benefits of Inner Development. New York: McGraw-Hill, 1977

Maslow, A. H., Motivation and Personality. New York: Harper, 1970 (2nd ed.)

Maslow, A. H., Motivation und Persönlichkeit. Olten: Walter, 1977

Maturana, H. R., Erkennen: Die Organisation und Verkörperung von Wirklichkeit. Braunschweig: Vieweg, 1985

Maturana, H. R. und Varela, F. J., Der Baum der Erkenntnis. Bern: Scherz, 1987

McGregor, D., Der Mensch im Unternehmen. Düsseldorf: Econ, 1970

Mecacci, L., Das einzigartige Gehirn. Frankfurt: Campus, 1986

Meininger, J., Transactional Analysis, die neue Methode erfolgreicher Menschenführung. München: Moderne Industrie, 1974

Mintzberg, H., Planning on the Left Side and Managing on the Right. Harvard Business Review, July/August, 1976, S. 49–58

Moser, H., Methoden und Praxis der Aktionsforschung. München: Kösel, 1977

Muktananda, S., Den eigenen Geist verstehen. In: Grof, S., (Hrsg.), Alte Weisheit und modernes Denken. München: Kösel, 1986, S. 164–176

Müri, P., Organisationsentwicklung. Bern: Die Unternehmung 33/2, 1979

Müri, P., Kann eine Führungsspitze sich selbst organisieren? Zürich: IO-Management-Zeitschrift 49/11, 1980

Müri, P., Der kritische Punkt der Kreativitätsförderung. Zürich: IO-Management-Zeitschrift 52/1, 1982

Müri, P., Erfolg durch Kreativität. Egg-Zürich: Kreativ-Verlag, 1984

Müri, P., Chaos-Management. Egg-Zürich: Kreativ-Verlag, 1985

Müri, P. und Fopp, L., Die Kreativitätskiller in: Marketing-Praxis. St. Gallen: Fachmed, 1985

Müri, P., Der Chef im Stress: Der schwierige Mitarbeiter in systemischer S. St. Gallen: Verkauf + Marketing Nr. 3, 1985

Müri, P., Der Chef als Konfliktlöser – am Ende seiner Weisheit. Zürich: IO-Management-Zeitschrift 55/11, 1986

Murphy, J., Die Macht Ihres Unterbewusstseins. Genf: Ariston, 1979 (17. Auflage)

Naase, C., Konflikte in Organisationen. Stuttgart: Enke, 1978

Nicolis, G. and Prigogine, I., Self-Organization in Non-equilibrium Systems. New York: Wiley-Interscience, 1977

Noll, P. und Bachmann, H.-R., Der kleine Machiavelli. Zürich: pendo, 1987

Peccei, A. und Pestel, E., Der Weg ins 21. Jahrhundert. München: Verlag Molden, 1983

Perls, F. S., Gestalt-Therapie in Aktion. Stuttgart: Klett, 1976

Peters T. J., und Watermann jun., R. H., Auf der Suche nach Spitzenleistungen. Landsberg a. L.: Verlag moderne Industrie, 1983

Popper, K. R., Objektive Erkenntnis. Ein evolutionärer Entwurf. Hamburg: Hoffmann und Campe, 1984

Pribram, K., Die holographische Hypothese der Gehirnfunktion. Eine Begegnung von Denkweisen. In: Grof, S., (Hrsg.), Alte Weisheit und modernes Denken. München: Kösel, 1986, S. 164–176

Prigogine, I., Vom Schein zum Werden. München: Piper-Verlag, 1979

Prigogine, I. und Stengers, I., Dialog mit der Natur. München: Piper-Verlag, 1981

Pümpin, C. und Kobi, J.-M., Unternehmenskultur. Bern: Schweizerische Volksbank, 1985

Rico, G. L., Garantiert schreiben lernen. Hamburg: Rowohlt, 1984

Riedl, R., Kultur – Spätzündung der Evolution? München: Piper, 1987

Rogers, C. R., Entwicklung der Persönlichkeit. Stuttgart: Klett, 1973

Ryzl, M., Nutzen Sie die phänomenale Geisteskraft. Genf: Ariston, 1985

Schein, E., Organisationspsychologie. Wiesbaden: Gabler, 1980

Schultz, I. H., Das autogene Training. Stuttgart: Thieme, 1979 (16. Auflage)

Seifert, T., Schneewittchen. Das fast verlorene Leben. Zürich: Kreuz, 1983

Sheldrake, R., Das schöpferische Universum. München: Meyster-Verlag, 1983

Sievers, B., Organisationsentwicklung als Problem. Stuttgart: Klett-Cotta, 1977

Simonton, O. C., Simonton, S. M. und Creighton, J., Wieder gesund werden. Hamburg: Rowohlt, 1982

Sommerer, A., Biofeedbackgeräte. Hubertusstrasse 3, D-8011 Forstinning

Sperry, R. and Bogen, J., Interhemispherical Rel.ship and the Neocortical Commisures. Amsterdam: Handbook of Clin. Neurol., 1969

Staehle, W. H., Management, eine verhaltenswissenschaftliche Einführung. München: Vahlen, 1980

Stevens, J. O., Awarness: Die Kunst der Wahrnehmung. München: Kaiser, 1977

Stutz, P., Wer bei seinen Mitarbeitern Stress abbaut, fördert Kreativität und Leistung. Management Zeitschrift io. 48, 1979, Nr. 7/8

Tepperwein, K., Kraftquelle Mentaltraining. Genf: Ariston, 1986

Treichler, R., Biofeedback. Treichler Electronic Systems, 1983

Treichler, R., Biofeedbackgeräte. Treichler Electronic Systems, Täscherloch 558, FL-9497 Triesenberg

Tumm, G. W., Die neuen Methoden der Entscheidungsfindung. München: Moderne Industrie, 1972

Ulrich, H., Der mühsame Weg zum Generalisten. Bulletin SSAP, 2, 1986, S. 2

Ulrich, P. und Fluri, E., Management - eine konzentrierte Einführung. Bern: Haupt, 1978

Vester, F., Denken, Lernen, Vergessen. Stuttgart: Deutsche Verlagsanstalt, 1975

Vester, F., Phänomen Stress. Stuttgart: Dva, 1976

Vester, F., Unsere Welt - ein vernetztes System. Stuttgart: Klett, 1978

Vester, F., Neuland des Denkens. Stuttgart: Deutsche Verlagsanstalt, 1980

Vilar, E., Der betörende Glanz der Dummheit. Düsseldorf: Econ, 1987

Villardo, A., Heilen und Schamanismus. Dokumente anderer Wirklichkeiten. Basel: Sphinx, 1986

Waiblinger, A., Rumpelstilzchen. Gold statt Liebe. Zürich: Kreuz, 1983

Wallace, R., Physiological effets of transcendental meditation. Science, 167, 1970, S. 1754

Walsh, R.N. und Vaughan, F., (Hrsg.), Psychologie in der Wende. Bern: Scherz-Verlag, 1985

Watzlawick, P. und Beavin, J.H., Menschliche Kommunikation. Formen, Störungen, Paradoxien. Bern: Huber, 1969

Watzlawick, P. und Weakland, J.H., Lösungen. Bern: Huber, 1974

Watzlawick, P., Wie wirklich ist die Wirklichkeit? München: Piper, 1976

Weber, F., Der Kosmos tanzt. Basel: Sphinx-Verlag, 1983

Weinert, A.B., Lehrbuch der Organisationspsychologie, menschliches Verhalten in Org., München: Urban und Schwarzenberg, 1981

Westerlund, G. und Sjöstrand, S.-E., Organisationsmythen. Stuttgart: Klett-Cotta, 1981

Wilber, K., Das holographische Weltbild. Bern: Scherz-Verlag, 1986

Wild-Missong, A., Neuer Weg zum Unbewussten. Salzburg: Müller, 1983

Wilhelm, R., (Hrsg.), I Ging: Das Buch der Wandlungen. Köln: Diederichs, 1956

Wilson, A. und Bek, L., Farbtherapie. Bern: Scherz, 1986

Wöller, H., Aschenputtel. Energie der Liebe. Zürich: Kreuz, 1984

Zalenznik, A., Das menschliche Dilemma der Führung. Wiesbaden: Gabler, 1976

Zukav, G., Die tanzenden Wu Li Meister, Hamburg: Rowohlt-Verlag, 1981

Stichwortverzeichnis

Autoren

Schweizerische Arbeitsgruppe für Organisations-entwicklung (SAO)

Eine Gruppe – ein Anliegen
Als Gruppe von Fachleuten mit psychologischer Ausbildung und langjähriger Erfahrung in der Managementschulung und -beratung verbindet uns das gemeinsame Interesse an der Organisationsentwicklung. Wir sind bestrebt, mit sozialwissenschaftlichen Methoden echte Veränderungen in Gang zu bringen, die dem Unternehmen, seinen Trägern und den Mitarbeitern nützen. Durch Information und Beratung möchten wir das Gedankengut der Organisationsentwicklung verbreiten.
Die Gruppe besteht seit 1978 und verarbeitet laufend die neuesten Erkenntnisse der angewandten Psychologie und der Sozialwissenschaften. Das vorliegende Buch ist das Ergebnis eines intensiven Gedankenaustausches über Führen, Lernen und Verändern in Organisationen, wie sie jedem Autor in seiner Beratungstätigkeit in der Wirtschaft begegnet sind.

Kathrin Aemisegger Dipl. Psychologin

Studien in Betriebs- und Organisationspsychologie am Institut für Angewandte Psychologie Zürich.
Mitarbeiterin am Institut für Angewandte Psychologie in Zürich während zehn Jahren in den Bereichen Erwachsenenbildung, Organisationsberatung und innerbetriebliche Schulung sowie psychologische Einzelberatung.
Seit 1982 selbständig tätig.
Weiterbildung in Gruppendynamik, Organisationsentwicklung, themenzentrierter Interaktion und Jungscher Psychologie.
Tätigkeitsgebiete: Organisations- und Teamberatung, Managementschulung, psychologische Gruppen- und Einzelberatung.

Karl Blöchliger Dr. phil.

Studien in angewandter Psychologie und Verhaltensforschung an der Universität Zürich und München.
Mitarbeiter am Institut für Angewandte Psychologie Zürich als Management-Trainer.
Mitarbeiter am Institut für Organisationspsychologie und

Managemententwicklung in Emmenbrücke als Management-Trainer und Organisationsberater.
Seit 1979 selbständiger Berater für Organisations- und Managemententwicklung.
Zusatzausbildung in Gruppendynamik, in Organisationsentwicklung und als Ergom-Trainer.
Tätigkeitsgebiete: Managementtrainings, Organisationsberatung, Organisationsentwicklungskonzepte, Teamberatungen, Seminare für Persönlichkeitsentfaltung.

Klaus Geisshüsler
Lic. phil.

Studien in Sozialpsychologie und Nationalökonomie an der Universität Zürich.
Mitarbeiter am Institut für Angewandte Psychologie Zürich in den Bereichen Erwachsenenbildung und Unternehmensberatung.
Experte des Eidg. Departements für auswärtige Angelegenheiten bei der Direction de l'Alphabétisation et de la Formation Permanente in Niamey, Niger.
Seit 1979 Partner am thv-Institut für Arbeits- und Betriebspsychologie in Luzern.
Zusatzausbildung in Organisationsentwicklung und Ausdruckspsychologie.
Tätigkeitsgebiete: Betreuung und Leitung von organisatorischen Aufbau- und Reorganisationsprozessen, Organisations- und Teamberatung, Führungsschulung, Suche und Eignungsabklärung von Kaderleuten.

Karl Kälin
Dr. phil.
dipl. Psychologe

Studien in angewandter Psychologie an der Universität Zürich und am Institut für Angewandte Psychologie Zürich.
Mitarbeiter der Kaderschulung und Leitung der Kader- und Mitarbeiterschulung der IBM Schweiz.
Dozent und Projektleiter am Management Zentrum St. Gallen.
Seit 1977 selbständiger Unternehmensberater und Trainer für Kader- und Mitarbeiterschulung.
Zusatzausbildung als Ergom-Trainer, Grid-Trainer, in Transaktionsanalyse und in Neurolinguistic-Programming.
Tätigkeitsgebiete: Kader- und Mitarbeiterschulung, Erwachsenenbildung, Ausbildung von Ausbildnern, Aufbau von Schulungskonzepten, Teamentwicklung.

Willi Leber
Dr. phil.
Diplom-Psychologe

Studien in Psychologie, Philosophie und Betriebswirtschaft an der Universität Freiburg im Breisgau.
Mitarbeiter am Institut für Psychohygiene, Biel, und am Institut für Angewandte Psychologie in Bern.

Seit 1965 Leiter des Instituts für angewandte Psychologie in Bern.
Zusatzausbildung in Gruppendynamik, themenzentrierter Interaktion, Gestalttherapie, Transaktionsanalyse und in Neurolinguistischem Programmieren.
Tätigkeitsgebiete: Einzelberatung bei persönlichen und beruflichen Konflikten, Personalberatung, Gruppendynamische- und Therapeutische Gruppen, Führungskurse und Ausbildungsgruppen, Team-Beratung.

Peter Müri
Dr. phil.
dipl. Psychologe

Studien in angewandter Psychologie und Soziologie an der Universität Zürich und am Institut für Angewandte Psychologie Zürich.
Mitarbeiter am Institut für Angewandte Psychologie und an der akademischen Berufsberatung Zürich.
Personalleiter der Bank Leu AG, Zürich.
Seit 1972 selbständiger Unternehmensberater. ASCO-Mitglied.
Zusatzausbildung in Gruppendynamik, Transaktionsanalyse, Gestalttherapie, integrativer Beratung und Organisationsentwicklung.
Tätigkeitsgebiete: Unternehmensberatung nach den Methoden der Organisationsentwicklung, Entwicklung von Führungsteams.
Management-Trainings, Organisations-Analysen und -Beratung, Eignungsabklärung von Führungskräften.